本书受江苏大学专著出版基金资助出版

居今与志古

——宋代《春秋》学研究

孙旭红 著

中国社会科学出版社

图书在版编目(CIP)数据

居今与志古：宋代《春秋》学研究／孙旭红著．—北京：中国社会科学出版社，2014.9

ISBN 978－7－5161－4805－1

Ⅰ．①居…　Ⅱ．①孙…　Ⅲ．①经学—研究—中国—宋代Ⅳ．①Z126.174.4

中国版本图书馆 CIP 数据核字(2014)第 211329 号

出 版 人　赵剑英
责任编辑　顾世宝
责任校对　张　慧
责任印制　李寡寡

出　　版　中国社会科学出版社
社　　址　北京鼓楼西大街甲 158 号（邮编 100720）
网　　址　http://www.csspw.com.cn
　　　　　　中文域名:中国社科网　　010－64070619
发 行 部　010－84083685
门 市 部　010－84029450
经　　销　新华书店及其他书店

印　　刷　北京君升印刷有限公司
装　　订　廊坊市广阳区广增装订厂
版　　次　2014 年 9 月第 1 版
印　　次　2014 年 9 月第 1 次印刷

开　　本　880×1230　1/32
印　　张　11.75
插　　页　2
字　　数　282 千字
定　　价　39 元

凡购买中国社会科学出版社图书,如有质量问题请与本社联系调换
电话:010－84083683

目　录

绪　论

一　引言

中国儒家的传统经典，不仅是士人学子皓首以对的研习对象，更是他们安身立命进而出相入将、经邦济世的首选途径。特别是汉代，儒家经典被确立为“官学”进而成为“经学”之后，“经典”在两千多年的传统社会中更是处于不可动摇的核心地位。“‘经’也者，恒久之至道，不刊之鸿教也。”① 而“六经”之中的《春秋》，由于文本自身的特殊性，即可以提供学者在“既思往古”的历史追寻中寻找现实的立足点，更是形成了绵延不绝的“《春秋》学”，经由历代儒家知识分子的诠释和阐发，《春秋》“大义”成为具有时代精神的文化理念。

至宋代，在政治形势及社会环境等众多因素的影响下，学

---

① （南朝梁）刘勰著，周振甫译：《文心雕龙今译》，中华书局 1986 年版，第 26 页。王洪军对汉代儒生博士群体的心态进行过细腻的挖掘，他说：“儒家经典和帝国最高权力的结合，使经典本身涂抹上了神圣化、神秘化的辉光，经典所蕴含的圣道理想的诱惑以及对于士人功利之心的鼓励，流转在汉代博士文人群体心灵之中，形成了趋同的文化心理和政治品格。”笔者以为，此种心态可以视为整个传统社会儒生群体的集体写照，也是儒家经典文本得以在历代不断演绎的重要原因之一。参见王洪军《汉代博士文人群体与汉代文学》，中国社会科学出版社 2010 年版，第 100 页。

者普遍将“‘文化’视为天下治道的价值依据，把思想学术作为拯救世道人心的根本途径”[①]，由此，“引经据典”成为宋代学者言行进退经常采用的方式，经典注疏的形式也相应发生了深刻的变化，即学者反对汉唐儒生埋首训诂的解经方式，而提倡直寻经义、阐发经典义旨为解经归宿。因此，《春秋》学也改变了自汉代以来的“注疏”之风，而着重于直抒胸臆式的“阐发”。因此，宋代《春秋》学形成了迥异于前代的治经风格：一是研治人数众多，形成了上至帝王、下至学者的研读群体；二是《春秋》主旨鲜明，学者借经以言政的倾向十分明显[②]；三是大多遵循尊经废传、会通三传的解经方法。另外，这些治经风格的形成又与宋代的政治形势、学术思潮等相互影响，一起构成了宋代《春秋》学独特的面貌。如何认识这一面貌并阐释其产生、演变的过程，如何从学理上来揭示其本质和特点，怎样对它进行评价，如何依据传统学术和宋代文化背景来对它的地位和意义进行客观归纳等，回答这些问题既要从宏观上把握宋代《春秋》学的整体特征，也要从微观上具体分析这些特征成因、发展和演变，对这些问题的研究也会推动宋代学术文化研究的进展。

在进入正题之前，有必要简要回顾一下宋代之前《春秋》

---

① 王健：《在现实真实与价值真实之间——朱熹思想研究》，华东师范大学出版社2007年版，第14页。

② 苏辙曾总结汉唐经学的特点，也道出了宋代经学所着力之处，其言曰：“法立于上，则俗成于下。故两汉之间，经各有师，师各有说。异师殊说，相攻如仇雠。异己者虽善不从，同己者虽恶不弃。下逮魏晋，争者少止，然后学者相与推究众说，从其所长。至唐而传疏之学具，由是学者始会于一。数百年之间，凡所以经世之用，君臣父子之义，礼乐刑政之本，何所不取于此？然而穷理不深，而讲道不切，学者因其成文而师之，以为足矣。”（宋）苏辙：《栾城集》，上海古籍出版社1987年版，第443—444页。正是因为汉唐经学的“穷理不深”这一痼疾，宋代才出现“谈《春秋》者日盛”的局面。

学发展的历程，以便为下文在论述相关问题时提供一个“前理解”。

西汉经学甫立，但当时对经学解释并没有强求统一。《春秋》公羊学者由于密切关注秦汉鼎革后的国家统治秩序而富有积极的进取精神，公羊学也随之上升为显学中的显学，官僚与学者用《春秋》议礼、决狱、论灾异等。但汉朝因崇重经学而开辟“禄利之路”以后，经学内部便开始了长期的争立学官的斗争，在此消彼长的各擅胜场之后，“《春秋》学”实际上被人为切割为“三传”之学，《春秋》学内部也因为今文、古文之争等原因而使得同为解经之作的三传被严分畛域。只是在分化的过程中，由于公羊学被掺杂了谶纬之学而多“非常异义可怪之论”而逐渐式微，《左传》则在贾逵、服虔等古文家的注解下得到了持续的发展。白虎观会议后，古文经典的地位明显上升，《左传》最终因得到汉光武帝的支持而被立于学官，虽然短时期内被废，但古文学派的发展却越来越兴盛，至汉章帝重用贾逵，“由是四经遂行于世。皆拜逵所选弟子及门生为千乘王国郎，朝夕受业黄门署，学者皆欣欣羡慕焉”①。这是古文学派在东汉时取得的决定性胜利②。

魏晋时期，由于国家政权的频繁交替以及仕途选拔标准的改变等因素，经学发展的环境远不如汉代，进入所谓的“衰败”时期，但也正是由于当时政权更替频繁等原因，儒生对

① （南朝宋）范晔：《后汉书》，中华书局1965年版，第1239页。

② 虽然东汉何休力图挽回公羊学的颓势，但何休本人生于谶纬盛行的东汉时期，他不但无法清除这一“痼疾”对《公羊》义理的浸染，反而不自觉地起到了推波助澜的作用。东汉晚期的经学大师郑玄，虽然号称兼采三传，但总的倾向是以《左传》为宗，因此，《左传》的地位是不断得到加强的。

经文的阐释还是有着相当自由的环境①。此时，今古文经学的地位也发生了彻底的扭转，士人所习大都为古文经典。在这一风气下，《左传》则由西晋初的征西将军杜预吸收东汉贾逵、服虔等人成果著成《春秋经传集解》，东晋后期，范宁集合父兄子弟之力共同完成《春秋穀梁传集解》。至此，《春秋》一经“三传”均具有自己的“标准”文本和说解体系，因此可以认为，《春秋》之学的研讨差不多是从两汉的“经学”阶段进入到六朝隋唐的“传学”阶段了。

延至隋唐，随着国家统一的完成，经学内部长期以来形成的各自为说的局面也面临着“统一”。隋代国祚短暂，这一任务自然由唐代来完成。在最高统治者的重视和支持下，以统一经典文本为职志的《五经正义》在孔颖达的领衔下最终修成，虽然《五经正义》号称“兼收并蓄”，但从其外在形式上说，它仍然表现为一家独尊的态势，所谓“自五经定本出，而后经籍无异文，自《五经正义》出，而后经义无异说”②，客观上体现出泯灭了今古文之争的倾向，但从其对经义的创获上来说则显得较无进展。因此，从某种程度上说，《五经正义》编修这一经学史上的盛事，与其伴随的却是经学发展的迟滞。

《五经正义》以“集体的智慧”代替了个人的理解，并否定了其它著述存在的合理性，加之唐代科举取士制度的推动，《五经正义》在成为钦定经典的同时也越来越成为经学思想发

---

① 刘惠琴认为魏晋时期的儒学发展处于一个“调适”时期：“魏晋时代玄学的产生与发展，虽然使得自汉末始衰的经学更趋衰落，然而，汉代旧经学传统的巨大影响仍然存在，儒学经学仍保持传延不绝，并间有新作出世，处于缓慢发展及选择调整过程中，在理论探索上向义理化方向发展的尝试，是儒家经学调适发展的表现。”刘惠琴：《北朝儒学及其历史作用》，陕西人民出版社 2003 年版，第 10 页。

② 马宗霍：《中国经学史》，上海书店出版社 1984 年版，第 94 页。

展的藩篱。武后统治时期，上述局面开始有了微妙的变化。由于敕定之《正义》逐渐沦为应试者的干禄进阶工具，魏知古、徐坚、刘知几、王元感等人开始在各自的研究领域进行“疑经”的批判，这使得怀疑的微风终于吹动了经学思想界平静的湖面。虽然这股冲击未能完全动摇《五经正义》的地位，但在一定程度上松绑了传统经说在诠释学上的桎梏。这种“松动”在安史之乱后，随着社会形势的急剧变化而再度获得滋生，表现在儒学研究上，就是重大义而轻章句。独孤及、柳冕、权德舆等都持这种主张，而这种新倾向的代表，则是啖助、赵匡、陆淳的“新《春秋》学”派。他们在动荡的世局下对传统学术进行了深刻的反省，重点抉发《春秋》“尊王室，正陵僭，举三纲，提五常，彰善瘅恶，不失纤芥”的精神，提倡会通三传，以意去取的解经方法等。他们这种解经方法，在宋代特殊的政治背景与学术环境下得到了汪洋恣肆的发展[①]。实际上，宋代众多投身研究《春秋》的士人，很多并非如汉唐时期的经师，而是普通的文人。这事实上反映了一股渐增的趋势：尽管宋代的儒学复兴由文人构成，但他们逐渐不满以文学的手段从事思想的复兴，而是希望以更直接的方式，促成儒家的理想。在这个趋势中，《春秋》显然是一个重要的选择。参与儒家复兴的知识分子，他们的文人特性被转化了，同样地，他们从事《春秋》研究时，亦有助于转化原有的旧传

① 宋代学者晁公武曾以啖助学派为分界，比较啖、赵以前学者的读经态度：“公武尝学《春秋》，阅古今诸儒之说多矣。大抵啖、赵以前学者，皆专门名家，苟有不通，宁言《经》误，其失也固陋；啖、赵以后学者，喜援《经》击《传》，其或未明，则凭私臆决，其失也穿凿。”（宋）晁公武：《郡斋读书志校证》，上海古籍出版社 1990 年版，第 109 页。晁氏虽然在抨击啖助学派的解经之弊，但在客观上也说明了啖助学派对后学的影响。

统了[①]。因此，他们不但怀疑经典，也非议传注，并由此发展出以意解经的学风，推动了《春秋》学发展至一个新的阶段[②]。

总之，经学自成为中国传统文化的正统之后，其沿革变迁，盛衰消长，便与整个古代社会政治思想、学术文化的发展演变密切相关。宋代《春秋》学的发展虽别具风格，但其发展仍然要墨守前人既有的部分规范[③]，还要受到时时变迁、动荡的社会环境的外在制约，更要遵循学术发展的内在理路。在宋儒的阐发下，《春秋》经义的学理系统与极为切近的现实进行了有机的结合，这种结合最终形成一种可以有效整合社会、规范政治的价值理念，并进一步将此理念贯彻到社会政治的具体操作中去，最终完成当时学者群体希冀的理想与现实结合的"明体达用"模式。从这个角度而言，《春秋》的经义便不仅仅是一种理论学说，而且还广泛渗透到国家政治生活及百姓日常活动的多个领域，成为指导和制约人们思维言行的基本价值准则[④]。宋儒就是要以这种"准则"来规范唐末五代以来"人

---

① 此段后半部分论述转化于 Jo - Shui Chen，Liu Tsung - Yuan，pp. 143 - 144，转引自汪政宽《皮日休的生平与思想——兼论其在唐宋之际思想变迁中的角色》，花木兰文化出版社 2009 年版，第 13 页。

② 皮锡瑞对此新阶段的评价是："自唐陆淳春秋纂例始，淳本啖助赵匡之说，杂采三传，以意去取，合为一书，变专门为通学，是春秋经学一大变。"（清）皮锡瑞：《经学历史》，中华书局 1959 年版，第 59 页。

③ 虽然宋儒继承啖助学派以己意说经的解经方法，但在实际研究过程中，对前人的因袭仍然很多，具体可见正文部分相关内容。

④ 姜广辉论古代经典的意义时曾说道："在古代，'经典'二字，不是可以滥用的，它特指圣贤所作之书，是人们尊信奉行的人生箴言。'经'有'常'的意义，是人类社会的常行之道；'经'也有'法'的意义，人们通常说'大经大法'，即有必须遵照执行的意思。对经典的尊奉是通过对经典价值观的自觉认同来实现的。这属于信仰的层面，也可以说属于价值的层面。"姜广辉：《中国经学思想史》，中国社会科学出版社 2003 年版，第 2 页。

欲横流”的现实世界，重新树立以“天理”为终极意义的精神信仰①。只不过与汉儒迥异的是，学者期待重新建立这种信仰的途径是过度依赖个体“转向内在”的方式而已，他们对礼乐文化所作的人文理性的转换和普世价值的升华，又打开了儒家文化传统的精神空间，这正如陈庆新所论，宋儒对《春秋》学的贡献“远远凌驾历代学者之上。汉学家的成绩，止是在章句训诂方面，并未能赋予《春秋》以活泼泼的生命。宋儒却不然，一部千多年的古书，在他们手里复活了，一份‘断烂朝报’，与两宋三百二十年的历史血肉相连地结合起来。”② 因此，本书虽然只是选择众多经典中的《春秋》为主要论题，却意欲通过此选题的探讨来分析在宋代《春秋》学的发展过程中，学者如何对既有的“《春秋》学”进行扬弃，又是如何在这种扬弃中实现上述种种重建信仰与新秩序的努力。

二　研究现状分析

1. 宏观分析

宋代治《春秋》者很多，《宋史·艺文志》共著录有二百四十部左右，计二千七百九十九卷，这些著作主要为宋人所完成，清人朱彝尊《经义考》所录宋人《春秋》学著述更在四百种以上。据刘琳、沈治宏《现存宋人著述总录》（巴蜀书社

---

① 马宗霍曾对宋代经学评价道：“宋人经学，其有不守陈义，自辟新术，非一家一派所得而囿者……或折衷古训，或独抒别裁，或以议论相高，或以综比矜富，或陈往以讽今，或明体而达用，既异汉唐之古训，复殊道学之义理，斯又极宋学之变而不相统摄者也。”马宗霍：《中国经学史》，第119—121页。

② 陈庆新：《宋儒春秋要义的发微与其政治思想》，《新亚学报》第十卷第一期上。

1995年版）统计的宋人经部著述，《春秋》类也多达六十四种，仅次于《易》类，位居第二。唐君毅在论及宋代治学次第时也说："宋学之初起，乃是以经学开其先。在经学之中，则先是《春秋》与《易》见重，然后及于《诗》、《书》之经学，再及于《易传》、《中庸》、《大学》及《孟子》、《论语》等汉唐人所谓五经之传记。"① 可见，《春秋》是宋人研治最多的经典。马宗霍在论及宋代经学时指出：

> 《易》与《春秋》，作者尤繁。盖《易》本隐以之显，《春秋》推见至隐，一明天道，一明人事，惟人所说，不必征实。故自王弼废象数，而谈《易》者日增；自啖助废"三传"，而谈《春秋》者日盛。空言易骋，亦不独宋儒为然矣。又南渡而后，国势不振，士大夫愤夷祸之日亟，痛恢复之难期，情殷中兴，念切雪耻，无以寄志，退而著书，则垂戒莫显乎《易》象，复仇莫大于《春秋》，趋治二经，殆亦有不获已者焉②。

这里，对宋代《春秋》学的兴盛，既分析了理论上的原因，又分析了其社会原因。范文澜也说："宋代讲《春秋》的人很多，都是借着孔子名义来重整伦常的。北宋时尊王。南宋时，北方被金人夺去了，除尊王外，还要讲攘夷。"③"尊王攘夷"是《春秋》的"大义"之一，正因为它满足了宋代国家

---

① 唐君毅：《中国哲学原论·原教篇》，中国社会科学出版社2006年版，第7页。

② 马宗霍：《中国经学史》，第121页。

③ 中国社会科学院近代史研究所编：《范文澜历史论文选集》，中国社会科学出版社1979年版，第324页。

政治生活的需要，所以《春秋》学在宋代的兴盛，也就是必然的了。

迄今为止，尚无关于宋代《春秋》学研究方面的专著问世。已有成果主要有两种形式：一种是作为经学史或相关专著的一部分，如皮锡瑞《经学历史》之《经学变古时代》、陈延杰的《经学概论》、伍宪子的《经学通论》、泷熊之助的《中国经学史概说》、马宗霍《中国经学史》之《宋之经学》、本田成之《中国经学史》之《唐宋元明的经学》、安井小太郎等《经学史》之《宋代经学概观》、刘师培《经学教科书》之《宋元明之〈春秋〉学》等，其中大多概述群经总貌或分述各阶段经学发展史，但此种研究在笔者看来在整体上并未超越皮氏《经学历史》、《经学通论》的研究水准。周予同先生的经学史研究奠定了新时期经学研究的基础，但周先生的研究还没有具体到对历代经学断代发展的细致分析。另一种是单篇论文，也从多个角度展现了宋代《春秋》学的部分面貌。因此，以上研究成果中大多涉及宋代《春秋》学的零星片段，其研究成果与宋代《春秋》学自身的著述成果远未相称。

20 世纪 80 年代以来，宋代《春秋》学姗姗步入学人的视域。对宋代著名的《春秋》学人及其著作均有大量的研究，但整体来看，这些研究的“基调”大致不出牟润孙在《两宋春秋学的主流》[①] 一文中对宋代《春秋》学特征的概括——即“尊王攘夷”的《春秋》主旨。这一因袭直至宋鼎宗《春秋宋学发微》出版后得到进一步的强化，该书在概述两宋《春秋》名家后，集中笔墨就“尊王说”、“攘夷说”、“复仇说”、“自

① 原刊于《宋史研究集》第三辑，中华丛书编审委员会，1961 年，第 103—121 页，后收入《注史斋丛稿》。

强说”、“守土说”、“戒兵说”、“和议说”等宋代《春秋》学的主题展开了详尽的论述，该书既是对牟文的补充和扩展，也是为宋代《春秋》学的整体内容进行了更深层次以及更大范围的奠基①，以至于今天见到的众多相关研究中，如张国刚、乔治忠主编《中国学术史》之相关章节、章权才《宋明经学史》等②，由于这些成果本身并非是对宋代《春秋》学的专题研究，所以其相关结论也依然很难跳出牟、宋二人的学术范围。

对几种具有代表意义研究成果的分析：

如所周知，学术领域中实质性的进展，并不仅仅取决于成果的数量；只有表层的平推、扩展远远不够。依照某种现成的模式，我们可以填补很多“空白”；但这也许并不意味着对于某一时代的社会文化环境、政治体制、学术思想等等的深度理解。描述性的研究提供了再认识的基础，但满足于此，则会造成学术史意义上的停滞不前。论述及此，本文意欲就其中有代表性的几部专著或学位论文进行重点分析：

首先是李建军的《宋型文化与宋代〈春秋学〉》③。该书原先是作者的博士学位论文，是大陆书名中含有“宋代《春秋》学”的第一部著作。在该书中，作者在概述了宋代《春

---

① 宋鼎宗：《春秋宋学发微》，文史哲出版社 1986 年版。

② 章权才《宋明经学史》（广东人民出版社 1999 年版），李学勤主编《中国学术史》（江西教育出版社 2001 年版），张国刚、乔治忠等《中国学术史》（东方出版中心 2002 年版），祁润兴的《中国学术通史（宋元明卷）》（人民出版社 2004 年版）等著作，由于偏重点各异，于宋代《春秋》学的研究属于整体性的描述。

③ 李建军：《宋型文化与宋代〈春秋〉学》，中国社会科学出版社 2008 年版。因为作者在书中的开头部分，已经详细列举了从 20 世纪 80 年代以来宋代《春秋》学研究的成果，兹不赘列。

秋》学的发展历程后，重点论述宋代《春秋》学与政治、理学、文学、史学之间的关系，以此论证了“宋型文化”对宋代《春秋》学发展路向的引领，以及宋代《春秋》学对宋型文化衍生的催化和推动等，可以说，这些研究对于宋代学术史的众多领域都有很多启发意义，开启了宋代《春秋》学研究的众多面向，对《春秋》宋学本身的描述和论证也值得称赞。

但是，就作者选题本身而言，“宋型文化与宋代《春秋》学”，显然是在论述两者之间的关系，而这种文化学意味浓厚的研究取向，十分轻易地会陷入片面和轻率的误区。例如，“宋代《春秋》学对士节世风的砥砺涵育”一节中，作者认为胡安国知行合一卓有气节、吕大圭以身殉国大节凛凛、家铉翁义不二君彰显士节都是《春秋》大法所“砥砺”，这种说法脱离整个宋代社会坏境等因素，而将士风振起只归因于《春秋》学的砥砺，显然难以自圆其说（当然这并非本文所讨论的重点）。其次，铺设的面太多，必然会造成论述中心分散难以聚焦。以一篇学位论文而欲囊括宋代《春秋》学与政治、史学、理学、文学等之间的关系，显然会捉襟见肘而难以兼顾。再次，就作者选题的限制，对宋代《春秋》学的本身的研究尚有不足，这表现在该书既未涉及宋儒解读《春秋》时所具有的“前理解”，也未触及《春秋》学演进至宋代时其诸多基本问题、诠释路向等发生的变化，因此，这部著作的局限性还是有待完善的。

其次，是葛焕礼的《八世纪中叶至十二世纪初的“新〈春秋〉学”》①。该文选题的优点在于肯定了中唐啖助学派的“新春秋学”对北宋《春秋》学的影响，因此，将“八世纪中

① 博士学位论文，山东大学，2003年。

叶至十二世纪初”作为一个完整的时间段来考察是很有合理意义的。该文参照“个案”研究和传统的“学案”研究的方法，在理清唐代中叶至北宋末年《春秋》学发展状况和脉络关系的基础上，重点论析了“新《春秋》学”家中最具代表性的啖助、赵匡、陆淳、孙复、刘敞、孙觉和苏辙等人的《春秋》学；又在以上研究基础上，对此时期内的“新《春秋》学”与传统《春秋》学的异同作了总结，并分析了其产生原因和影响，以期较为全面地展现出这一时期内《春秋》学的发展状况和“新《春秋》学”的内涵、主体风格及内部发展的多样性特点，进而为深入认识“汉”、“宋”学的转变和“宋学”的内涵、性质提供一个可靠的视点。而令人遗憾的是，从其行文中看不出作者欲描述的这一时段中《春秋》学发展的内在连续性，且截至作者论文完成的2003年，关于啖助学派，孙复、刘敞、孙觉、苏辙的个案研究已经有了相当的数量[①]，在此前提下虽然可以肯定该文对个案研究的推进，但于宋代《春秋》学整体面貌的把握便难以顾及了。

最后是侯步云的《北宋〈春秋〉学研究》[②]。这是目前仅见的关于宋代的断代《春秋》学研究，其选题的方向值得肯定，但在既有研究成果的“重围”下，作者似乎亦难以寻找到“突围”的路径。在结构安排上，该文的可取之处是注意到了北宋《春秋》学各个发展阶段的衔接。但也正因为如此，

① 这些人物中，孙复、孙觉、苏辙、崔子方的个案研究可参阅李建军的《宋型文化与宋代〈春秋〉学》一书中的文献回顾。关于啖助学派的研究，现有的研究成果也很多，较为集中的有：张稳苹《啖、赵、陆三家之〈春秋〉学研究》，硕士学位论文，东吴大学，1999年；林庆彰等《啖助春秋学派研究论集》，中研院中国文哲研究所，2002年。

② 博士学位论文，西北大学，2009年。

造成在具体的论证过程中难以做到内在衔接的严密性。首先，就其研究内容上来说，以“北宋《春秋》学研究”为题的研究，还是落在了孙复、刘敞、苏辙、程颐等人的身上，这些研究仍然是迂回于前人既有的个案研究的框架，而很难创发独见。更值得商榷的是，作者将胡安国与叶梦得两人也算成北宋《春秋》学家，这种分法在现有的宋代学术史研究中，是值得推敲和有待检验的。其次，作者所列章节与讨论内容本身存在歧义。如其第二章题为“回归儒家之道的《春秋》研究”，实际上，包括《春秋》学在内的整个宋代学术史研究都有这种倾向，即如余英时先生所说的宋儒普遍具有“回归三代”的理想，而作者仅将范仲淹、欧阳修、宋初三先生以及刘敞范围其内，这显然是欠妥的。又如该章第一节为“疑经惑古的《春秋》研究”，即便将这个标题作为整个宋代《春秋》学的特征之一亦不为过，而作者则仅列范仲淹、欧阳修，且欧阳修、范仲淹所遗留的关于《春秋》学的相关材料很少，他们是否为疑经惑古的《春秋》学者还值得探讨。如此等等不一而足，这注定了这篇学位论文在构思布局上良有可赞外，于具体的《春秋》经解问题仍未涉及。

2. 微观分析与拟解决的问题

上文的简略文献史回顾，绝无鄙薄前贤之意，而是为了突出自己的选题，于其中窥探其不足而不及其余。从另一方面来说，今天的学术史研究本身就是在批判与继承中传承，因此，前人的研究在为我们提供了超越障碍的同时，也为我们提供了继续延展的平台。也正是基于以上的学术史回顾，本文意欲完成的便在于补阙其中之“一角”。面对浩瀚的宋代《春秋》学文献以及前人留下的数量庞大的既有成果，企图完整而详细地勾画宋代《春秋》学的整体面貌无疑都是徒劳的。因此，即便本书意欲呈现宋代《春秋》学之冰山一角，也已经是相当地“野心勃勃”了。

由于宋代《春秋》学研究属于断代学术史，需要对宋代学术发展的概貌和具体发展进程有所把握；同时，《春秋》学又属于经学史，因此，也要对先秦至宋时期的经学发展脉络有所兼顾。姜广辉先生在谈编写《中国经学思想史》的立意时说：

> 我们的目标不是把经学当作一种古董知识来了解，而是通过经典诠释来透视其时代的精神和灵魂；不只是对经学演变的历史轨迹做跟踪式的记叙，而是对经学演变的历史动因做出解释；不只是流连那汗牛充栋的经注的书面意义，而是把它当作中国古代价值理想的思想脉动来理解。①

宋代由于继五代乱世而建国，学者思有以拨乱反正之策，这一思考反映在学术研究上，便是在抵制释迦教理入侵的同时还逐渐舍弃了汉唐注疏之学，试图从中国传统经典中挖掘出符合时代需要的理想秩序的建设方案。因此，笔者在本书的架构与论述过程中，也力图反映宋儒对儒家经典思想资源的嫁接与利用，从中体现其精神折向也即体现出“其时代的精神和灵魂”，将宋代《春秋》学作为“中国古代价值理想的思想脉动来理解”。所以，本选题的研究重点是：

（1）讨论宋代理学思潮背景下的《春秋》学。对于宋代《春秋》学而言，关于其兴起的背景以及思想内涵的研究或聚

① 姜广辉：《中国经学思想史》，第2页。

焦于对中唐以来经学研究风气的承袭，或热衷于探讨宋儒在唐末五代的纷乱以及异族侵扰背景下学术研究的被迫自觉，诚然，上述原因是研究相关内容的重要前提，但是《春秋》学发展至宋代，应该有宋儒本身在研究《春秋》学中的思考，如《春秋》学与理学等进行融通、渗透的现象等等，关于这些问题，在现有的研究成果中显然还不能令人十分满意。单独对宋代理学与《春秋》学的研究成果至今很少，现有成果都是将理学与经学相结合进行研究。其中，曹锦清的《宋代疑经思潮与理学的形成》一文从唐代开始溯源疑经思潮的发端，认为宋代怀疑思潮的第一步是否定五经的僵固沉闷的章句训诂之学，这为适应自己时代的需要而直接据经阐发自己见解扫清了道路；第二步对五经本身发动了攻击，为四书的升格和以四书为主体的理学产生扫清了道路。这篇文章基本奠定了新时期宋代疑经思潮与理学的形成的研究基础①。李晓东的《经学与宋明理学》主要论述了理学依傍经学而阐发的原因，并对宋明理学的特征进行了概述②；徐洪兴在《思想的转型——理学发生过程研究》中，对理学发生过程进行了较为详细的论述，对理学思潮的特征、代表人物的学术思想等也进行了较为宏观的研究，但是全书篇幅限于北宋，且对《春秋》学在理学发生过程中的作用缺乏微观的研究③；杨世文《走出汉学——宋代经典辨疑思潮研究》、杨新勋《宋代疑经研究》两著对疑经思潮下的经学特征进行了详细论述，但又仅限于“怀疑”的

---

① 曹锦清：《宋代疑经思潮与理学的形成》，《复旦学报》（社会科学版）1985 年第 1 期。

② 李晓东：《经学与宋明理学》，《中国史研究》1987 年第 2 期。

③ 徐洪兴：《思想的转型——理学发生过程研究》，上海人民出版社 1996 年版。

立场而缺乏“理学”的视角[1]；杨向圭的《宋代理学家的〈春秋〉学》一文主要是就孙复、程颐、胡安国的《春秋》学对“尊王攘夷”大义的阐发为中心[2]；刘复生在《北宋中期儒学复兴运动的兴起及其特点》一文中重点论述了北宋儒学复兴之前唐宋社会的剧变，以及这种剧变下“学统四起”的特点，于《春秋》学在这一剧变形势下的具体表征语焉不详[3]；姜广辉认为，理学是经学演变的合逻辑产物，理学以经学为根柢，同时又是从经学思想中升华出的一种世界观和方法论，反过来理学又指导并服务于经典解释，全文以理学家对“道”的论述以及“天理”论的建立为阐述重点[4]；蔡方鹿《宋明理学家的经学观》一文认为，以己意说经不受旧注疏的约束，这体现了宋明理学各派经学观的共性。在此基础上，作者主要论述了程、朱对“四书”之学的解经原则，《春秋》学的部分关注较少[5]。目前，最为集中的探讨宋代理学与《春秋》学的成果属于李建军《宋型文化与宋代〈春秋〉学》中的部分。作者列举了胡安国、罗从彦、蔡沆、张洽、二程《春秋》学中的理学思想，这些研究对于认识理学与《春秋》学的关系十分有益。不足在于，作者只是限于横向的罗列，单向论证这些学者《春秋》学中的理学思想，缺乏两者的“互动”式分

---

① 杨新勋：《宋代疑经研究》，中华书局 2007 年版；杨世文：《走出汉学——宋代经典辨疑思潮研究》，四川大学出版社 2008 年版。

② 杨向圭：《宋代理学家的〈春秋〉学》，《史学史研究》1989 年第 1 期。

③ 刘复生：《北宋中期儒学复兴运动的兴起及其特点》，《四川大学学报》（哲学社会科学版）1991 年第 3 期。

④ 姜广辉：《宋明理学与经学的关系》，《湖南大学学报》（社会科学版）2004 年第 5 期。

⑤ 蔡方鹿：《宋明理学的经学观》，《四川师范大学学报》（社会科学版）2009 年第 1 期。

析，对理学兴起后对《春秋》学的解经方法以及《春秋》学的发展方向也未予以揭示，等等。由以上成果可以看出，宋代理学与经学的关系大致可以概括理学与《春秋》学之间的联系，但是，由于《春秋》文本自身的特殊性，因此，理学思潮对《春秋》学的浸润、《春秋》学对理学思潮形成的推动、理学纲常与《春秋》经传中所阐发伦理的内在一致性等等微观方面，还是会表现出众多区别于“经学”的特征，因此，进行更为微观的研究也是十分必要的。

（2）关于《春秋》的性质，其实是历代《春秋》学者在进入《春秋》学研究领域中首先需要面对与解决的问题，因此，考察先宋时期学者对《春秋》性质的讨论，借以理解宋儒对《春秋》经、史性质的认识，这样，可以较为清晰地展现出一条兼顾横向与纵向的学术发展线索。另外，就宋代《春秋》学的研究现状而言，从经、史相通的学术视野来考察，以契合《春秋》亦经亦史的双重性质，这种研究方法也是具有借鉴意义的。现有的研究中，沈玉成、刘宁《春秋左传学史稿》中简单地对《春秋》进行释名，对《春秋》的性质分析主要侧重于“春秋”书名的演变①。逯耀东在《经史分途与史学评论的萌芽》一文中描绘了自两汉至魏晋时期史附于经到经史分途的轨迹，未曾提及这一阶段人们对《春秋》性质的认识②。王东先生在《徘徊在义理与事为之间：经史关系的演变及其影响》一文中，分析了中国古代经、史关系的历史性变化，中间只有在“融经于史”的背景下提到了宋代《春秋》学对史学的影响，也没有专门论述《春秋》本身经、

---

① 沈玉成、刘宁：《左传春秋学史稿》，江苏古籍出版社 1992 年版。

② 逯耀东：《魏晋史学思想与社会基础》，中华书局 2006 年版。

史性质的变化[①]。晁天义的《关于〈春秋〉性质的再认识》一文中论述了古文经学家、“古史辨”派以及当代学者对《春秋》性质的认识，进而论证《春秋》非历史学著作，并说明了在今天认识《春秋》性质的意义[②]。张尚英《宋人的春秋经、史之辨》一文对先宋时期学者对此问题的关注讨论较少，重点是描述了一条从杜预至清代时期的学者对《春秋》经、史性质认识的线索，因此，该文侧重于纵向展开，对宋代部分的论述明显单薄[③]。晁天义的《〈春秋〉为史学著作说质疑——兼论杜预的“经承旧史”说及其影响》一文认为孔子所修《春秋》是作者借以明“道义”的政治学著作，而非历史学著作，汉魏以前是无异辞。在今文经学衰微的背景下，晋初杜预率先提出《春秋》“经承旧史”之说。因此，该文重点讨论杜预之说对后世史学观念的影响。作者本人的看法是，无论就孔子的主观动机或论著的客观效果而言，《春秋》都不是一般意义上的历史学著作[④]。晁天义另与人合撰的《皮锡瑞的“〈春秋〉非史”说与近代学术史上的〈春秋〉性质研究》一文，对皮锡瑞的“《春秋》非史”说进行了分析，认为皮氏之论正确阐明了《春秋》一书的性质，破除了千余年来众多学者根深蒂固的误解，因此而具有重要的学术价值[⑤]。这两篇文

---

① 钱茂伟、王东：《民族精神的华章：史学与传统文化》，北京图书馆出版社 2004 年版。

② 晁天义：《关于〈春秋〉性质的再认识》，《史学理论研究》2006 年第 3 期。

③ 张尚英：《宋人的春秋经、史之辨》，《儒藏论坛》2010 年第 4 辑。

④ 晁天义：《〈春秋〉为史学著作说质疑——兼论杜预的“经承旧史”说及其影响》，《人文杂志》2002 年第 6 期。

⑤ 晁天义、张仁玺：《皮锡瑞的“〈春秋〉非史”说与近代学术史上的〈春秋〉性质研究》，《西北第二民族学院学报》2003 年第 4 期。

章分别对宋代以前及其之后的代表人物杜预、皮锡瑞的相关观点进行了研究，对本文很有启发意义。许松源于其《经义与史论——王夫之〈春秋〉学研究》一文中，较为详细地分析了汉、宋时期《春秋》经解传统中的经、史关系问题，该文以清儒的学术考辨入手，较为详细地分析了汉代经今、古文视野中的《春秋》经、史之别，于宋代则重点论述朱熹的观点，以此作为理解王夫之《春秋》学的学术背景[①]。综观前述成果，对《春秋》的性质在宋代引起的讨论既缺乏纵向的线索式梳理，也缺乏横向的详细展开，对同一时代的学者的不同见解也缺乏深度分析，这既是现有研究成果的不足，也是本文所努力弥补的一部分。

（3）“王”、“霸”观点一般属于中国古代哲学与思想史研究领域，现有的研究中，主要是将其与孟子“升格”[②] 运动联系在一起考察。孙晓春撰文论述了王霸之辨的始末、内容及其政治哲学意蕴并指出其意义与局限，他认为宋代思想家对王霸义利之辨的贡献，在于他们明确地把义利关系与王霸分界结合在一起加以考察，从而，论辩的内容较之以往大为丰富。王霸分界标准、政治由以遵循的原则、主观动机与客观事功、个人的心性修养以及王道实现的途径等等，都是宋代思想家广泛讨论的问题。作者最后也指出，对于何以实现王道这一问题上，历代儒家都没有找到切实的答案，只能停留在“内圣外王、修己及人”的水平上[③]。徐洪兴将孟子升格运动划分为四个阶

① 许松源：《经义与史论——王夫之〈春秋〉学研究》，博士学位论文，台湾清华大学历史研究所，2008 年。

② 朱维铮编：《周予同经学史论著选集》，上海人民出版社 1983 年版，第 289 页。

③ 孙晓春：《王霸义利之辨》，《吉林大学社会科学学报》1992 年第 3 期。

段，除了中唐至唐末为其滥觞期外，其兴起与完成均在宋代。其著作中亦简略提及在孟子升格运动中的王霸之辨，但仅限于人物的简单列举，未及展开，但也提到了他们辨王霸穷究直至于“心术”方寸之间[①]。周淑萍的《两宋孟学研究》是宋代“子学”研究的专著，并以专章论述孟学中的“王道回响”，文中论述了王安石对王霸之辨的“创造性”发挥，分节讨论了胡宏、张九成、张栻、余允文、朱熹的“王霸”观点，并概要分析了各人观点存在趋同以及差异的原因，对宋代《春秋》学者及其文献关注很少[②]。黄俊杰在《中国孟学诠释史论》一书中，主要“以孟子对周王的态度为中心”而简要引申出了“王霸之辨”，仍然以李覯、司马光、朱熹等人为中心展开讨论[③]。江湄《北宋诸家〈春秋〉学的“王道”论述及其论辩关系》一文分析了“王道”的理念性、“王道”与“强国之术”，并以孙复、二程、苏辙等人的《春秋》学为个案研究，分析了北宋在王安石变法的大背景下，各派“王道”与“霸道”观念产生的原因及其意义指向，全文的学术探讨十分深刻[④]。从这些既有的研究中可以看出，学者普遍注意到宋代王霸之辨与孟学之间的关系，但是相对忽视了《春秋》学中对此一问题的讨论。刘昆笛的博士学位论文《胡安国〈春秋〉学思想研究》，也专章主要讨论了胡安国《春秋》学中的王霸之辨，但文章花费大量笔墨用于回溯至今研究成果已

---

① 徐洪兴：《思想的转型——理学发生过程研究》，上海人民出版社 1996 年版，第 95—122 页。

② 周淑萍：《两宋孟学研究》，人民出版社 2007 年版。

③ 黄俊杰：《中国孟学诠释史论》，社会科学文献出版社 2004 年版。

④ 江湄：《北宋诸家〈春秋〉学的“王道”论述及其论辩关系》，《哲学研究》2007 年第 7 期。

经颇丰的先秦时期的王霸之辨，然后仅仅以“贵王”、“贱霸”概括胡安国王霸之辨的内容，结论没有放在整个宋代《春秋》学的背景下进行分析，缺乏新的见解①。本书认为，宋儒一方面描述了春秋时期的王霸盛衰的事迹，另一方面又以此事迹为突破口，重点以心术动机为契机，进而衍申出义利、理欲、名位等诸多问题的讨论，加之宋代特殊的时代背景下对尊王攘夷的强调，一起构成了宋代《春秋》学中王霸之辨的主要特征。由于《春秋》学自身的知识与诠释背景，我们必然要添入符合这一知识与诠释背景的因素，即一方面要关注宋代《春秋》学是如何将“王霸”问题与传统的“义利”、“天理人欲”等内涵发生联系等，另一方面要关注社会政治活动中的学术倾向如何影响经学解释。例如王安石变法，备受宋儒所诟病，由变法所引起的义、利之争由于添入了政治立场与个人意气之争等原因，最终偏向于取义而舍利；但王安石接续孟子心性论的观点阐发王霸，这一点却在学理上被宋儒所广泛接受，也基本奠定了宋代《春秋》学中王霸之辨的主要基调。

（4）关于宋儒的解经方法。《春秋》学属于经学史的一部分，因此，自然需要研究《春秋》的解经方法。早在战国时期，便已经有人总结《左传》长于叙事解经、《公羊》、《穀梁》善于以褒贬义例解经；至西汉时期，公羊学者更是在此基础上，发展出以名分、经权关系等解经的方法。虽有研究者概括宋儒解经有“依经废传”、“舍传求经”、“会通三传”等

① 刘昆笛：《胡安国〈春秋〉学思想研究》，博士学位论文，苏州大学，2009年。

诸多特征①，但是，宋代《春秋》学的解经方法绝非仅限于此。如果后来的研究者仅仅局限于成说，则会产生一个误导：即至少汉、唐时期众多的解经传统至宋代全都断裂了，而宋儒则完全走上了不同于前人的解经“新路”，这种理解显然是十分片面的。例如《春秋》求情责实、原心定罪的解经依据②，正名定分、别嫌明微的用心，反经行权的思量等等③，都是《春秋》学独特的解经方法，这些都是当今的研究者所无法回避的宋代《春秋》经解问题。因此，分析宋儒对《春秋》学义例、义理是如何归纳、总结和阐释的，以及在与时代背景的纠结中是如何“返本开新”的，就是要努力还原宋儒解经的原貌。

（5）主要讨论宋代学者对《春秋》编年起止与断限的研究。传统经学家强调所谓“一字褒贬”的《春秋》笔法，甚至连《春秋》的起始与断限都有其特殊意义。谭佳从神话学的角度，分析了《春秋》开篇与结尾之“义”，特别是对“西狩获麟”，作者详细考证了神鹿信仰背景与春秋文献中的

---

① 如前述的杨新勋《北宋〈春秋〉学的主要特点》（《中州学刊》2003年第2期），还有许秀文《宋代〈春秋〉学研究方法探微》（《广西社会科学》2009年第12期），朱汉民等《中国学术史（宋元卷）》（江西教育出版社2001年版）等。

② 对于这一解经原则，现有的研究主要侧重于汉代的“《春秋》决狱”，如许雪涛《公羊学解经方法：从〈公羊传〉到董仲舒春秋学》，广东人民出版社2006年版；华友根《西汉的〈春秋〉决狱及其历史地位》，《政治与法律》1994年第5期；王友才《董仲舒〈春秋〉决狱案例评析》，《河北学刊》1998年第5期，等。

③ 对于经、权关系的讨论，现有的研究成果也基本停留于汉代，如张端穗《〈春秋公羊传〉经权观念的缘起》，《东海中文学报》第10期，1992年8月；吴付来《试论儒学经权论的逻辑走向》，《安徽师大学报》（哲学社会科学版）1996年第1期。

“麟”，以及“麟”在《春秋》中的神圣表征和文化影响。由于作者论述《春秋》开篇与结尾的用意在于验证日落隐喻的神话意味，因此，缺乏从经学、史学的向度来分析《春秋》开篇与起始所蕴含的意义①。《春秋》于鲁隐公元年开端，却于哀公十四年终结，这一年既非鲁国某公的始年，亦非末年。在汉代，公羊学者将“西狩获麟”与孔子受命联系在一起，进而发展出孔子素王、以“《春秋》当新王”、“黜周王鲁”等理论，这一理论再经由东汉谶纬之学的发挥，使得《春秋》学多有“非常异义可怪之论”。由于《春秋》“西狩获麟”孔子的“素王”论、“黜周王鲁”等内容联系在一起，而现有的研究中对这些问题的探讨仍然还局限于西汉公羊学的范围②。还有，“感麟而作”与“文成致麟”的争论都掩盖不了一个事实，那就是《春秋》是始于鲁隐公，而非始于获麟，这其中又包含了圣人哪些特殊的用心呢？这样，关于《春秋》起止的诸多问题，在整个《春秋》学史上就没有停息过，进而也成为汉晋之后《春秋》学中所普遍需要回应的重大问题。

另外，自孟子伊始，已经瞩意孔子作《春秋》的意图，宋儒对此问题的关注更是十分普遍，因此，孔子为何作《春秋》，这些已经是《春秋》学史上的一个基本问题，这种争论自汉代发端，一直延续到宋代亦未能获得一致见解，因此，对其进行梳理和论证进而作出相应的评价，也是宋代《春秋》学研究的题中之义。对于《春秋》为何而作，学者一般持

① 谭佳：《断裂中的神圣重构：〈春秋〉的神话隐喻》，南方日报出版社2010年版。

② 如蒋庆《公羊学引论》，辽宁教育出版社1995年版；杨朝阳《公羊学派“《春秋》王鲁”说平议》，《中国哲学史》1996年第1—2期；张厚齐《〈春秋〉王鲁说研究》，硕士学位论文，台湾东吴大学，2007年。

“《诗》亡而后《春秋》作”等观点①，王树民撰文梳理了自先秦至清初的学者，而作者却未作出自己的判断②。杨普罗、王三北曾撰文认为，《春秋》始隐是要通过鲁隐公的行为及其遭遇来维护立嫡不立庶这个宗法制度中最核心的集成原则，孔子有意以隐公这个为宗法秩序而殉身的悲剧人物为起始，使人们能切实感受到维护宗法等级秩序的极端重要性③。魏衍华的《〈春秋〉“天子之事”发微》一文未直接讨论孔子何以作《春秋》，文章主要以史学的角度分析在“王命不行”的背景下，孔子作《春秋》是以布衣身份代史官行“天子之事”，这标志着由史官到史家的转变④。

3. 研究方法

由上可见，宋代《春秋》学是一个十分复杂的研究课题，它涉及的内容多、范围广，有历史的，有思想的，也有文献学的。本选题主要以《春秋》学来审视宋代学者对经典的诠释与利用，以中唐开始兴起的经学变古学风为切入点，通过探讨唐末五代鼎革后学者在稳定与巩固国家秩序等方面的制度性焦虑，以及宋代学术自身的逐步演变有其关注理学、王霸之辨等时代性学术思潮或理论热点对当时《春秋》学的影响，以学人及其著作为重点，采用宏观的线条式梳理，展现两宋《春秋》学发展的具体过程，并通过这些描述来讨论这一代学者

---

① 朱本源：《“〈诗〉然后《春秋》作”论》，《史学理论研究》1992 年第 2 期；朱本源：《“〈诗〉然后《春秋》作”论（续）》，《史学理论研究》1992 年第 3 期。

② 王树民：《〈春秋经〉何以讬始于鲁隐公》，《河北师院学报》（社会科学版）1994 年第 1 期。

③ 杨普罗、王三北：《〈春秋〉何以始自隐公新解》，《西北师大学报》（社会科学版）1995 年第 2 期。

④ 魏衍华：《〈春秋〉“天子之事”发微》，《史学史研究》2010 年第 1 期。

及其研究在宋代学术史以至于《春秋》学史上的贡献与作用。本文拟采用的研究方法有：

（1）注重文献分析。《春秋》学作为学术史与经学史的研究范围，而经学的发展与演变又与整个学术发展史息息相关，解经者以其时的社会理性、意识形态等成分作为解经的思想动机和理论依据；同时，这一解经过程又反映了人们认识水平、思维水平的知识理性。因此，本文试图从经学史和史学史相结合的角度，对宋代《春秋》学加以全面研究：既注重从经学史的角度对宋代《春秋》学的形成、特征等整体梳理，阐发其在经学上的表现和影响；又重视以史学史的视角分析其对汉唐经学的因袭与反动。具体以文献资料为基础，注重资料的积累，尽量利用时人的文集与笔记，以及正史与现代学人的研究成果等材料的佐证，以真实、翔实的材料解读来说明问题，特别是以文本解读为中心，采取分析、论述、归纳、比较的方法。在论述过程中，将宋代与宋代以前的《春秋》学进行对比，并将宋代不同时期的《春秋》学进行比较，以考察各个时期学术发展的同异之处，进而归纳其特点，作出评价。

（2）学术史的研究方法与社会史的研究方法相结合。张岂之曾论述这种结合，他说："学术史不同于政治史、法律史等，也不同于思想史"，"在思想史中含有一定学术史的内容，同样，在学术史中也含有一定思想史的素材"，两者当中，"思想史更加偏重于理论思维（或逻辑思维）演变和发展的研究"，二者的结合最终是"要寻找二者的沟通处，使之融合为一个整体。"① 在研究过程中，将宋代及其前期的学者作为一

① 张岂之主编：《中国近代史学学术史》，中国社会科学出版社 1996 年版，第 1 页。

个士人群体，一个阶层，分析他们在应对时局变换时的心态、性格等方面，并试图分析这些因素对学术发展的影响。另外，对宋代《春秋》学的研究，始终在时代社会大背景下，以“内忧外患”的叙述语境来考察各个时期的《春秋》学研究的重要学者及其著作等，并对其经学思想进行研究，揭示其精髓，展现其在思想传统脉络中的独特性。

（3）长时段史学方法。利用该方法考察《春秋》学的历史变迁，注重“点、线、面”的有机结合。“线”是指《春秋》学从产生至宋代的历史发展；“面”是之宋代《春秋》学的整体概况；“点”即重点剖析上述宋代《春秋》学的各个具相。

总之，回归历史、研究问题、揭示本质，使宋代《春秋》学借此而明，这是本选题的初衷和所要达到的主要目标。

第一章　宋代理学与《春秋》学

理学自北宋崛起后，便一直居于中国传统社会的主导思潮地位。可以说，从理学勃兴至南宋理宗时被请入庙堂，理学发展史便可看作一部浓缩的宋代学术史。因此，考察宋代《春秋》学的整体特征，便不能不将其与理学的发生、发展联系在一起①。从历史的事实来看，理学从其滥觞到初兴进而蔚为潮流是一个非常复杂的过程②。但其初兴最初表现为对儒学中

---

① 姜广辉对理学与经学的关系论述道："假如我们要以宋明时期的'经学思想'为研究课题，那这'经学思想'的'灵魂'就是理学。但这里的问题在于，我们应以怎样的写作形式来反映这一特点，我们既不能将宋明经学思想史写成与汉唐经学无多少差别的著作，也不能写成类似宋明理学史的著作。必须看到，写宋明经学思想史，其难度更大于写宋明理学史，因为写宋明理学史，可以寻着理学的理论逻辑写，从而避开经学的内容；而要写宋明经学思想史，若不弄清理学，就根本不会理解宋明儒者经典诠释意义之所在。因此这里有双重的压力摆在研究者的面前，既要懂经学，还要懂理学。"姜广辉：《论宋明理学与经学的关系》，《湖南大学学报》（社会科学版）2004 年第 5 期。

② 从已有研究成果来看，"理学思潮的形成，不是一个孤立的现象，也不是用理论本身的原因所能说明的，它是整个社会运动的一部分……就理论特征而言，它是一种理性主义的思想运动，是中国古代人本主义思想的进一步发展和理论化的完成"。蒙培元：《理学的演变——从朱熹到王夫之戴震》，方志出版社 2007 年版，第 11 页。

衰的不满，逐渐演变成一股批判的社会思潮[①]，其思潮的锋芒所向之一便是汉唐儒生“破碎大义”的章句训诂之学[②]。虽然“理学”、“经学”之名不同，但实质上，“理学的形成可以视为儒家经学历史发展的一个新的阶段”[③]，同时，理学思想却又不是凭空阐发的，传统的经、史之学是理学所依附的主要载体。既然如此，理学与经学具有内在的“血脉”相承性和融通性，或者说，理学在宋代的崛起可以视为经学发展的一个变种。那么，理学依傍经学的原因是什么呢？李晓东的解释十分深刻：

> 从内在的心理根源讲，理学家都是儒生，在启蒙时代就深受儒家经典熏陶，对儒经怀有特殊的偏爱。用经学的形式表达思想观点，是符合他们内心要求和愿望的。从客观的心理环境讲，整个社会都流行着一种尊经崇儒，敌视“异端”的情绪，而理学思想学说恰恰又带有浓厚的佛、

---

① 周裕楷认为，从阐释学的角度看，这种现象的出现至少有三种倾向值得大书特书：“一是怀疑批判‘正义’的权威性及其所据‘五经’文本的神圣性，力图把握圣人著述的原初‘本意’，由此而重新发明经典的原初‘本义’。二是肯定超越文字训诂的个人化的心灵体察和认知，由读者之意去推测作者之志，从而使经典诠释从繁琐的章句义疏中解放出来。三是提倡自由灵活的阅读方法，在承认作者本意的前提下，肯定对文本意旨的多元化理解和解释的合理性与有效性。”周裕锴：《中国古代阐释学研究》，上海人民出版社 2003 年版，第 206 页。

② 徐洪兴认为，这股批判的思潮所向还有佛道二教的“异端邪说”、“以文害道”的四六美文。他还认为：肇端于中唐以后的儒学更新运动，实质上也就是理学的发生过程。这场运动主要是内外两个层面上同时展开的。就内而言，那就是抛弃传统儒学粗疏的目的论的理论形态，否定汉唐儒学的章句训诂之学，从儒家原典中发掘新的思想材料，并以之为出发点，对佛道学说中有用的思想资料进行整合，把经学引向义理之学。徐洪兴：《思想的转型——理学发生过程研究》，上海人民出版社 1996 年版，第 15 页。

③ 姜广辉：《理学与中国文化》，上海人民出版社 1994 年版，第 24 页。

> 道哲学的色彩，许多理论与传统儒学有较大距离，很容易被那些株守传统儒学的儒生攻为“异端”……所以，理学家拼命把儒经作为保护伞，反复强调从尧、舜、禹、汤、文、武、周公、孔、孟到二程的一脉相传的道统……为了政治斗争的需要，也为了使理学思想能通过经学的渠道向全社会各阶层人们灌输，理学家便纷纷致力于注解经书的活动，把自己的思想观点用隐晦的方式通过注文和解经言论曲折地反映出来，并极力造成一种假象，仿佛是在代圣贤立言，替圣人说清、说透经文奥义，所表达的观点，都是经中有的圣人原义，与自己无关。这不仅使理学思想戴上“圣人之道”的神圣光环，也有助于使众多尊孔习经的文人儒士从感情上接受理学，理学就是这样与经学密切结合在一起了，这种结合创造了继汉代今文经学后又一个思想学说与经学形式互为表里的奇特的文化形态。①

李先生所论极为精辟，揭示了理学家借经典文本阐发理学思想的本质原因。“宋代理学家从内在的自身心理偏爱和外在的社会心理环境出发，采用经学形式表达理学思想，形象言之，即借经学‘旧瓶’装理学‘新酒’。”② 易言之，理学重文献研读与经义探讨，本身便契合了儒经的研治方式。而且，理学家可将对儒家经典的注释、诠解和发挥，纳入其道学或心学的轨辙，以理学的观点来阐发《春秋》中所蕴含的所谓

---

① 李晓东：《经学与宋明理学》，《中国史研究》1987 年第 2 期。

② 李建军：《宋代〈春秋〉学与宋型文化》，第 205 页。

"身心性命"之义理[①]。因此，一方面，宋代理学的勃兴催生了中唐以来"新《春秋》学"在宋代的回应，这主要表现在宋代《春秋》学质疑经传的怀疑精神，会通三传、舍传求经、己意解经的解经方法等方面；另一方面，受理学浸润的《春秋》学又推动了理学在儒家经典中的深层渗透[②]，理学纲常与《春秋》经传所阐发的伦理获得了内在的"默契"，共同成为整个社会的道德共识。最终，《春秋》学完成了理学化的进程，又走向了汲汲于天理、人欲之争的狭窄胡同，人们的思想又被笼罩于理学之下。

第一节 经学变古与理学勃兴

自汉武帝罢黜百家、独尊儒术以来，儒学成为官方正统学术，儒者莫不以阐述、研究儒家经典为要务，从而形成了"经学"。汉唐各派学者治经大体皆以章句训诂为务。经学内部则强调严守师承、家法，师之所传，弟子一字不敢出入，仅

---

① 现代学者归纳认为："理学家注释儒家经典，把它纳入理学轨辙。他们的方法是用理学观点进行注释，用理学家的言论思想进行注释。"侯外庐、邱汉明、张岂之：《宋明理学史》，人民出版社 1997 年版，第 11 页。崔大华则总结说："宋学经说中的义理充斥着极度强化了的伦理观念。作为经学的宋学始终是在理学思潮风靡的学术环境中生长发育的，完全可以说，主要的经学家也都是理学家。"崔大华：《儒学引论》，人民出版社 2001 年版，第 135 页。

② 由于《春秋》中蕴含了"治乱安危兴废存亡之理"（程颐语），另一方面，《春秋》又是一本伦理性和思想性极其丰富的文本，因此，《春秋》具备了理学家据以呈现儒家价值的实践场域，所以，程颐才说："学《春秋》亦善，一句是一事，是非便见于此，此亦穷理之要。然他经岂不可穷？但他经论其义，《春秋》因其行事，是非较著，故穷理为要。"（宋）程颢、程颐：《二程集》，中华书局 1981 年版，第 164 页。

"惟古注是从"①。影响所及，士人埋首于细枝末节的繁琐注疏中乐此不疲，"一经说至百余万言"②，而对于儒家经典中所蕴涵的奥义微旨鲜有顾及。从形式上看，这种经学研究方式催生了丰硕的成果给人以经学繁盛之幻觉，但究其实际，则是经学逐步走向了衰颓，逐渐失去了先秦儒学中经世致用的基本精神③。汉代徐干就曾表达了对这种学风的不满：

> 凡学者大义为先，物名为后，大义举而物名从之。然鄙儒之博学也，务于物名，详于器械，矜于诂训，摘其章句，而不能统其大义之所极，以获先王之心；此无异乎女史诵诗，内竖传令也。故使学者劳思虑而不知道，费日月而无成功，故君子必择师焉。④

徐氏所言"不能统其大义之所极"，乃指汉儒虽能通经书之大义，但对经书中所蕴含的最高理念，也就是所谓圣人所标示的人生理想，却未能深加体会，以至于"劳思虑而不知道"，缺乏反观自省的功夫，佛、老思想乘机侵入使儒学的发

---

① （宋）魏了翁：《鹤山先生大全文集》卷一〇五《周礼折衷》，《丛书集成》初编本。

② （汉）班固：《汉书》，中华书局1975年版，第3620页。

③ 经学的衰落有其自身的原因，例如经学内部谨守家法、师说，缺乏与现实政治的互动，特别是古文经学的兴衰更是如此。外界的影响因素最主要的是来自释、道二教的冲击，传统的训诂注疏之学不能有效应对挑战，经学的地位受到极大挑战。关于后者，可参阅徐洪兴《思想的转型——理学发生过程研究》中篇第一章第二节"佛学与道学"；陈植锷《北宋文化史述论》（中国社会科学出版社1992年版）第四章"宋学和佛老"等。

④ （汉）徐干：《中论·治学》卷上，《汉魏丛书》本，吉林大学出版社1992年版，第567页。

展面临重大挑战。

至唐初纂修《五经正义》，对六朝以来的义疏之学进行了规范和统一，虽以政府权威使经学得以统一，但在治学方法上却无实质性的改变，仍然以"疏不破注"为原则[①]，末流所及以致"讳言服、郑非"的情境[②]。这就严重桎梏了学术界的思想，使得以经学为载体的儒学陷入繁琐和僵化的境地，儒学生命智慧亦渐近枯萎。正如清人全祖望所云："至《正义》之书，依违旧注，不能有所发明，汉晋经师异同之说，芟弃十九，令后世无所参考。愚尝谓《正义》出而经学之坠自此始。"[③] 而且，《五经正义》也与现实生活严重脱节，"他们是把《五经》作为一种书本上的知识讲的，《五经正义》是传统和普及这种知识的教科书，他们并没有把儒家的经典与当时政治、社会、人生各方面的问题结合起来。"[④] 这种现象到中唐时期发生了变化，像韩愈和李翱的

① 按照现代学者的理解，"疏不破注"意指："义疏把着眼点放在某家注上，尊注过于尊传，尊传又过于尊经。传已不暇顾及，经更无论了。注错，疏则往往跟着错。疏的文字也相当芜杂破碎，论证既广博而少折中，读来则难得要领。"金景芳、吕绍纲、吕文郁：《孔子新传》，湖南出版社 1991 年版，第 318 页。

② 根据林庆彰先生的研究，在中唐以前约一百二十年的时间内，以《五经正义》为代表的"注疏之学"并未受到严重的挑战。他说："如就唐代经学的发展来说，前期为注疏之学的时代，后期为逐渐脱离注疏之学束缚的新经学时代。其分界线应该是代宗大历年间（766—779）。"《五经正义》于唐高宗永徽四年（653）颁布，至唐代宗（762—779 年在位）时已畅行约一百年。此外关于"注疏之学"独行无碍的现象，林氏认为："综合来说，不论经学、佛学和文学等，都拘限于传统的典范中，难有突破性的发展。"林庆彰：《唐代后期儒学的新发展》，载林庆彰主编《中国经学史论文选集》（上册），文史哲出版社 1992 年版，第 670—677 页。

③ （清）全祖望：《全祖望集汇校集注·鲒埼亭集外编》（中册）卷三十八，上海古籍出版社 2000 年版，第 1532 页。

④ 冯友兰：《中国哲学史新编》，人民出版社 1988 年版，第 47—48 页。

《论语笔解》、李翱的《易诠》、陆希声的《易传》、高重的《春秋经传要略》、陆岳的《春秋折衷论》等，均属不合汉学规矩、不顾朝廷功令的私家论著①。这种学风在安史之乱后得到了进一步的强化，由于“盛世”一去不复返，先前的“经典”说教显得不再那么神圣，社会、政治危机也导致了思想危机。在此形势下，中唐啖助、赵匡、陆淳等人开启的“新春秋学”研究，复活了西汉《公羊》学派的某些观点，并在此基础上开启解经破除三传束缚的肇端②，而采取攻驳三传、断以己意的新路向。如啖助就曾明言：“惜乎微言久绝，通儒不作，遗文所存，三传而已。传已互失经指，注又不尽传意。《春秋》之义，几乎泯灭。”③ 自东汉以来便已确立的三传权威，在此开始受到质疑。

唐人虽开风气之先，但毕竟只是少数学者文化自新的开创性活动，且其著述限于私家，因此影响不是很大。经过唐末五代后的战乱动荡，唐人经学变古之风更是被吹得烟消云散。因此，直到宋庆历以前经学仍一袭其旧，重视章句训诂，谨守家法师承，僵化、教条的倾向表现得十分明显。据《郡斋读书志》卷四《七经小传》条载：“元祐史官谓庆历前学者尚文

---

① 马宗霍据此指出：“盖自大历而后，经学新说日昌，初则难疏，继而难注，既则难传，于是离传言经。所谓犹之楚而北行，马加疾而去愈远矣。”马宗霍：《中国经学史》，第105页。

② 杨世文认为：“中唐以后开始的经学变古，《春秋》研究首当其冲。”杨世文：《走出汉学——宋代经典辨疑思潮研究》，四川大学出版社2008年版，第61页。宋儒陈振孙说：“汉儒以来言《春秋》者，惟宗三传；三传之外，能卓然有见于千载之后者，自啖氏始，不可没也。”转引自朱彝尊《经义考》卷一七六《春秋九》，中华书局1998年版，第910页。

③ （唐）陆淳：《春秋集传纂例》卷一，文渊阁《四库全书》本。

辞，多守章句注疏之学。”[①] 宋初，在太祖、太宗、真宗三朝，刊刻唐人《九经正义》，又重定《论语》《孝经》《尔雅》的义疏，谨守唐人“正义”之法。科举取士，一律以官定《正义》为准，宋初虽处动乱后安养生息阶段，经学传习大致仍守汉、唐注疏，无重大变革，宋儒张载门人范育在《正蒙》序中说：

> 自孔、孟没，学绝道丧，千有余年，处士横议，异端间作，若浮图、老子之书，天下共传，与《六经》并行。而其徒移其说，以为大道精微之理，儒家之所不能谈，必取吾书为正。世之儒者亦自许曰：吾之六经未尝语也，孔、孟未尝及也。从而信其书，宗其道，天下靡然同风，无感置疑于其间，况能奋一朝之辩，而与之较是非曲直乎哉！[②]

由此可知，虽然中唐诸多学者已有众多“铤而走险”的治经之士，但在宋初儒者的眼中，所谓“分文析字，烦言碎辞，学者罢老且不能究其一艺”的训诂之学仍是其治经的必由之径，因此，沿袭这种治学方法自是题中应有之义，清人皮锡瑞对此评价说：“经学自唐以至宋初已陵夷衰微矣，然笃守古义，无取新奇，各承师传，不凭胸臆，犹汉唐注疏之遗留

---

① （宋）晁公武：《郡斋读书志校证》，第 143 页。蒙文通对此时的学风总结说：“大历以还之新学，虽枝叶扶疏，而实未能一扫唐之旧派而代之，历五代至宋，风俗未能骤变也，旧者息而新者盛，则在庆历时代，然后朝野皆新学之流。”蒙文通：《中国史学史》，上海人民出版社 2006 年版，第 72 页。

② （宋）吕祖谦：《吕祖谦全集》第十三册，浙江古籍出版社 2008 年版，第 635 页。

也。”[①] 在这种风气影响下，儒生们的思想受到很大束缚，拘囿于经传注疏而对儒学精义却有所不顾，以经世致用、修齐治平为旨归的儒学与社会生活严重脱节，对现实的政治实践与个人精神生活不能提供有效地指导，加之在隋唐即已登峰造极的释、道等义理，其影响力持续发酵。此时，面对“颠错于秦火，支离于汉儒，幽沉于魏晋六朝”[②] 的儒学，如不亟思改造，则儒家经典的出路恐将无以为继[③]。于是，宋儒一方面以否定训诂注疏，怀疑、删改经说，先行捣毁章句经学的藩篱，一方面则要重建全新体系的治学方向。这个新体系的儒学，既不能偏离传统儒家希圣希贤的内修实践，也不能过分摒除道家儒学的哲理思维。因此，粹取佛、道二家的玄理精华，以义理化、哲学化的方式来解释传统儒家经典，便逐渐成为宋代经学的新风貌[④]。

而这一新风貌，仍然是接续啖助学派而来。啖、赵诸人开

---

① （清）皮锡瑞：《经学历史》，中华书局1959年版，第156页。

② （元）脱脱等：《宋史》，中华书局1977年版，第12710页。

③ 宋代学者面对这些社会政治的和精神的危机的出现而又不能消除，视为儒者的“耻辱”，孙复说：“卿大史以四郊多垒为辱，士以地广大荒而不治为辱，然则仁义不行，礼乐不作，儒者之辱欤？”（宋）孙复：《孙明复小集》卷三《儒辱》，文渊阁《四库全书》本。

④ 包弼德对唐宋时期的经学诠释也有相应研究，他认为：“对唐人而言，一个最大的挑战是厘清各种诠释的不一致；对宋人而言，最大的挑战是建立一些策略，以把经典中隐藏着的‘微言大义’揭示出来。这种研究的风气，首先发生在8世纪对《春秋》的研究上，并在11世纪孙复的《春秋尊王发微》中得到复兴，然后很快地普及到对其他经典的研究上，鼓励新一代以自己的方式阅读经典并提出自己的见解，这种风气实际上逐渐否定了汉唐经典注释传统的权威。”这段论述比较概括地说明了唐、宋儒者经典诠释的区别，也说明宋代经学的“创新”研究，始于《春秋》学领域。参见［美］包弼德《历史上的理学》，［新加坡］王昌伟译，浙江大学出版社2010年版，第55页。

创的新学风虽几经波折，并未因旧传统之束缚而中断[①]。宋初至太宗末造，先有号称“欲开圣道之途”的柳开为疑经、改经之先锋[②]，其他如邢昺主持校订群经义疏亦于旧说多所改造，石介亦认为汉唐注疏之说蠹害经文、隳坏圣人之道[③]。可见，宋初经学风气虽然在整体上承袭唐代注疏之风，但亦有部分儒者开始进行反思，连景德四年宋真宗也尝对群臣说：“近见词人献文，多故违经旨以立说。”[④] 可见，不囿旧说而抒发己见，已蔚为一时之风尚[⑤]。如《困学纪闻》曾载陆游之言道：“唐及国初，学者不敢议孔安国、郑康成，况圣人乎？自庆历后，诸儒发明经旨，非前人所及，然排《系辞》、毁《周礼》、疑《孟子》、讥《书》之《胤征》、《顾命》，黜《诗》之《序》，不难于议经，况传注乎！”显然，议经疑经，已蔚

---

① 程颢在《南庙试策第五道》中结合当时《春秋》学的状况，就唐以前的《春秋》学进行总体评述，认为啖助学派之说绝出诸家，“今之学者莫不观焉”。“开元秘书言《春秋》者，盖七百余家矣，然圣人之法，得者至寡，至于弃经任传，杂以符纬，胶固不通，使圣人之心郁而不显……独唐陆淳得啖先生、赵夫子而师之，讲求其学，积三十年，始大光莹，绝出于诸家外。虽未能尽圣作之蕴，然其攘异端，开正途，功亦大矣。”《二程集》，第466页。

② 其徒张景于《柳开行状》云：“凡诵经籍，不从讲学，不由疏义，悉晓大旨。注解之流，多为其指摘。”（宋）柳开：《河东集》附录，文渊阁《四库全书》本。

③ 如石介认为：“左氏、公羊氏、穀梁氏，或亲孔子，或去孔子未远，亦不能尽得圣人之意。至汉大儒董仲舒、刘向，晋杜预，唐孔颖达，虽探讨甚勤，终亦不能至《春秋》之蕴。”（宋）石介：《徂徕石先生文集》，中华书局1984年版，第164页。石介还说：“夫子之道不行于当年，传于其家……夫子没，后世有子思焉、安国焉、颖达焉，止于发扬其言而已……亦不能尽行夫子之道。”同前书，第147页。

④ （宋）李焘：《续资治通鉴长编》，中华书局1979年版，第1472页。

⑤ 蒙文通对于此一时期的风气描述道：“及至宋仁宗庆历以后，新学才走向勃然兴盛的坦途，于是无论朝野，都是新学的天下了”。《蒙文通文集》第五辑《古史甄微》，巴蜀书社1999年版，第373页。

为当时之风气。孙复、刘敞等人，开始怀疑汉唐经师之言，而刘敞的《七经小传》则始开宋儒“改经之例”①。

儒林领袖欧阳修也加入了经典怀疑的行列②，他对先儒注疏的失误所持态度极为严肃：

> 先儒之论，苟非详其终始而抵牾，质于圣人而悖理，害经之甚有不得已而后改易者，何以徒为异论以相訾也……予疑毛、郑之失既多，然不敢轻为之改易者，意其为说不止于笺传，而恨已不得尽见二家之书，未能遍通其旨。夫不尽其书而欲折其是非，犹不尽人之辞而欲断其讼之曲直，其能果于自决乎，其能使之必服乎？③

即使“不得已而后改易”也得“尽见其书”，“遍通其旨”，析之以理，辨其曲直，令人心悦诚服，而不是“徒为异论以相訾”。在这种怀疑精神下，欧阳修的《春秋》学坚持疑传从经的基本准则：“经之所书，予所信也。经所不书，予不

---

① 清儒总结道：“宋代改经之例，敞导其先。宜其视改传为固然矣。然论其大致，则得经义者为多。盖北宋以来，出新意解《春秋》，自孙复与敞始，复沿啖、赵余波，尽废三传。敞则不尽从传，亦不尽废传。”无怪乎自来之论者，多以刘敞之《七经小传》为宋代疑经思潮之代表。（清）纪昀等：《钦定四库全书总目》，中华书局 1997 年版，第 215 页。

② 四库馆臣总结道：“自唐以来，说诗者莫敢议毛、郑，虽老师宿儒，亦谨守《小序》，至宋而新义日增，旧说俱废，推原所始，实发于修。”（清）纪昀等：《钦定四库全书总目》，第 190 页。

③ （宋）欧阳修：《欧阳修全集》，中国书店 1986 年版，第 286 页。欧阳修不仅对先儒注疏进行批判，还分析了其批判的原因：“昔者，孔子当衰周之际，患众说之纷纭以惑乱当世，于是退而修六经，以为后世法。及孔子既殁，去圣稍远，而众说复兴，与六经相乱，自汉以来，莫或辨正。”主要是后儒自为经说而淆乱经旨，所以这些传注多不可信。同前书，第 136 页。

知也。”[①]“学出己见”，勇于创发，不同于刻意求新以惊世人。不仅如此，他还确立了疑经所必须依赖的基本支点：“大儒君子之于学也，理达而已矣。”所谓“理达”，便是解经中以“义理”通贯全经为目的，从而摒弃旧说，恢复圣贤经典的微旨奥义。而对于没有“师承”[②]的欧阳修而言，他又是凭借什么来怀疑先儒传注呢？欧阳修自信地说道：

> 或以为辨疑是正君子所慎，是以未始措意于其间。若余者，可谓不量力矣，邈然远出诸儒之后，而学无师授之传，其勇于敢为而决于不疑者，以圣人之经尚在，可以质也。[③]

此处所说的“圣人之经”，显然不是指《五经正义》限定的权威文本，而是指圣人修定的原初经典。欧阳修还十分警惕刻意标新立异可能产生的负面效应：“凡今治经者，莫不患圣人之意不明，而为诸儒以自出之说汩之也。今于经外又自为说，则是患沙浑水而投土以益之也。”[④]继欧之后，“王文公、苏文定公、伊川程先生各著其说，更相发明，愈益昭著”[⑤]。当时，大多数的文人士大夫都参与了这场思想文化的变革，他们打破了数百年来“祖述毛、郑，莫详于孔颖达之疏，不敢以一语相杵”的沉闷空气[⑥]，松绑了传统经学对人们思想的禁

① （宋）欧阳修：《欧阳修全集》，第131—132页。

② 欧阳修自称“少无师而传而学出己见”，同上书，第494页。

③ （宋）欧阳修：《欧阳修全集》，第568页。

④ 同上书，第500页。

⑤ （清）朱彝尊：《经义考》，第563页。

⑥ 同上书，第563页。

锢和束缚，具有突破藩篱、解放思想的作用[①]，正是在这种突破家法、疑古惑经的氛围中，宋儒才敢于从“疑经”到“易经”并促成了自两汉以来，中国学术思想史上罕见的活跃气氛，在这种氛围下，酝酿了理学的产生[②]。

真正给汉唐经学最后的致命一击的，应该说是王安石那场著名的变法运动[③]。具体说就是宋神宗熙宁年间（1068—1077），王安石变法中所采取的科举改革和作为新的官方标准

---

① 彭明辉说：“中国历代的疑古思想，大部分和‘疑经’扯不开关系，其中主要原因当然是缘于‘六经’为儒学体系建构古史的重要根据，也是儒学建构其道统与伦理的重要据点，因此，历代的疑古思想便围绕在这个范围打转。”彭明辉：《疑古思想与现代中国史学的发展》，台湾商务印书馆1991年版，第7页。

② 蒙培元则认为：“他们对汉唐儒者的章句注释之学已普遍感到不满，对渗透于这些注释中的天命神学、灾异迷信和象数推纳之类，进行批判和否定，从中迸发出理性主义的光辉。这实际上是一种思想解放运动，表现了对儒家经典的批判性的解释和发展，并由此产生了疑经思想……所谓疑经，表面是对儒家经典著作权的怀疑，实际上是对神化儒家权威的否定和批判，它不仅表现了尊重理性，反对思想束缚的精神，而且开创了学术研究中的实事求是的历史主义方法”。蒙培元：《理学的演变——从朱熹到王夫之戴震》，方志出版社2007年版，第5页。

③ 余英时也认为：“宋代儒学以重建秩序为其最主要的关怀，从古文运动、改革运动到道学的形成无不如此。如果进一步观察这一动向，其间显然有一发展历程，即儒家思想的重点从前期的‘外王’向往转入后期的‘外王’与‘内圣’并重的阶段，而王安石则是这一转折中的关键人物。”余英时：《朱熹的历史世界：宋代士大夫政治文化研究》，三联书店2004年版，第56页。余先生特别重视王安石“新法”及其“新学”所起的关键作用，并着意强调道学是在直接与“新学”相抗衡中逐步发展起来的。余英时认为，无论是北宋理学家如二程，还是南宋理学家如朱熹、张拭、陆九渊等，他们之所以要探讨“内圣之学”，都与王安石熙宁变法的失败有密切关系，理学是在直接与王安石“新学”相抗衡的逐步发展完成的。同前书，第4页。姜广辉也认为，“王安石熙宁变法，废除了唐代以来以诗赋与帖经取士的科举考试制度，而代之以“经义”课试士子，这是汉唐注疏之学向宋代义理之学转变的一个重要标志。”姜先生甚至将王安石对科举的改革提高到“一次革命”的高度，可见，此次变法对宋代学术史的重要影响。姜广辉：《从钦定经学到自由讲学》，《义理与考据：思想史研究中的价值关怀与实证方法》，中华书局2010年版，第268—269页。

解释《三经新义》的颁行。熙宁四年（1071），作为王安石新法的一个重要方面，于二月间推出了科举改革①：

> 今定贡举新制，进士罢诗赋、帖经、墨义，各占治《诗》、《书》、《易》、《周礼》、《礼记》一经，兼以《论语》、《孟子》。每试四场，初本经，次兼经并大义凡十道，务通义理，不须尽用注疏。次论一首，次时务策三道，礼部五道。中书撰大义式颁行。②

新科举制度不仅要求以推阐经书义理为归依，而且规定了答题的格式。对于这次改革的实质，就如马端临所概括的“变声律为议论”，就是以策论代替诗赋；“变墨义为大义”，就是以义理代替记诵。后一点在经学史上来说，即义理之学兴而注疏之学废，宋学取代了汉学③。

王安石新学在经学变古思潮中也起到了重要作用。《三经新义》修成后不久即颁行天下，并成为士子科考的标准，“一

---

① 唐至宋初，以“帖经”与“墨义”为主要特征的明经科，主要侧重考察考生对经典的记诵工夫，这一特点沿续至宋初，马端临于《文献通考·选举考三》中说：“三《礼》、三《传》、学究、明经诸科，唐虽有之，然每科所取甚少；而五代自晋、汉以来，明经诸科中选者动以百人计。盖帖书、墨义承平之时士鄙其学而不习，国家亦贱其科而不取，故惟以攻诗赋中进士举者为贵。丧乱以来文学废坠，为士者往往从事乎帖诵之末习，而举笔能文者固罕见之，国家亦姑以是为士子进取之途，故其所取反数倍于盛唐之时也。国初诸科取人亦多于进士，盖亦承五季之弊云。”

② （宋）李焘：《续资治通鉴长编》，中华书局 1979 年版，第 5334—5335 页。

③ 徐洪兴：《“宋学”的由来及其过程》，《孔孟月刊》1996 年第 6 期。关于北宋贡举改革与经学变古之间的关系，具体可参阅杨世文《走出汉学：宋代经典变疑思潮研究》一书中的“贡举改革与经学变古”一节。

时学者，无敢不传习，主司纯用以取士，士莫得自名一说，先儒传注，一切废不用。”① 南宋王应麟对此有最简要的评论：“自汉儒至于庆历间，谈经者守训诂而不凿。《七经小传》出，而稍尚新奇矣。至《三经义》行，视汉儒之学如土埂。”②《三经新义》虽然晚出于《七经小传》，但其影响却在刘敞的《七经小传》之上。王氏新学尤重义理诠释，王安石说经一改前人的旧传统，直接注解古人的典籍，不受汉唐注疏的约束，强调义理的诠释为解经重点，这是经学研究的一大突破，开启了重视心性之学的新风气，王氏曾说：“先王之道德，出于性命之理，而性命之理出于人心。《诗》、《书》能循而达之，非能夺其所有而予之以其所无也。”③ 新学的解经特征就在于挖掘经书中所存在的性命之理，这种做法恰好与庆历以来众儒“为对抗佛家力图回归儒家经典，从中间发出儒家自有的心性之学的趋势相配合。”④ 王安石新学激发了探讨心性之学的风气，也为稍晚的道学家开启了新的路径，难怪其学生蔡卞要强调：

① （元）脱脱等：《宋史》，中华书局1977年版，第10550页。

② （宋）王应麟：《困学纪闻》，上海古籍出版社2008年版，第1094页。

③ （宋）王安石：《王安石全集》，第304页。政和元年（1111），陈瓘在批评王安石的“一道德”时也说：“臣闻先王所谓‘道德’者，性命之理而已矣，此王安石之精义也。有《三经》焉、有《字说》焉、有《日录》焉，皆性命之理也……其所谓‘一道德’者，亦以性命之理而一之也；其所谓‘同风俗’者，亦以性命之理而同之也。不习性命之理者，谓之‘曲学’；不随性命之理者，谓之‘流俗’。黜流俗则窜其人，怒曲学则火其书。故自（蔡）卞等用事以来，其所谓国是者，皆出于性命之理，不可得而动摇也。”（宋）陈瓘：《陈了翁四明尊尧集·序》，《续修四库全书》本。

④ 夏长朴：《一道德以同风俗——王安石新学的历史定位及其相关问题》，载彭林主编《中国经学》，广西师范大学出版社2008年版，第142页。

> 自先王泽竭，士习卑陋，不知道德性命之理。安石奋乎百世之下，追尧舜三代，通乎昼夜阴阳所不能测而入于神，著《杂说》数十万言，其言与孟轲相上下。[①]

对“道德性命之理”的强调也正是理学发端及发展的必由之径，可见，王氏新学对义理之学的引领之功是显而易见的[②]。自此以下，宋人说经的方式完全脱离了汉唐旧传统，走上了一条全新的治经道路。

由于人们对经典的大胆质疑，使久锢于章句的《春秋》学也得到了汪洋恣肆的发展，简单地说，可以表现在三个层面。

第一方面：对《春秋》三传的批评。三传是后人理解《春秋》的重要依据，也是解经的重要著作，至隋唐时期，三传甚至取得了与《春秋》同等重要的“经”的地位。唐代之前，学者多主一家而攻击其余，自唐代中叶起，驳斥三传之风渐起。庆历以后，随着疑经思潮的兴起，宋儒对《春秋》经传的怀疑更是非常普遍[③]，所谓“《春秋》一也，而传之者三家，是以其善恶相反，其褒贬相戾”[④]的观点，可以说是宋儒对三传的共识。他们认为三传虽然也有长处，但都没有真正领

---

① （宋）晁公武：《郡斋读书志校证》，第1000页。

② 金代赵秉文亦说：“自王氏之学兴，士大夫非道德性命不谈，而不知笃厚力行之实，其蔽至于以世教为俗学。”转引自夏长朴《一道德以同风俗——王安石新学的历史定位及其相关问题》，第143页。苏轼在《王安石赠太傅敕》中这样评价王安石：“网罗六艺之遗文，断以己意；糠秕百家之陈迹作新斯人。”（宋）苏轼：《苏轼文集》，中华书局1986年版，第1077页。

③ 参阅叶国良《宋人疑经改经考》，台湾大学出版委员会，1980年；杨新勋《宋代疑经研究》，中华书局2007年版。

④ （宋）刘敞：《春秋权衡·序》，文渊阁《四库全书》本。

悟圣人意旨，加之“一经之指，三传殊说，是彼非此，此学者疑焉。”[①] 由此，三传才不值得信任。这其中，王应麟论三传长短时便集合了先前宋儒之说：

> 三传皆有得于《经》而有失焉……“《左氏》拘于赴告，《公羊》牵于谶纬，《穀梁》窘于日月”，刘原父之言也。“《左氏》失之浅，《公羊》失之险，《穀梁》失之迂”，崔伯直之言也。“《左氏》之失专而纵，《公羊》之失杂而拘，《穀梁》不纵不拘而失之随”，晁以道之言也。“事莫备于《左氏》，例莫备于《公羊》，义莫精于《穀梁》；或失之诬，或失之乱，或失之凿”，胡文定之言也。“《左氏》传事不传义，是以详于史而事未必实；《公羊》、《穀梁》传义不传事，是以详于《经》而义未必当”，叶少蕴之言也。“《左氏》史学，事详而理差；《公》《穀》经学，理精而事误”，朱文公之言也。学者取其长，舍其短，庶乎得圣人之心矣。啖赵以后，凭私臆决，甚而阁束三《传》，是犹入室而不由户也。[②]

从王应麟所总结的观点来看，各家对三传的批评尚算公允，因为他们对三传的优劣各有毁誉。至赵鹏飞，甚至极端地公开呼吁三传存在的非必要性，他说：

> 圣人作经之初，岂意后世有三家者为之传邪？若三传

① （宋）欧阳修：《欧阳修全集》，第 428 页。欧阳修对三传的怀疑十分具有代表性，其《春秋论》与《春秋或问》等篇章中有不少专门论及三传“可疑”之处，此处不再一一列举。

② （宋）王应麟：《困学纪闻》，第 784—785 页。

> 不作，则经遂不可明邪？圣人寓王道以示万世，岂故为是不可晓之义以罔后世哉？顾学者不沉潜其意而务于速得，得其一家之学已为有余，而经之明不明不问也。愚尝谓学者当以无传明《春秋》，不可以有传求《春秋》，谓《春秋》无传之前，其旨安在？当默与心会矣……三传纷纭之论，庸能乱吾心哉？庶有得于经而无负圣人之志。盖《春秋》，公天下之书，学者当以公天下之心求之。[①]

这段言论完全否认了三传存在的解经价值，认为三传成说牵绊了学者对《春秋》本旨的探求，学者都应回归《春秋》无传之前的状态来沉潜求经，所谓“善学《春秋》者，当先平乎吾心，以经明经。”[②] 这种态度颇得宋明理学家“格物致知”的精神要领，也因此赵鹏飞的《春秋经筌》以“据经解经”为出发点，每条经文底下皆畅抒己意，挥洒成篇，以正五伦、兴王道为宗旨，与其说回归《春秋》之本旨，不如说是赵氏个人的《春秋》专论。

第二方面：对《春秋》传注的批评。将三传分开来独立研究的，在两宋间几乎屈指可数，宋儒除了吸纳啖助学派解经精神中“会通三传”、“折衷取舍”的治学方法，在摆脱三传家法的过程中，部分学者更展现出大范围的疑传行动，当啖助等人破解了三传的解经权威地位之后，带给宋儒的最大影响是对三传的质疑，进而连带对研修三传的专家如杜预、何休、范宁以及唐代的注疏等也成为宋儒多所攻诘的对象[③]。宋代《春

① （宋）赵鹏飞：《春秋经筌·序》，文渊阁《四库全书》本。

② 同上。

③ 孙旭红《刘敞〈左传〉学对杜预的批评》（《孝感学院学报》2010 年第 1 期）一文专门分析刘敞对杜预《春秋》为鲁史说以及误说经义的批驳。

秋》学家们普遍认为："三传异同，考之亦各有得失。"① 他们继承中唐以来的余风，排斥三传，出入百家，变专门之学为通学，打破三传分野。这其中又是孙复首开其端，他在景祐二年（1035）给范仲淹的一封长信中集中批评了汉唐注疏："孔子既没，七十子之徒继往，六经之旨郁而不章也久矣。加以秦火之后，破碎残缺，多所亡散，汉魏而下，诸儒纷然四出，争为注解，俾我六经之旨益乱，而学者莫得其门而入。"② 又说：

> 复至愚至暗之人，不知国家以王、韩、左氏、公羊、穀梁、杜、何、范、毛、郑、孔数子之说，咸能尽于圣人之经耶？又不知国家以古今诸儒服道穷经者，皆不能出于数子之说耶？若以数子之说咸能尽于圣人之经，则数子之说不能尽于圣人之经者多矣；若以古今诸儒服道穷经皆不能出于数子之说，则古今诸儒服道穷经可出于数子之说者亦深矣。弌！专主王弼、韩康伯之说而求于《大易》，吾未见其能尽于《大易》也；专守《左氏》、《公羊》、《穀梁》、杜、何、范之说而求于《春秋》，吾未见其能尽于《春秋》也；专守孔安国之说而求于《书》，吾未见其能尽于《书》者也。彼数子之说，既不能尽于圣人之经，而可藏于太学，行于天下哉？又后之作疏者，无所发明，但委曲踵于旧之注说而已。③

这些观点可以说撼动了汉、唐注疏的权威性，当时流传已

① （宋）李焘：《续资治通鉴长编》，第3567页。

② （宋）孙复：《孙明复小集·寄范天章书二》，文渊阁《四库全书》本。

③ 同上。

久的三传注疏权威，在孙复看来亦未能尽《春秋》之意，可见其全盘否定了汉唐章句之学。石介也有类似孙复的观点，他说：

> 《春秋》特见圣人之作褒贬……故其辞危，其旨远，其义微，虽七十子莫能知也。左氏、公羊氏、穀梁氏，或亲孔子，或去孔子未远，亦不能尽得圣人之意。至汉大儒董仲舒、刘向，晋杜预，唐孔颖达，虽探讨甚勤，终亦不能至《春秋》之蕴。①

不仅如此，汉唐传注非但“不能尽得圣人之意”，且会乱经惑人，所以石介将传注惑经比作致使文字残缺的“蠹书鱼辞”：“斯则《易》，其九师之蠹乎？《春秋》，其三传为蠹乎？《诗》其齐、韩、毛、郑之蠹乎？《礼》，其大戴、小戴之蠹乎？”② 王晳则在对《春秋》研究体认的基础上批判汉唐诸儒：“仲尼修经之后，不久而卒，时门弟子未及讲授，是故不能具道圣人之意……自汉崇学校，三传迭兴，以贾谊之才，仲舒之文，向、歆之学，厥犹溺于师说，不能会通，况于余哉！”③ 此即认为孔子之后，何休、杜预、范宁等人虽自成一家，但仍“不能洞达以会经意，非通论也”。

欧阳修本人也是对经典注疏进行怀疑和批判的先锋，他曾对孙复之学评论说：“先生治《春秋》，不惑传注，不为曲说

---

① （宋）石介：《徂徕石先生文集》，第164页。

② 同上书，第81页。

③ （宋）王晳：《春秋皇纲论》卷五《传释异同》，文渊阁《四库全书》本。

以乱经"[1]，显然，他对孙复的解经之法是赞同的。因此，也就不难理解欧阳修治《春秋》时亦力辨三传之失了："孔子，圣人也，万世取信一人而已；若公羊高、穀梁赤、左氏三子，博学而多闻，其传不能无失者也"[2]；又道："左氏之传《春秋》也，固多浮诞之辞。"[3] 为此，他明确断言"经之所书，予所信也；经所不言，予不知也"[4]。欧阳修还撰文批评了各家注疏，尤其对于唐代《五经正义》尤为切齿：

> 至唐太宗时，始诏名儒撰定五经之疏，号为"正义"，凡数百篇。自尔以来，著为定论，凡不本《正义》者，谓之异端。则学者之宗师，百世之取信也。然其所载既博，所择不精，多引谶纬之书以相杂乱。怪奇诡僻，所谓非圣之书，异乎"正义"之名也。

《正义》刊定后导致的结果，不但无助于读者领悟经文，反而会受其蒙蔽，使人茫然不知所云。欧阳修于《春秋或问二》中还说："经不待传而通者十七八，因传而惑者十五六。日月，万物皆仰，然不为盲者明，而有物蔽之者，亦不得见也。圣人之意，皎然乎经，惟明者见之，不为他说蔽者见之也。"传之所以具有很大迷惑力，是因为"经简而直，传新而奇；简、直无悦耳之言，而新、奇多可喜之论，是学者乐闻而易惑也。"[5] 因此，舍经求传的方式不可取。他还把批评的矛

---

① （宋）孙复：《春秋尊王发微·孙明复先生墓志铭》。

② （宋）欧阳修：《欧阳修全集》，第 131 页。

③ 同上书，第 130 页。

④ 同上书，第 131—132 页。

⑤ 同上书，第 131 页。

头直接指向郑玄，认为“郑惑谶纬书，其不经之说汩乱六经者，不可胜数”[①]

不但三传权威及其注、疏沦为攻诘对象，连中唐啖助、赵匡之论，宋儒也不照单全收。鲁庄公二年秋七月“齐王姬卒”，孙觉认为“《春秋》常事不书，而齐王姬之事书之备者，所以见庄公尽礼之仇雠，而无恩于先君也。罪之大，则书之备，恶之积不可掩也。十一年之王姬，书归而遂已者，但以见庄公主婚之罪也，其卒或于他公之时，齐虽来告，鲁虽为微服，亦不书也。”[②] 他主要从《春秋》“常事不书”的书法角度进行解经，认为“不书”的原因是由于“仇雠者尝易世矣，主婚者尝已死矣，罪无所加，则不书也。”在此基础上，孙觉引啖、赵之言道：“啖子曰：公为之服也，十一年之王姬，何不为之服？赵子曰，纪是以著非，为仇雠夫人服，犹以为是，交仇雠者，亦得礼也。啖、赵之说亦非也。”[③] 啖、赵之说认为“仇雠夫人服”是合礼的行为，以此推论则是与杀父仇人交往亦属合理了，孙觉认为这是不符合儒家基本思想的[④]。再以论“战”为例，王皙云：

> 《左氏》曰，皆陈曰战，未陈曰败某事，此皆未尽其旨也。谨案，鲁败外师，悉书曰“某败某师于某”凡八，岂尽未陈而诈战乎？庄十年，公败齐师于长勺。传言“战

① （宋）欧阳修：《诗本义》卷十二《长发》论，四部丛刊三编本，商务印书馆1936年版。

② （宋）孙觉：《春秋经解》卷五，文渊阁《四库全书》本。

③ 同上。

④ 孙觉在解桓公十八年冬十二月“葬我君桓公”时引《礼记》“父之仇，不与共戴天”。

> 于长勺”，齐人三鼓，则皆陈而战明矣……啖助谓未陈之例，外战可通，则圣人修经，何故内外之辞同而义乃相反乎？亦不通矣……盖战者，两国列陈，彼此相敌，故书战。若此强彼弱，是不使外师敌于我也；败则但书“战”，是彼得敌于我之辞也……不言败，讳之也……《穀梁》曰：为尊者讳敌不讳败，为亲者讳败不讳敌，此说是也。①

王晳先批评啖助对《春秋》书“战”例的缺陷，继而陈述了自己倾向于《穀梁传》的解释。

第三方面：对《春秋》经解方法的更新。面对唐宋鼎革的巨大历史变迁，以重视训诂名物的儒家经解学逐渐走向衰落，如果继续坚持《五经正义》的解经路向则新的经学思想将难以萌生。程颐就曾认为：“今之学者有三弊：溺于文章，牵于训诂，惑于异端。苟无是三者，则将安归？必趋于圣人之道矣。”②因此，这种存在诸多弊端的传统经学研究方式既不能应对佛教的挑战，也不能发挥习经致用的功能。于是，在“摆脱汉唐，独研义理”的口号下，学者们在深入研读和注释《春秋》文本时，不仅充分阐发了《春秋》中固有的重要范畴和命题，还依据时代环境的变迁提出了许多新的经学内涵，这种创新是通过对经典文本的重新审视和诠解获得的。而突破前人、敢于创新的学术研习风尚体现在《春秋》学中，便是重视阐发《春秋》义理，直接获取圣人作经之旨。例如，桓公十三年“二月，公会纪侯、郑伯。己巳，及齐侯、宋公、卫侯、燕人战。齐师、宋师、卫师、燕师败绩。”孙复对此经文解云：

---

① （宋）王晳：《春秋皇纲论》卷三。

② （宋）程颢、程颐：《二程集》，第1185页。

齐以郎之战未得志于鲁，因宋、郑之仇，故帅卫、燕与宋伐鲁。鲁亲纪而比郑也，故会纪侯、郑伯，及齐师、卫师、宋师、燕师战，以败四国之师。不地者，战于鲁也。卫宣未葬，惠公出战，其恶可知。燕战称师，重众也。书者，恶七国无名之众残民以逞不道之甚。郎战在十年。①

对于此条记载，“《左氏》以为郑与宋战，《公羊》以为宋与鲁战，《穀梁》以为纪与齐战”②。孙复认为“郎战在十年”，由于“齐以郎之战未得志于鲁”，因此，此战仍为齐与鲁战。

相较于孙复的尽弃三传解经，刘敞更注重“权衡”众家之说以解经，此外，对于传有而经无的记载一律不予采信，如他在驳斥《左传》隐公三年传文时云：

传曰：郑祭足帅师取温之麦，又取成周之禾。按，《春秋》乃恶相伐者，况伐人丧乎？伐人丧尚恶之，况伐天子乎？今不独伐天子，又伐其丧也。则《春秋》何以无贬郑文邪？左丘明，鲁之太史也，郑氏事若不赴告鲁，左丘明无由知之。苟赴告鲁，则必书于策，苟书于策，则《春秋》必当有之。今《春秋》无此，是不书于策也。不书于策，则丘明何从见此邪？非传闻道听者乎？学者莫如信《春秋》，则外物不能惑矣。《春秋》云甲，《传》云

① （宋）孙复：《春秋尊王发微》卷二。

② （宋）胡安国：《胡氏春秋传》，浙江古籍出版社2010年版，第72页。

乙，《传》虽可信，勿信也。孰信哉？信《春秋》而已矣。①

由于《左传》所载郑祭足帅师取温之麦、成周之禾，而《春秋》经不书，刘敞认为左丘明乃“传闻道听者”，学者只有信《春秋》才能“外物不能惑”。

再以庄公三十二年“公子庆父如齐”为例，《公羊传》对此无解。《穀梁传》以“讳奔”解之。杜预则注云：“庆父既杀子般，季友出奔，国人不与，故惧而适齐，欲以求援。时无君，假赴告之礼而行。”可见，杜预仍然沿袭“史承赴告”的原则解经。刘敞反驳道：“非也……闵公不书即位，足以起子般之弑尔……书庆父奔，亦何不可哉？且庆父亲弑其君，此鲁国人之仇，奈何反掩匿蔽覆，不明曰奔，使弑君之贼不见乎？”② 刘敞直言弑君之贼恶不可讳，其解与三传皆异。孙觉则认为庆父“已弑其君矣，国内无讨之者，又安然如齐焉。不曰‘出奔’，内无所逐，晏然如齐也。齐为伯主，当讨除弑逆，以明天下之义。齐容而纳之，齐有罪矣。庆父不待诛绝，而鲁之臣子、齐之威公，皆未免有罪也。”③ 孙觉意谓庆父乃弑君之贼，而国人不讨，让其“晏然如齐”；齐为伯主之国，竟然也接纳弑君叛国之贼，因此，鲁之臣子与齐桓公都有过失。胡安国则解云：“子般之卒，庆父弑也。宜书‘出奔’，其曰‘如齐’，见庆父主兵自恣，国人不能制也。”④ 胡安国解释此条的着眼点是“庆父主兵”，才会最终导致“国人不能

① （宋）刘敞：《春秋权衡》卷一。

② （宋）刘敞：《春秋权衡》卷十五。

③ （宋）孙觉：《春秋经解》卷四。

④ （宋）胡安国：《胡氏春秋传》，第134页。

制”的局面出现，这是将春秋事迹与当下时政联系的典型。因此，《春秋》记此是“以示后世，其垂戒之意，明且远矣”。

由上述可知，自中唐开始的经学变古之风，使得宋儒敢于怀疑经典注疏的权威，继而开始探索解经的新方法，这是中国学术史上的一次重大变革①。同时也需澄清的是，宋儒对传统经传的怀疑，对汉唐以来经传名家及其解经方式、解经思想等诸多怀疑与批评，其本质原因应当是他们对儒家经典的“真义”被淹没已久的不满，于是努力去发掘和恢复经典对稳定社会秩序的传统功能和内在价值，这是一种在复古掩盖下的创新。因此，这些对经典及其名家的怀疑和批判，并非表明宋儒意在对经典本身的价值进行质疑和批判。虽然宋儒在引领学风转向以及破除注疏、重建经旨的努力与啖助学派等几乎如出一辙，但啖助学派等人的经学研究只是少数人的自觉行为，而自北宋年间的经学变古之风却蔚为后世百年之久的治学风尚，其意义是十分深远的。

同时，先宋时期诸多学者对权威的盲从也意味着思维理性的萎缩，而宋儒对经传的怀疑则源于理性的张扬。正是他们这种锐意开拓，舍弃经传注疏的诸多桎梏，使人们有可能越过前人注疏，直寻经义，抉发往圣先贤的微旨奥义，并有可能利用这种以心契心的方式自名新义，最终以理性主义的利刃劈开了学术思想中经典崇拜的牢笼，使人们的思想变得更加自由活跃。不仅如此，对于儒家经典中的扞格难通之处的驳难、质疑乃至改易，动摇了儒家经典及其注疏的无尚权威，凸显了解经

① 钱穆对此评论说：“宋儒经学，不拘在此（章句之学），重要在创新义、发新论，亦可谓宋儒经学乃是一种新经学。”钱穆：《朱子学提纲·宋代之理学》，三联书店2002年版，第27页。

者的个人意识，而这正是宋代义理之学的基本精神。因此，宋初士人的经学变古思潮实际上是义理之学的先声。正是在这种自由而活跃的学术环境中，理学思潮方可能孕育、产生和发展。朱熹曾提及宋初诸儒对于义理之学形成的开创之功：

> 理义大本复明于世，固自周、程，然此先诸儒亦多有助。旧来儒者不越注疏而已，至永叔、原父、孙明复诸公，始自出议论，如李泰伯文字亦自好，此是运数将开，理义渐欲复明于世故也。①

所谓“理义大本”，从解经学的角度来看指经典文本所蕴含的圣贤“本义”，此时的宋儒解经以“理义大本”为旨归，便已证明他们跳出了汉唐注疏知识考据的拘囿，从而将对名物制度等的训诂转向对义理的追寻。朱熹此语虽立足于理学正统立场，突出了周、程而不提王安石等复明理义于世的贡献，表现出其学术偏见，但他对宋初诸儒的学术思维方式转型的推动作用，以及推陈出新的开创之功的评价，却无疑是符合北宋学术发展的历史实际的。

因此，我们可以说，否定传统儒学中的章句训诂之学，吸收儒、佛两教的重要内容，从经书的要旨、大义、义理之所在来理解经典的内涵以达通经的目的，这是理学能够崛起所必须经历的一个重要环节。而“经书内容博杂、包罗万象的特点，为理学建立一个总括天、地、人的庞大哲学体系创造了有利条件。”② 此外，宋儒中大多集理学家与经学家于一身，客观上

① （宋）黎靖德编：《朱子语类》，中华书局1986年版，第2089页。

② 李晓东：《理学与宋明理学》，《中国史研究》1987年第2期。

也造成了理学与经学的贯通联接。例如宋代最为著名的理学家二程、朱子亦为四书、五经的注解宗师，其欲阐发之理学要旨，是求垂教之本原在于心性，求心性之本原在于宇宙，其本质属玄想的形上之学，而章句训诂之学则趋重于因袭循守的训释。因此，徐洪兴说道："如若不把汉唐经学的殿堂加以拆除，理学将不可能真正建立起来，不明乎此中之关节，殆不足与论理学之发生也。"①

第二节　理贵自得与己意解经

汉代以来的经书研读，大都倾向于文字训诂与名物制度的注释说明，于经书义理则未多所发挥。由此可知，由汉晋的笺注之学发展到南北朝、隋唐时期的义疏之学，大多依赖于对经典字面意义的解读，而经典被无条件的崇拜只因为它是"钦定"的经典。因此，面对日趋衰微的儒学，宋儒积极从儒学内部寻找病症所在。欧阳修认为："自秦之焚书，六经尽矣。至汉而出者，皆残脱颠倒，或传之老师昏耄之说，或取之冢墓屋壁之间，是以学者不明，异说纷起。"② 王安石更直言传注之学对孔孟"正学"的侵蚀，熙宁八年（公元 1075 年）《三经义》修成后，王安石除左仆射，其进谢表云：

---

① 徐洪兴：《思想的转型——理学发生过程研究》，上海人民出版社 1996 年版，第 92 页。范立舟进一步分析说："这个结论，固然是不错的，但在汉唐经学与宋代理学崛起之间，还存在着一种以胡瑗为代表的、以疑经变古为特征的'新经学'，理学的出现，是建基于对经学的超越之上的。"他还就理学的发生与佛教的关系进行了详细论述，参见范立舟《理学的产生及其历史命运》，陕西人民出版社 2001 年版，第 87 页。

② （宋）欧阳修：《欧阳修全集·居士集》，中国书店 1986 年版，第 326 页。

> 孔氏以羁臣而与未丧之文，孟子以游士而承既没之圣，异端虽作，精义尚存。逮更煨烬之灾，遂失源流之正。章句之文胜质，传注之博溺心。此淫辞诐行之所由倡，而妙道至言之所为隐。①

宋儒中持类似观点者还有很多②，这充分表明当时的思想家已经认识到儒学精义在长期流传中丢失殆尽，因此，惟有抛弃汉唐治经陋习才能有所发明。这也意味着宋代思想家开始踏上新的治学途径，即以自己的主观体验去把握儒学精神，从孔孟原典中直接寻找“大义”，抛弃汉唐儒生的注疏章句之文凭己意自由解经，这就导致了当时儒家经典研究从训诂之学逐渐走向义理之学③。

在宋儒看来，传统解经之法的弊端在于使儒学知识系统中的终极价值——“道”被逐渐淡化④，同时远离了社会实践，

---

① （宋）王安石：《王文公文集》卷十八《谢除左仆射表》，上海古籍出版社 1999 年版，第 207 页。

② 四库馆臣曾有总结说：“盖不信三传之说，创于啖助、赵匡，其后析为三派：孙复《尊王发微》以下，弃传而不驳传者也；刘敞《春秋权衡》以下，驳三传之义例者也；叶梦得《春秋谳》以下，驳三传之典故者也”。（清）纪昀等：《钦定四库全书总目》，第 356—357 页。

③ 根据陈植锷的论证，“理学”、“义理之学”、“性理之学”等，在通常情况下是可以互换的概念。陈植锷：《北宋文化史述论》，中国社会科学出版社 1992 年版，第 167 页。

④ 宋儒所说的“道”，便是唐代韩愈等所倡导的“孔子之道”、“圣人之道”、“大中之道”等，宋儒在自己的言行中普遍表露出对“圣人之道”的称颂。庆历以后，宋儒这种接续“道统”的意识更加强烈，如王安石、二程、朱熹、陆九渊等。此外，圣人之道著于“六经”，这也是当时的共识。种放认为“大抵圣人之旨尽在乎经，学者不当舍经而求百家之说。道德醇正，莫过乎周、孔，学者不当叛周、孔以从杨、墨。”（宋）种放：《辨学》，《国朝二百家名贤文粹》卷十六，宋庆元三年隐斋刻本。

违背了儒者人文思想的基本精神。如唐代和宋初的科举考试，明经科采取贴经的形式，《宋史·选举志》说："自唐以来，所谓明经，不过帖书、墨义，观其记诵而已。"这种考试方式表明当时"经以载道"的观念尚未成为治经的最终理念。如孙复认为，《春秋》主旨含糊，其中的治道思想郁而不彰，是由多种因素造成的，其中最主要的则在于汉魏以后，"诸儒纷然四出，争为批注，俾我六经之旨益乱"①。这种"舍六经而求虞、夏、商、周之治"的治学路径，"犹泳断潢污渎之中望属于海"，欲获悉经典本意，"其可至矣哉"?② 所以孙复之学摈弃前人观点，转而将《春秋》学置于当时的社会现实中，阐发孔子褒贬善恶之大义。朱熹也说："窃谓秦汉以来，圣学不传，儒者惟知章句训诂之为事，而不知复求圣人之意，以明夫性命道德之归。"③ 理学家的这些观点都表明，秦焚书坑儒，儒家典籍丧失，汉儒在整理典籍文本中以章句训诂为事，不求圣人之意，以明白性命道德的大旨。而这种被淹没已久又被异端排挤的圣人之道、圣人之心又在哪里呢？宋儒认为就在经典文本之中。程颐说："圣人之道传诸经，学者必以经为本。"④ 且"圣人作经，本欲明道"⑤，又说："今去圣久远，逾数千祀，然可覆而举之者何也？得非一于道乎？道之大原在于经，经为道，其发明天地之秘、形容圣人之心一也。"⑥ 而后世学者往往舍本逐末，背弃了圣人作经的初衷。二程进而对经与道

---

① （宋）孙复：《孙明复小集·寄范天章书二》。

② 同上。

③ （宋）朱熹：《朱子全书·晦庵先生朱文公文集·中庸集解序》，上海古籍出版社、安徽教育出版社 2002 年版，第 3640 页。

④ （宋）程颢、程颐：《二程集》，第 1235 页。

⑤ 同上书，第 13 页。

⑥ 同上书，第 463 页。

的关系作了比较："经所以载道也，器所以适用也。学经而不知道，治器而不适用，奚益哉？"[①] 朱熹也认为圣人所讲的"道"、"理"皆在经典之中："圣人千言万语，只是说个当然之理，恐人不晓，笔之于书。"[②] 因此，欲求"圣人之道"必须穷经。这种"圣人之道"，在理学家眼中亦即是"理"[③]。

"圣人之道"蕴藏于经典文本之中，但传统的治经方法多窘于发明经旨，因此宋儒才认为需要抛弃训诂名物的考索方式，以探求经典中的义理为旨归。因此宋代学者才惑古疑经，并开始摆脱汉唐儒者拘囿于对词章句式进行注疏的学风，开拓出"自出议论"的新途径。他们仅将文字训诂作为理解的预备阶段，而以读者个人的心灵体察为基本方法，透过文本表层结构的文字意义，去体验作者深层结构的创作意图，从而使经典诠释表现出鲜明的义理之学的特征。具体言之，这种"自出议论"的新途径被理学家转化为"理贵自得"的"专业术语"。强调"自得"和"独见"的创新，在北宋理学思潮初起之时已露端倪[④]。如张载主张"心解则求义自明，不必字字相校。"[⑤] "字字相校"也就是"分文析字"，他提出的原则是"学贵心悟，守旧无功。"[⑥] 即要求通过"心解"、"心悟"而达到义理之自得，还说："志于道者，能自出义理，则是成

---

① （宋）程颢、程颐：《二程集》，第95页。

② （宋）黎靖德编：《朱子语类》，第180页。

③ 杨世文认为："儒家经典是通向'圣人之道'、'圣人之心'的桥梁，宋儒大体上是予以肯定的。"杨世文：《走出汉学——宋代经典辨疑思潮研究》，第118页。

④ 前述孙复、刘敞等弃先儒传注而以己意解经，也是一个例证。

⑤ （宋）张载：《张载集》，中华书局1978年版，第276页。

⑥ 同上书，第274页。

器。"[①] 又"须是自求，己能寻见义理，则自有旨趣，自得之则居之安矣。"[②] 可见，无论是"心解"、"心悟"、"心得"等手段，都是为了"自出义理"的目的，这样才是"志于道"者所必至。对义理的追寻不能守旧，疑问正是更新旧见的契机，但同时这也并非一蹴而就之事，因为"义理之学亦须深沉方有造，非浅易轻浮之可得也。"[③] 理学家邵雍认为"记问之学，未足以为事业"[④]，从而注重"经由因革"，强调"先天之学，心法也。故图皆自中起，万化万事生乎心也"[⑤]。邵雍这种以"心"诠释《周易》的方式，"开宋代理学心本论思想之先河"[⑥]。在这一治学风气中，强调"自得"和"义理"并重的还属刘敞，在他看来，"虽然为章句者则守之矣，为道者则未之守也"[⑦]，传统章句之学拘泥于前人之说而未能把握圣人本意，因为，"圣人之意可求也，求在义而已矣"[⑧]，只有领悟经典中所蕴含的义理才能通向圣人本旨。在这种观念指导下，刘敞《春秋》学才以义理阐发而著称，如以《春秋意林》为例，四库馆臣就认为"其间正名分、别嫌疑，大义微言，灼然得圣人之意者，亦颇不少"[⑨]。

宋儒喜好解经出于己意并非刻意标新立异之举，这种行为本身也是他们检视汉唐以来章句训诂之学的危害所得出的结

① （宋）张载：《张载集》，中华书局 1978 年版，第 274 页。

② 同上书，第 273 页。

③ 同上。

④ （宋）邵雍：《皇极经世书》，中州古籍出版社 1992 年版，第 456 页。

⑤ 同上书，第 341 页。

⑥ 蔡方鹿：《论宋明理学的经学观》，《四川师范大学学报》（社会科学版）2009 年第 1 期。

⑦ （宋）刘敞：《春秋权衡》卷八。

⑧ （宋）刘敞：《春秋权衡》卷二。

⑨ （清）纪昀等：《钦定四库全书总目》，第 338 页。

论。如程颐于熙宁初年代其父作《试汉州学策问三首》，其一即曰：

> 后之儒者，莫不以为文章、治经术为务。文章则华靡其词，新奇其意，取悦人耳目而已。经术则解释辞训，较先儒短长，立异说以为己工而已。如是之学，果可至于道乎?①

可见，理学家所看重的是“明理”，而不是纯粹的“华靡其词”、“立异说以为己工而已”等等。理学学者对墨守章句尤其痛恨，如程颐说：“汉之经术安用？只是以章句训诂为事。”② 程颐认为汉儒置儒学精髓于不顾，专事章句训诂，这对经学的发展有害无益。而且，汉儒的做法也没有认识到儒家经典本身就是圣人之道即“理”的载体，因此，也就不会去挖掘经典中隐藏的圣人微旨，而这样实际也就失去了治经的意义了：“经所以载道也，诵其言辞，解其训诂，而不及道，乃无用之糟粕耳。”③也正是由于汉唐儒生解经而不见“道”这一风气的影响，才会使得儒学失去生机与活力，以至于在佛学等“异端”的挑战下渐渐失去了招架之力。为此，二程认为只有抛弃汉唐治经的陋习，着重发掘原典中圣人的经典义理，这样才能最终窥得圣人之旨：“古之学者一，今之学者三，异端不与焉。一曰文章之学，二曰训诂之学，三曰儒者之学。欲趋道，舍儒者之学不可。”④ 在这里，二程所提倡的儒者之学，

---

① （宋）程颢、程颐：《二程集》，第 580 页。

② 同上书，第 232 页。

③ 同上书，第 671 页。

④ 同上书，第 187 页。

正是在扬弃文章之学与训诂之学后的儒家“正学”，只有这种“正学”才是学者当坚守的治学之道。

这种“正学”的实质是需要治学者富于创新精神，于研习过程中强调“自得”和“独见”，这可以说是宋代理学思潮的一个显著特征。例如，二程在治经的方法上便将治经与求道密切联系起来，强调“独见”、“自得”，其云：“义有至精，理有至奥，能自得之，可谓善学矣。”① “思索经义，不能于简策之外脱然有独见，资之何由深？居之何由安？非特误己，亦且误人也。”程颐在解答苏季明治经困惑时说：“为学，治经最好。苟不自得，则尽治五经亦是空言。”② 即学习经学就要“潜心积虑，优游涵养，使之自得”③。对于经书的文字，学经者要在涵养积蓄中默识心通，从而达到自得的效果。“自得”之意是实有诸己，在自身的道德践履过程中使道德人格内化于自己。可见，在二程看来“自得”或者说“独见”即自己的独特创造，乃义理之学有所发明的首要条件④。二程对为学要有独创性的强调，正阐明了义理之学的重要前提。二程的理学体系中还有“心是理，理是心”的明确说法⑤，由此得出天即理即心的结论。程颢最著名的一句话便是：“吾学虽有所受，天理二字，却是自家体贴出来。”所谓体贴，亦即由心的直觉，由反省内求而知，完全是内在自足不假外求，从而强调了

① （宋）程颢、程颐：《二程集》，第1185—1189页。

② 同上书，第2页。

③ 同上书，第168页。

④ 朱熹也是主张以己意解经的理学家，其于《孟子集注》亦曰：“当以己意迎取作者之志，乃可得之。”（宋）朱熹：《四书章句集注》，中华书局1983年版，第306页。相信读者只要设身处地，用自己的思想（意）去揣度作者的思想（志），就能透过作品文辞的面纱，窥察出作者的本意。

⑤ （宋）程颢、程颐：《二程集》，第185页。

心的作用。吕祖谦也说：

> 圣人备万物于我，上下四方之宇，古往今来之宙，聚散惨舒，吉凶哀乐……皆吾心之发见也；俯而视之，醴泉瑞石，川沸木鸣，亦吾心之发见也。①

圣人集万物之情理于一身，故宇宙诸多物象皆发之于心而见之于外，这也是强调获得对事物的认识需要加强内心的体验。他还运用孟子“万物皆备于我”的观点来阐发“心”说，认为万事万物都存在于圣人心中。这就决定了吕祖谦的致知之道，不是向外界求取而是向内心探索，即所谓“反求诸己”，这也是吕祖谦教导学子或与学者讲论时再三强调的：“圣门之学，皆从自反中来……凡事有龃龉，行有不得处，尽反求诸己，使表里相应而后可……本不在外，自求而已。”② 可见他所强调的“反求诸己”之道，与朱熹“迎取作者之志”、陆九渊“发明本心”③ 等主张是一致的。在宋学繁荣期，出于己意而有所发明乃是学者们普遍采用的治学原则。这种人自一说，以异于注疏、他人之说为荣的独得意识，在汉学时代是无法想

---

① （宋）吕祖谦：《吕祖谦全集》第六册，浙江古籍出版社 2008 年版，第 180 页。

② （宋）吕祖谦：《吕东莱文集》卷十八《孟子说》。

③ 陆九渊也强调“理贵自得”，如其多次“涵泳工夫”、“自家主宰”（陆九渊：《陆九渊集》，中华书局 1980 年版，第 4 页），曾说：“盖心，一心也；理，一理也。至当归一，精义无二。此心此理，实不容有二。”（《陆九渊集》，第 4 页）“万物森然于方寸之间，满心而发，充塞宇宙，无非此理”（《陆九渊集》，第 423 页）“道未有外乎其心者”（《陆九渊集》，第 228 页）。其实，这些观点都是注重个人的“独见”，这种“独见”通过“验之于心，体之于事”（胡寅：《崇正辨》，《斐然集》，中华书局 1993 年版，第 626 页）的方式获得。因此，理学家强调“心解”的学说，至陆九渊才形成正式而完整的体系。

象的。正如清代学者黄百家所论："孔孟而后，汉儒止有传经之学，性道微言之绝久矣。元公（周敦颐）崛起，二程嗣之，又复横渠（张载）诸大儒辈出，圣学大昌……阐发心性义理之精微。"[1]

在"理贵自得"观念的影响下，理学家强调治经的目的是为了明心、明理，须通过心解、心悟等向内求诸己的方式才能获得。由此，在解经方法上非为解经而解经，而是重视以己意解经，其目的便在于阐发心性、天理之学。如张载虽不专治《春秋》，但也认为该书"惟孟子为能知之，非理明义精殆未可学"[2]，二程则仍然坚持"先识义理"的原则："《春秋》因其行事是非较著，故穷理为要……先识得个义理，方可看《春秋》。"[3] 程颐还强调《春秋》"穷理之要"，"学者不必他求，学《春秋》可以尽道矣"[4]。他认为通达义理需要根据人的内在修养：

> 学也者，使人求于内也。不求于内而求于外，非圣人之学也。何谓不求于内而求于外？以文为主者也。学也者，使人求于本也。不求于本而求于末，非圣人之学也。何谓不求于本而求于末？考详略，采同异者是也。[5]

"求于内"，即要求学者根据内在体悟把握义理。朱熹说得更为清晰：

---

① （清）黄宗羲等：《宋元学案》，中华书局1986年版，第482页。

② （宋）张载：《张载集》，第384页。

③ （宋）程颢、程颐：《二程集》，第164页。

④ 同上书，第1200页。

⑤ 同上书，第319页。

直是要人虚心平气，本文之下打叠，交空荡荡地，不要留一字先儒旧说，莫问他是何人所说，所尊所亲、所憎所恶，一切莫问，而唯文本本意是求，则圣贤之指得矣。①

这种“唯文本本意是求”的治学途径，显然是要寻求经典原意，那么如何才能达成呢？朱熹认为：“讲习孔孟书。孔孟往矣，口不能言。须以此心比孔孟之心，将孔孟之心作自己心。”② 可见，“以此心比孔孟之心”是移情达至作者本意。具体到《春秋》学，朱熹不治《春秋》亦是由于《春秋》过于简略而难以推知圣人之意，他曾说：

如胡文定《春秋》，某也信不及，知得圣人意里是如此说否？今只眼前朝报差除，尚未知朝廷意思如何？况生乎千百载之下，欲逆推乎千百载上圣人之心！况自家之心，又未如得圣人，如何知得圣人肚里事！某所以都不敢信诸家解，除非是得孔子还魂亲说出，不知如何。”③

朱熹此论颇为中肯，道出了后世经典注疏之学的难处所在，即今之人欲逆推千百年前圣贤意图，即使得解亦终究难以让人信服。

此外，“理贵自得”的另一层含义，是要破除传统的经典

① （宋）朱熹：《朱子全书·晦庵先生朱文公文集·答吕子约》，第2213页。
② （宋）黎靖德编：《朱子语类》，第432页。
③ 同上书，第2155页。

注释之学，即使是官方的钦定之学，都要敢于提出自己对经典意义的理解。在这种意义上，“理贵自得”是对传统经学研究方法论的更新。二程甚至走得更远，说：“善学者，要不为文字所梏。故文义虽错解，而道理可通行者不害也。”[①] 这就是说，只要义理通达则不必拘于经书文字，甚至文义错解也无害，只有如此才是“善学者”。而衡量义理是否通达的标准又在于解经者自身的“体悟”、“心解”，这就为发挥义理提供了空间，也即义理可以脱离文义而存在，只要能够阐发义理，经典文本的字面意义可以置之不顾。应当说，二程提倡的是一种打破传统观念的开放精神，是对汉学热衷于注经、释经，不注重创新和发挥之流弊的针砭。

宋代《春秋》学在理学的这一影响之下，在解经风气上亦喜依经废传，好以己意解经。经学变古思潮推动了理学的勃兴，而理学的勃兴又将理学内涵渗透到《春秋》学中去。因为理学家构建“天理”论的思想体系，就是要人们用“天理”为依据来观察和解释自然、社会和人生中的诸多现象。但这种思想体系只有贯通在经典诠释之中，成为儒家经学的指导思想和灵魂，才能最终实现其理论价值。由于宋代与其他朝代相比，从建国伊始到灭亡一直都处于民族斗争和民族矛盾的洪流中。在这样的时代背景下，《春秋》学者时常借“尊王攘夷”大义的发挥，来表达对当时对外政策的看法，表达驱逐夷狄、恢复河山的美好愿望。当理学勃兴后，这一思想反映在《春秋》学中，便是宋儒在解经之语中广泛地使用“理”的概念。程颐的《春秋传》自不待言，胡安国为南宋《春秋》学名儒，实为程颐之私淑弟子，其《春秋传》不仅是一部《春秋》学

---

① （宋）程颢、程颐：《二程集》，第378页。

名著，更是一部理学要籍，胡《传》序言："学是经（指《春秋》）者，信穷理之要。"[①] 此外，罗从彦的《春秋指归》、陈傅良的《春秋后传》、赵鹏飞的《春秋经筌》、张洽的《春秋集注》等著作，在解经思想上或接续程朱，或近师胡传，都体现了强烈的以理穷经的特征。

其次，注重以己意解《春秋》。宋初诸儒中最先探讨性命义理之学的是胡瑗，他以经义和时务为治学重点，一反隋唐以来重文辞的学风，是宋明理学正式开端的代表人物之一。他对儒家经典"驳正注疏，自抒心得"[②] 的义理化解释，在其《周易口义》、《洪范口义》两文中均有体现。由此也不难想见在其已佚的《春秋口义》中，自应饱含义理色彩，对《春秋》大义的诠释也应别出新解[③]。此外，章拱之的《春秋统微》二十五卷，据三传注疏及啖、赵意所不及者，"断以己见，并采陆淳可取之义"[④]。王晳的《春秋通义》十二卷中也兼采三传及啖、赵之说，若其中所言通达者则取而用之，并附于经文之下以飨学人；若缺而不同者，则"用己意释之"[⑤]。在具体的解经实践中，如桓公十四年冬十二月"宋人以齐人、蔡人、卫人、陈人伐郑"，孙复解道：

> 按十二年"及郑师伐宋。丁未，战于宋"。宋人怨突之背己也，故以齐人、蔡人、卫人、陈人伐郑。"以"者，乞师而用之也，谓四国本不出师，宋以力弱不足，乞

---

① （宋）胡安国：《胡是春秋传》，第 2 页。

② （清）纪昀等：《钦定四库全书总目》，第 140 页。

③ 《宋元学案》中收录了数条胡瑗《春秋说》的内容。

④ （宋）王应麟：《玉海》卷四《春秋类》，广陵书社 2003 年版。

⑤ 同上。

> 四国之师而伐郑尔……然四国从宋伐郑，助其不道，其恶亦可见矣。①

对于此条经文，《左传》认为是“报宋之战也”，《公羊传》、《穀梁传》于义例上求解，围绕“以”字之义喋喋不休。孙复将“伐郑”的原因上溯至桓公十二年鲁、郑伐宋之事。可见，孙复不依三传旧说，力图以经文寻求事件原委以探求圣人之旨。又庄公二十九年春，《春秋》书“新延厩”，《左传》云：“书，不时也。凡马日中而出，日中而入。”《公羊传》云：“新延厩者何？修旧也。修旧不书，此何以书？讥。何讥尔？凶年不修。”《穀梁传》云：“延厩者，法厩也。其言新，有故也。有故则何为书也？古之君人者，必时视民之所勤。民勤于力，则功筑罕。民勤于财，财贡赋少。民勤于食，则百事废矣。冬筑微，春新延厩，以其用民力为已悉矣。”刘敞解“新延厩”条时说：

> 天子僭天道，而后有诸侯僭天子；诸侯僭天子，而后有大夫僭诸侯；大夫僭诸侯，而后有陪臣僭大夫。上为之，下则有甚焉者矣。故将欲拨乱世反诸正，则莫若正己，正己而物正矣。故《春秋》于其僭君也必书。必书之者，必正之之意也，而主人习其读而问其传，则未知己之有罪焉。②

三传解此条立场相近，均以“不时”解之，只不过在具

① （宋）孙复：《春秋尊王发微》卷二。

② （宋）刘敞：《春秋意林》卷上，文渊阁《四库全书》本。

体解说上有差异，刘敞却从中解读出“正己而物正”的意旨。又昭公三十二年冬，《经》书“城成周”，对此，《公羊传》、《穀梁传》二传无解，《左传》仅叙述“城成周”的缘由是“秋八月，王使富辛与石张如晋，请城成周”。孙觉解道：

> 《春秋》之作，以天下无王而王政不行也。故天下无王，则《春秋》书王以正之；王政不行，则《春秋》微周以见其意。自文公而下，无王百余年矣，孔子于周之行事，而诸侯之事周，未尝不曰京师也。纪季姜归于京师，不曰归于成周也。自宣公而下，王政竟不能行而王室益衰，孔子于周之行事与周之见于经者，皆不曰京师焉……所以见王室之竟衰、周道之不复，而与列国诸侯无间矣。①

显然，孙觉对经义进行了引申，将这一事件与“周道之不复”联系在一起。

胡安国在解《春秋》僖公三年“六月雨”时曰：“雨云者，喜雨也。闵雨与民同其忧，喜雨与民同其乐，此君国子民之道也。观此义，则知《春秋》有惧天灾、恤民隐之意。遇天灾而不惧，实民隐而不恤，自乐其乐，而不与民同也，国之亡无日矣。”《春秋》只记载鲁僖公三年“六月雨”，在胡安国那里，却被看成是天之征兆，与君主是否体恤民力联系在一起。他于解宣公十五年“六月雨”时又说道：“急民事，谨天灾，仁人之心，王者之务也。遇天灾而不惧，忽民事而不修，而又为繁政重赋以感之，国之亡无日矣。”由此可以看出，胡

① （宋）孙觉：《春秋经解》卷十一。

安国反复强调的天之征兆就在于劝诫君主不要“忽民事而不修”，更不要加重百姓之赋税。

由上可见，宋儒解《春秋》的主要倾向，是围绕国家政治生活中的重大事件而展开，凸显尊王攘夷之主旨，这样，学者在进入经典文本之前已经有先入为主之见，以己意解《春秋》的意识便在有意和无意间流露于解经的字里行间。例如孙复将春秋时代看成是周道衰绝、天下无王的乱世，因此在他看来，孔子作《春秋》就是要对那些犯上、坏法、弑君、攘国之类的人和事进行贬斥，所以他看《春秋》经文，几乎处处都是讥贬，所谓“《春秋》有贬无褒”①。牟润孙在评述孙复《春秋》学时说：“孙氏著《春秋尊王发微》，阐扬《春秋》尊王之义，专就本经研求，不问三传……孙氏之书……虽名曰法《春秋》之微意，其内容则在于匡时论政，多断于己意，大异前人。”② 程颐对于《春秋》所书之“陨石”、“陨霜”、“震夷伯父之庙”等灾异，都认为是“天人响应，有致之之道”③。胡安国认为孔子是在世衰道微、乱臣贼子胡作非为的背景下作《春秋》的，因此，《春秋》仅孔子“尊君抑臣”的思想，其言：“《春秋》抑强臣，扶弱主，拨乱世反之正。”④ 另外，《春秋》中的书、不书、盟、会、侵、伐、日月时、凡、弑、灭、取、围，以至于经文中的阙文等，在宋代《春秋》学者那里，都被看成是孔子的书法、义例，包含着圣人笔削之旨，因而也都被嵌入了修身、正家、理国、治天下之

① （清）朱彝尊《经义考》卷一百七十九引黄泽曰：“孙泰山谓《春秋》有贬而无褒，若据此解经，则不胜舛谬。”

② 牟润孙：《两宋春秋学之主流》，载《注史斋丛稿》，第69—70页。

③ （宋）程颢、程颐：《二程集》，第159页。

④ （宋）胡安国：《胡氏春秋传》，第154页。

道，夫妇、父子、君臣、兄弟之法。

从“经以载道”、“由经穷理”的经学观出发，程朱等理学家将儒家经典视为通向圣人之道的津筏，在治经上注重以反求诸己的方式探寻文本中的“理”，取代了汉唐以来的经典训诂之学，使主导中国学术的经学发生了革命性的变革。同时，理学家自身以及在他们影响下的《春秋》学研究，也摒弃了流行的三传注释权威，提倡废传解经，直寻经义，并结合宋代所处的时代背景，迁经以合己意。

当然，以今天的学术视角视之，宋儒在以“己意说经”的方法下“新创”了众多经典“义理”，这容易使后人产生宋儒解经只凭义理的偏见，实际上，宋儒尽管不赞成经学对儒家经典的训诂式研究，但也不放弃运用训诂学的方法，从语义上对儒经作了大量正本清源的解释。清人方宗诚于《诸儒论述》一文中述及程门为学方法时说：“自二程夫子起，始独得于章句笺疏之外，而见圣贤立言之本心，先生（游酢）及同门诸子，互有以发明之，于是经之大用始著。朱子继起，乃合汉唐之训诂，宋诸儒之义理，择之极其精，语之极其详，由是圣贤之经义如日月经天，江河行地，布帛菽粟之切于人生日用而不可离。”方宗诚指出了理学家既利用训诂学的方法，又不囿于此法，义理才是理学家治经为学的根本目的。他们阐发义理不是为了新创义理，而是在发明圣贤之道的“冲动”下阐扬先儒义理。只不过在抉发儒学经典意义的同时，由于解经者个性的差异，他们不自觉地渗入了自己的理解，并程度不同地执着于己见，这几乎是宋代诸儒治《春秋》的共同倾向。同时，以“己意说经”还说明了理学无论有多少新奇之处，它仍然只是儒学发展的一个阶段，即依旧不能摆脱如同先前儒学研究需要依托经典文本的传统[1]，特别是不能跳跃出“天理”这一潜在背景。因此，宋儒一再强调并予以实践的“己意解经”，实际上是在寻求依托经典文本的同时，可以获得高于文本的“认识”，这种煞费苦心、颇多周折的良苦用意，无非是想从经典文本中获得异于前人而又符合时代要求的“义理”，从这方面来看，以“己意解经”良为可赞[2]。

而以“己意”理解经典含义，又如何能保证经解的合理性和有效性呢？如何才能避免“只是牵率古人言语，入做自家意中来”的情况呢？对此，南宋姚勉以学《诗》为例给予了精彩的回答：

> 古今人殊，而人之所以为心则同也。心同，志斯同矣。是故以学诗者今日之意，逆作诗者昔日之志，吾意如此，则诗之志必如此矣。《诗》虽三百，其志则一也。虽然，不可以私意逆之也。横渠张先生曰：“置心平易始知《诗》。”夫惟置心于平易，则可以逆志矣。[3]

---

① 陈植锷认为：“宋人反对训诂之学，并不是一概抛弃传注的形式，而只是认为传统经学的繁琐（‘博’）妨碍了治学者与儒家经典文本之间在精神实质（‘心’）上的沟通；宋人只是认为前代诗赋过分地追求辞章之华丽（‘文’）。恰恰相反，宋学的产生，正是继承并创造性地发展了前此一切优秀的文化成果而将它们统合在所谓古之学者一的儒学这一旗帜之下。”《北宋文化史述论》，第 4 页。

② 四库馆臣对这种解经方法评价说：“自啖助废三传，而谈《春秋》者日盛，故解五经者，惟《易》与《春秋》二家著录独多。空言易骋，兹亦明效大验矣。”纪昀等：《钦定四库全书总目》，第 346 页。近代学者刘师培也说：“夫汉儒经说，虽有师承，然胶于言词，立说或流于执一；宋儒著书，虽多臆说，然恒体验于身心，或出入老释之书，故心得之说，亦间高出汉儒。”刘师培：《刘申叔先生遗书（一）·汉宋学术异同论》，江苏古籍出版社 1997 年版，第 541 页。

③ （宋）姚勉：《学坡舍人集》卷三七《诗意序》，《豫章丛书》本。

这段话由孟子“以意逆志”引申而来[①]，宋儒已经加入了自己的观点，他们认为古今之人有相同的心理结构，即“心同，志斯同矣”，因而，作者与读者可以达到“视域”的融合，读者也因此可以重现作诗者“昔日之志”。其次，读者在理解经典的过程中要抛开读者的个人主观、随意见解，即所谓的“吾意”、“私意”。再者，姚勉引述张载“置心平易”的读诗方法。所谓“置心平易”，是指排除个人的主观成见，不带杂念地客观呈现作者的本意[②]。

应该说，姚勉的观点代表了宋人解经的普遍看法，这也是宋儒坚信经典义理可以“自得”、“独见”的“前意识”。但这种解经之法是否完全正确、可靠呢？且不论后世的批评，早在北宋，司马光就已经看出这种解经方法所导致的学风弊端，他在《论风俗札子》中曾说：

近岁公卿大夫，好为高奇之论，喜诵老庄之言，流及科场，亦相习尚。新进后生，未知臧否，口传耳剽，翕然

---

① 依照周淑萍《两宋孟学研究》（人民出版社2007年版）中的分析，孟子强调“自得”的治学方法对宋人有所启示，如该书85—86页所说：“孟子‘自得’之说，对于沉溺于章句训诂、笃守家法师法、囿于经典文本的传统经学无疑又是一记重锤。宋人从中获得的启示是：治学要‘默识心通’、脱然有独见、勇于创新。”详细论述可参阅该书相关内容。

② 张载的所谓“置心平易”之法与前述朱熹的“虚心平气”见解类似，朱熹所谓的“打迭空荡荡地”、“不留一字先儒旧说”，意指在解经时要先摒除先入之见，“莫问他是何人所说”，“而唯本文本意是求”，所以，朱熹对“以意逆志”过程的理解，就是对“圣贤之旨”的等待，而非“捕捉”。朱熹言道：“且如孟子说诗，要‘以意逆志，是为得之’。逆者，等待之谓也。如前途等待一人，未来时且须耐心等待，将来自有来时候。他未来，其心急切，又要进前寻求，却不是‘以意逆志’，是以意捉志也。如此，只是牵率古人言语，入做自家意中来，终无进益。”（《朱子语类》，第180页）

成风。至有读《易》未识卦爻，已谓《十翼》非孔子之言；读《礼》未知篇数，已谓《周官》为战国之书；读《诗》未知《召南》，已谓毛、郑为章句之学；读《春秋》未知十二公，已谓三传可束之高阁。循守注疏者，谓之腐儒；穿凿臆说者，谓之精义。[①]

很显然，“己意解经”的方法有其一定的合理性，因为阐释活动归根结底是由阐释者来完成的，阐释者有权将文本的原初视野纳入自己的现今视域[②]。然而，当这种倾向发展到极端之时，对解经的危害便暴露无遗，因为解经多“恃胸臆为断”[③]，这不仅完全颠倒了经典文本与阐释活动的关系，而且忽视甚至遗忘了经典文本本身，从而导致阐释活动事实上的消亡。同时，也容易产生过于主观的弊端，其对汉、魏旧注不做深究，任意取舍，有不合其意者即束之高阁，臆断句读，牵强附会。尤其仁宗庆历以后治经主观之风日炽，注疏之学发展至末流，难免自由“过度”而流于支离蔓衍之病。对这种风气，

① （宋）司马光：《司马温公文集》卷六《论风俗札子》，《四部备要》本。

② 张立文也说：“理学产生时期，义理之学已经大盛，解经专凭己意的风气，影响了一代学术风气，给理学家利用儒经的范畴、命题和理论框架建立新的思想体系，提供了有利条件。”张立文主编：《中国思想史》，西北大学出版社1993年版。

③ 杨燕对以理学家为代表的强调内心体验以解经的治学方法的弊端进行的归纳十分有见地，她认为虽然理学家“为了避免由本偏之心体认天理带来的差误而提出自外部截断的方法，但外部的截断最后还是要归结到内心的体验。同时，对合理与是非处的判断，虽然绕了一个大大的格物穷理的圈子，但最后又全都依靠内心虽具有的先验判断能力，并没有对这一问题有实质的解决……也就是说，从个人内心核定的这一圣人本意既不确定也不普遍，它在现实的阐释活动中并不能有效地规范阐释方向，相反，在很多时候却成了个人阐释随意性的借口。”杨燕：《〈朱子语类〉经学思想研究》，第219页。

“正宗”经学家颇为不喜[①]。如四库馆臣批评啖助是“舍传求经，实导宋人之先路，生臆断之弊，其过不可掩”[②]。

第三节　理学纲常与经传伦理

先秦时期，儒家就很重视君臣、夫妇、父子之间的伦理关系，当时，这些关系的双方大都要求“对等”尊重，互相承担责任和义务。至西汉，董仲舒为了适应大一统帝国统治的需要而吸收了法家专制主义思想，强调君对臣、夫对妇、父对子的主导地位和绝对权威，另一方面又将这三者上升到“可求于天”`的“王道之三纲”的高度加以神化，把社会人伦关系与天道结合起来。正是由于董仲舒的“努力”，后世儒者便总结出所谓“君为臣纲，父为子纲，夫为妻纲”的“三纲”，这成为中国古代社会最高的道德原则进而为历代统治阶级所提倡。

唐末五代时期，中国古代社会再次陷入了大分裂、大动乱

---

① 现代学者，多贬宋儒解经“好轧先儒”、“空谈臆说”、“穿凿附会”等，有反对离《左传》而言经者。参见汪惠敏《宋代经学之研究》，师大书苑有限公司1989年版，第301—312页。

② （清）纪昀等：《钦定四库全书总目》第333页。啖助学派声称：“若旧注理通，则依而书之，小有不安，则随文改易，若理不尽者，则演而通之，理不通者，则全削而别注，其未详者，则据旧说而已。”“理”通或不通，全凭解经者主体意见而定，这就为解经留下了很大的主观空间，因此，四库馆臣的批评也是有其合理之处的。引文见（唐）陆淳《春秋集传纂例》卷一《啖氏集注义第四》。实际上，“新《春秋》学”主张尊经贬传甚至弃传，主要是针对“自汉后，《公羊》废搁，《左氏》孤行，人皆以《左氏》为圣经，甚至执杜解为传义……孔疏于经不合者，不云传误，反云经误。”（清）皮锡瑞：《经学历史》，第217页。另外，这种以己意解经的方式本身虽然契合了宋儒所谓经术以治世的要求，为传统儒家的注经之学注入了新的生机与活力。

局面，纲常失序、道德沦丧、理想失落，这种社会环境不但使得百姓生灵涂炭，更使得传统儒学逐渐失去了维持世道人心的功能。加之长期战乱对文化学术载体——图书典籍的扫荡，文人士子丧失了研究的优越环境。程颐指出：

> 唐有天下，如贞观、开元间，虽号治平，然亦有夷狄之风。三纲不正，无父子、君臣、夫妇，其原始于太宗也。故其后世子弟，皆不可使。玄宗才使肃宗，便篡。肃宗才使永王璘，便反。君不君，臣不臣，故藩镇不宾，权臣跋扈，陵夷有五代之乱。①

五代时期，"臣弑其君，子弑其父，而搢绅之士安其禄而立其朝，充然无复廉耻之色者皆是也"②。"享人之禄，任人之国者，不顾其存亡，皆恬然以苟生为得，非徒不知愧，而反以其得为荣。"③ 其中，相五朝八姓的"长乐老"冯道最为典型，对于君主"如逆旅之视过客，朝为仇敌，暮为君臣，易面变诈，曾无愧怍"，"国存则依违拱嘿，窃位素餐，国亡则图全苟免，迎谒劝进。君虽兴亡接踵，道则富贵自如"④。君臣、父子、夫妇等伦理规范丧失殆尽，所谓"五代之乱，君不君，臣不臣，父不父，子不子，至于兄弟、夫妇人伦之际，无不大坏"⑤，这种状况即使至宋初政权初定也没有明显改观。另外，魏晋以来佛道文化渐盛，在宋儒看来，佛教"去君臣之礼，

---

① （宋）程颢、程颐：《二程集》，第236页。
② （宋）欧阳修：《欧阳修全集》，第369页。
③ （宋）欧阳修：《新五代史》，中华书局1974年版，第355页。
④ （宋）司马光：《资治通鉴》，中华书局1956年版，第9512页。
⑤ （宋）欧阳修：《新五代史》，第370页。

绝父子之亲，灭夫妇之义”[1]，若任由“浮屠、老子之说行，而天下为礼乐者独以顺流俗而已”[2]。佛教劝人“弃其父子，绝其夫妇”，但由于“有为善之说”，因此欺骗性很大，“民皆相率而归焉”。

鉴于此，避免重蹈唐末五代覆辙是宋初君主与士大夫心中的普遍政治关怀，其时，君臣一方面着手从制度上力求达到“朝廷一纸下郡国，如臂使指，无有留难”[3] 的效果，另一方面注重提倡重整封建伦理纲常、道德规范和行为准则，重建价值理想与精神家园，力求在佛学不能解决的“方内”世界中整合前代学术而重建本体世界的儒学体系。于是他们除了对所谓的“忠臣”、“孝子”、“义夫”、“节妇”大肆旌扬外，更积极从理论上创立新的学说进行论证，最突出的体现便是宋儒将“三纲”纳入“理”的视野之中。孙复曾说：“君君、臣臣、父父、子子，邦国之大经也……君不君、臣不臣、父不父、子不子，禽兽之道也，人理灭矣。”[4] 二程的“天理”观更是纲常道德的总称：“人伦者，天理也”[5]，又“伦，理也。既通人理之极，更不可以有加。”[6] 可知天理也即人伦之理，是世间的最高准则。天理不仅表现为四德，而且体现为人伦。“父子兄弟夫妇皆是天理自然，人皆莫不自知爱敬。君臣虽亦是天理，然是义合。”[7] 父慈、子孝、弟悌、夫妇敬，都是“天理”的自然，因为“在二程思想中，‘天理’本身就被赋予了道德

---

① （宋）孙复：《孙明复小集·儒辱》。

② （宋）王安石：《王安石全集》，第 251 页。

③ （宋）陈亮：《陈亮集》，中华书局 1974 年版，第 5 页。

④ （宋）孙复：《孙明复小集·世子蒯聩论》。

⑤ （宋）程颢、程颐：《二程集》，第 394 页。

⑥ 同上书，第 182 页。

⑦ （宋）黎靖德编：《朱子语类》，第 233 页。

律令的意义”[①]。从这方面说，“天理”相当于封建道德。理学家以“理”作为贯穿天、人的主轴，无论是伦理纲常或礼乐刑政制度，皆可纳入“礼”的概念范围里。程颐甚至将“三纲”（礼义）视为“中国”与“夷狄”的分界，曾言：“礼一失则为夷狄，再失则为禽兽。圣人初恐人入于禽兽也，故于《春秋》之法极谨严。中国而用夷狄礼，则便夷狄之。”[②] 胡安国也曾曰：“中国之所以为中国，以礼义也，一失则为夷狄。”[③] 建炎四年至绍兴元年春之间，他在《答罗仲素书》中称：“《春秋》大要明天理。世道衰微，臣子杀其君，妾妇乘其夫，夷狄侵中国，天理灭矣。”[④] 朱熹在“三纲”的认识上比二程等人更为极端，他认为：

> 宇宙之间，一理而已……其张之为三纲，其纪之为五常。盖皆此理之流行，无所适而不在，若其消息盈虚，循环不已，则自未始有物之前，以至人物消尽之后，终则复始，始复有终，又未尝有顷刻之或停也。[⑤]

天地间万物的循环变化朱熹皆视而不见，惟有天理最终所落实的三纲五常才能入其“法眼”。而且，三纲五常在朱熹看来还是三代以来相因相继的治道根本：“三纲五常，礼之大

---

① 侯外庐、邱汉生、张岂之主编：《宋明理学史》（上），人民出版社 1984 年版，第 152 页。

② （宋）程颢、程颐：《二程集》，第 43 页。

③ （宋）胡安国：《胡氏春秋传》，第 182 页。

④ （宋）罗从彦：《豫章文集》卷十六，转引自王立新《开创时期的湖湘学派》，岳麓书社 2003 年版，第 306 页。

⑤ （宋）朱熹：《朱子全书·晦庵先生朱文公文集》，第 3376 页。

体，三代相继，皆因之而不能变。”① “三纲五常，天理民彝之大节，而治道之本根也。”② 在论述三纲关系时，更强调臣、子、妻对君、父、夫毫无选择的绝对服从，《朱子语类》卷七十九载：“父有不慈，子不可以不孝。君有不明，臣不可以不忠；岂有君而可叛者乎?”经由理学家对三纲的发挥，三纲在人类社会生活中有了至高无上的地位，因此如何严守三纲成了个人道德的指导原则；若是违反三纲，便是背弃天理，必定受到最苛刻的谴责。

由上可见，宋代理学是对唐末五代以来“君君臣臣父父子子之道乖，而宗庙朝廷人鬼皆失其序”③ 等乱象的积极应对，更加凸显了儒学中的伦理本位特色。理学家“把道德修养提到了空前的高度，将道德修养的理论阐发成为理学伦理思想的一个亮点和极具特色的组成单元”④，因此，宋代“在人际关系中理学家以所谓‘三纲五常’加诸人，并以说历史，于是宋儒之春秋学遂多理学家纲常名教之内容”⑤。所以，宋代《春秋》学的理学色彩不仅仅体现在以天理人欲之辨统摄《春秋》“尊王攘夷”之大义，而且也体现在以伦理纲常解析《春秋》微言。

---

① （宋）朱熹：《四书章句集注》，第 59 页。

② （宋）朱熹：《朱子全书·晦庵先生朱文公文集》，第 656 页。

③ （宋）欧阳修：《新五代史》，中华书局 1974 年版，第 173 页。

④ 陈谷嘉：《宋代理学伦理思想研究》，湖南大学出版社 2006 年版，第 4 页。

⑤ 杨向奎：《宋代理学家的〈春秋〉学》，《史学史研究》1989 年第 1 期。葛兆光对宋初思想界也论道：“宋代初期的思想界，虽然看上去总是在讨论政治上的‘尊王攘夷’，与文明上的孰为‘正统’。所以，宋代的经史之学常常表达这种思想的追求，比如孙复不仅要撰《春秋尊王发微》，而且要在《儒辱》中极力申斥‘（佛老）绝灭仁义，摒弃礼乐，以涂窒天下之耳目’，赋予捍卫儒家学说”。葛兆光：《中国思想史》（第二卷），复旦大学人民出版社 2004 年版，第 178 页。

例如，孙复曾屡次申述“圣人之道非它，人道也；人道非它，君臣也，父子也，夫妇也”[①]。君主治国之道中的核心关怀就应该是纲常伦理。南宋理学名家吕祖谦更于其对《春秋》大义的阐发中极力凸显三纲思想，这是理学家治经与政治相结合的体现，在当时具有某种必然性。吕祖谦认为文化礼俗是立国根本，而文化礼俗又首在三纲五常：“自古建立国家，维持天下大纲目，不过数事，如三纲、五常，天叙、天秩之类。”[②] 他说：

> 《春秋》，万世之书也，一鲁国之是非，一隐公之得失，岂大义之所存哉？虽使隐公果非摄，果非逊，果行践祚之礼，果正嫡庶之分，《春秋》亦将不书即位焉。是何也？治纲目者，目在所后，治源流者，流非所先。子受命于父，臣受命于君，诸侯受命于天子，此天地之常经，《春秋》之闳纲大原也。自周失政，诸侯私其土，专其封，父终子袭，莫知受命于天子，故《春秋》首夺隐公之即位，使万世之为子、为臣、为诸侯者，咸知身非己，有爵非己，有国非己，有三纲得存，五品得叙，皆夫子一削之力也。彼鲁国隐公之故，特万目之一目，众流之一流耳，岂足以尽《春秋》之大义哉？或曰：《春秋》十二公之即位，端本正始，大义既已明矣。[③]

这里强调的“子受命于父，臣受命于君，诸侯受命于天

① （宋）孙复：《孙明复小集·明隐》。
② （宋）吕祖谦：《吕祖谦全集》第七册，第4页。
③ （宋）吕祖谦：《东莱别集》卷一三，文渊阁《四库全书》本。

子”，也就是父为子纲，君为臣纲，天子为诸侯之纲。吕祖谦认为这是“天地之常经，《春秋》之闳纲大原”而予以高度重视。他还说：“理之在天下，遇亲则为孝，遇君则为忠，遇兄弟则为友，遇朋友则为义，遇宗庙则为敬，遇军旅则为肃，随一事而得一名，名虽至千万，而理未尝不一也。”① 依据重三纲之义，《春秋》非为存鲁国一国之是非、隐公一人之得失，目的是使万世之为子、为臣、为诸侯之人明此理。进而，吕祖谦还将有三纲作为区分列国与蛮夷的标准，直把楚国看作蛮荆之国，其曰：

> 楚子立商臣为太子，令尹子上曰：“楚国之举常在少者。”观此见夷狄之与中国本不同。大抵中国之所以为中国，以其有三纲；夷狄之所以为夷狄，只缘无三纲。三纲者，君臣、父子、夫妇也。以楚甲兵之众，土地之广，固足以抗衡中国，至于传国立嗣之际，则失其大伦，乱其大本，所以多有戕弑之祸，正缘无三纲故。如此，观其上有天王，而僭称王号，则无君臣之纲矣；立嫡以长，而常在少者，则无父子之纲矣；息妫绳于蔡哀侯，而息遂见灭，以息妫归，则无夫妇之纲矣。三纲既绝，此《春秋》所以降楚于夷狄也。②

楚国虽然国力足以抗衡列国，但传国立嗣之际则失其大伦，立少不立长，无父子之纲，才导致多有戕弑之祸，这便是《春秋》所以摒之于夷狄的原因。理学大儒朱熹虽然没有专门

① （宋）吕祖谦：《吕祖谦全集》第六册，第58页。
② （宋）吕祖谦：《吕祖谦全集》第七册，第49—50页。

的《春秋》学著作，但他认为《春秋》是一部重视伦理名分的经典。朱熹尝言及《春秋》隐公年间事："《春秋》一发首不书即位，即君臣之事也；书仲子嫡庶之分，即夫妇之事也；书及郝盟，即朋友之事也；书郑伯克段，即兄弟之事也。一开首，人伦便尽在。"[①] 这说明在朱熹看来，《春秋》对君臣、父子、夫妇、朋友、兄弟等"人伦"无不涉及。朱子认为《春秋》一书的重点乃在人伦道德之事，因此，他在讨论《春秋》之事时，亦是从合不合于仁义与天理的角度来作解释[②]。

可以说，宋代《春秋》学中探讨三纲伦理的内容比比皆是，要之可归为以下三类：

修齐治平之端始于夫妇大伦。三纲之中的"君为臣纲"是政治伦理，而"父为子纲，夫为妻纲"是家庭伦理。历代统治者、思想家对家庭伦理不遗余力地加以鼓吹，就是认为只有家庭关系稳定，政治关系的稳定才有保障，因此，天下欲治的首要之务即在于"家道正"。早在《易·家人》之卦中就有："女正位乎内，男正乎外，男女正，天下之大义也。家人有严君焉，父母之谓也。父父、子子，兄兄、弟弟，夫夫、妇妇，而家道正，正家而天下定矣。"东汉何休亦谓："《春秋》正夫妇之始也。夫妇正则父子亲；父子亲则君臣和；君臣和则天下治。故夫妇者，人道之始，王教之端。"[③] 可见，家庭关系的和谐与政治秩序的稳定是一致的，因此，可将家庭伦理类

---

① （宋）黎靖德编：《朱子语类》，第 2160 页。

② 理学家认为，万物出于天，万物的秩序当然也由天所安排。如朱子曾说："君臣便有义，父子便有仁，此都是述天地之事，只是这个道理。"（宋）黎靖德编：《朱子语类》，第 2795 页。

③ 李学勤主编：《十三经注疏·春秋公羊传注疏》，北京大学出版社 1999 年版，第 32 页。

推于政治伦理。朱熹甚至在《劝女道还俗榜》中说："盖闻人之大伦，夫妇居一，三纲之首，理不可废。是以先王之世，男各有分，女各有归，有媒有聘，以相配偶。是以男正乎外，女正乎内，身修家齐，风俗严整，嗣续分明，人心和平，百物顺治。"①

为什么夫妇居三纲之首呢？理学家不但于寻常日用之中极力申述夫妇之伦的重要性，更于《春秋》经解中反复解说。早在宋学开创之初，胡瑗便于《春秋》经解中申述此义。例如鲁庄公二十四年"八月丁丑，夫人姜氏入。戊寅，大夫宗妇觌，用币"。对于此条经文，三传多从不合"礼"的角度解经，而胡瑗认为："妇人，从夫者也。公亲迎于齐，夫人不从公而至，失妇道也。"② 很显然，他是从夫妇之间的尊卑关系来说明"妇道"的。又如桓公三年"公子翚如齐逆女，九月齐侯送姜氏于讙，公会齐侯于讙"，孙复解云："夫夫妇妇，风教之始，人伦之本也，可不重乎？是故婚礼之重莫重乎亲迎。"③ 这是强调夫妇人伦在风教上的重要作用。南宋胡安国认为："有夫妇然后有父子，有父子然后有君臣。夫妇，人伦之本也。"④ 可见，夫妇是产生其他两组伦理关系的基础，这一思想也体现在胡氏的经解中，《春秋》隐公二年"十有二月乙卯，夫人子氏薨"。胡安国解曰：

> 邦君之妻，国人称之曰"小君"，卒则书薨，以明齐也；先卒则不书葬，以明顺也。有夫妇然后有父子，有父

① （宋）朱熹：《朱子全书·晦庵先生朱文公文集》，第4618页。

② （清）黄宗羲等：《宋元学案》，第27页。

③ （宋）孙复：《春秋尊王发微》卷二。

④ （宋）胡安国：《胡氏春秋传》，第8页。

> 子然后有君臣。夫妇，人伦之大本也。入《春秋》之始，于子氏书薨不书葬，明示大伦。苟知其义，则夫夫妇妇而家道正矣。[①]

所谓“明齐”、“明顺”，是指“妇”对“夫”的顺从关系，肯定“夫为妻纲”的封建权威的正当性；而将夫妇之伦置于父子、君臣诸伦之前，更体现胡氏以“夫妇”为“人伦之大本”的思想。

此外，胡安国还论述了夫妇之伦的重要作用：

> 故《春秋》慎男女之配，重大婚之礼，以是为人伦之本也，事有大于此者乎？男而贤也，得淑女以为配，则自家刑国，可以移风俗；女而贤也，得君子以为归，则承宗庙，奉祭祀，能化天下以妇道。岂曰小补之哉？[②]

可见，夫妇之道正可“自家刑国”、“移风易俗”，还可“承宗庙，奉祭祀”，所以夫妇之伦才会成为三纲之首。孔子也才于大婚之礼时必书，违礼者必讥，且春秋之时嫡庶淆乱，才致使祸乱自内产生，如文公九年，“秦人来归僖公、成风之禭”，胡安国解云：“宠爱仲子，以妾为妻者，惠公也，故书‘惠公仲子’，所以正后世之为人夫者，当明夫道，不可乱嫡妾之分，以卑其身。尊崇风氏、立为夫人者，僖公也。”[③] 又如鲁桓公夫人文姜与齐襄公私通间接导致了桓公的被害，在理

① （宋）胡安国：《胡氏春秋传》，第 8 页。

② 同上书，第 318 页。

③ （宋）胡安国：《胡氏春秋传》，第 318 页。

学家看来，弑君已是大恶，且夫人间接害死丈夫更是难逃谴责，程颐说：

> 文姜与桓公如齐，终启弑桓之恶，其罪大矣，故圣人于其逊于齐，致于庙，皆止曰夫人，而去其姜氏，以见大义与国人已绝矣。然弑桓之恶，文姜实不知，但缘文姜启尔……此最是圣人用法至严处，可以见大义……本朝太祖皇帝立法，极合《春秋》之意，法中有夫因妇而被杀者，以妇为首，正与此合。①

虽然文姜于桓公被害实不知情，但依照圣人大义，文姜依然要承担主要责任。

又如隐公二年“十有二月乙卯，夫人子氏薨”，程颐解曰：“妇人，从夫者也，公在，故不书葬，于此见夫妇之义矣。”② 程颐于此明确提出“妇人从夫”的原则。此外，程颐还批评嫡妾僭乱的现象，如隐公元年“秋七月，天王使宰咺来归惠公仲子之赗”，程氏《春秋传》曰：

> 《春秋》因王命以正王法，称天王以奉王命，夫妇，人伦之本，故当先正。春秋之时，嫡妾僭乱，圣人尤谨其名分……仲子系惠公而言，故正其名，不曰夫人，曰“惠公仲子”，谓惠公仲子妾称也。以夫人礼赗人之妾，不天乱伦之甚也。③

---

① （宋）程颢、程颐：《二程集》，第 300 页。

② 同上书，第 1090 页。

③ （宋）程颢、程颐：《二程集》，第 1087—1088 页。

程颐认为声子、仲子都是妾，即使君母可称夫人，但隐公既已让桓，以摄自居，则其母不能称为夫人，其妻妾更是不可以称为夫人了。对于此条，胡安国亦持相似观点，其解经言：

> 咺者名也。王朝公卿书官，大夫书字，上士、中士书名，下士书人，咺位六卿之长而名之何也？仲子，惠公之妾尔。以天王之尊下赗诸侯之妾，是加冠于屦，人道之大经拂矣……（咺）承命以赗诸侯之妾，是坏法乱纪自王朝始也。《春秋》重嫡妾之分，故特贬而书名，以见宰之非宰也。[①]

此处，胡安国对经文所作的解释，显然是断以“重嫡妾之分”的《春秋》“大义”，也算可以自圆其说。他认为以天王之尊而“下赗诸侯之妾”，派遣冢宰为其丧事送财物，是冠履倒置乱了“嫡妾之分”。对此，《春秋》力加贬抑：或冢宰称名不称字，“以见宰之非宰”；或“王不称天”，以见周王之不被尊为天王，其法甚严。

齐家治国肇端于父子之秉彝。在古代社会中，家庭既是生产的基本单位，又是构成国家最基本的细胞。因此，儒家将齐家作为治国、平天下的一个重要方面。天理是天道与人道的统一，父子君臣之伦常关系也是天理的体现：“凡眼前无非是物，物物皆有理。如火之所以热，水之所以寒，至于君臣父子之间皆是理。”[②] 朱熹也说：“父之所以慈，子之所以孝，盖父子本同一气，只是一人之身，分成两个，其恩爱相属，自有不

---

① （宋）胡安国：《胡氏春秋传》，第4—5页。

② （宋）程颢、程颐：《二程集》，第247页。

期然而然者。其它大伦皆然，皆天理使之如此，岂容强为哉！”[①] 因此，“古者太子，自其初生固举之以礼，有司端冕，见之南郊，过阙则下，过庙则趋，为赤子而其教已有齐肃敬慎之端矣。此《春秋》训臣子除恶于微，积善于早之意也。”[②] 故孙觉将“孝”视为立国的标准：“不孝之人，大之则不可以为天王，小之则不可以为国君也，此见圣人之笃于孝也。”[③] 刘敞则十分强调“父”的绝对权力，例如襄公七年“郑伯髡顽如会，未见诸侯。丙戌，卒于鄵”。刘敞对此论道：“臣弑君，凡在官者杀无赦；子弑父，凡在官者杀无赦。故君弑，臣不讨贼，命之曰非臣；亲弑，子不复雠，命之曰非子。非臣非子，大恶莫甚焉。”[④] 此解经之语中不但将君臣、父子同列，而且臣与子都需复弑君、弑父之仇，像“父虽无道，子可弑乎？子之弑父可匿其罪乎？”[⑤] 这种反问式的谴责，正显示了刘敞坚定的父虽无道，子仍不可弑的信念。《胡氏春秋传》则于“尊君父、讨乱贼、存天理、正人心者，必再书屡书”[⑥]。如桓公六年“子同生”，胡安国解云：

> 适冢始生，即书于策，与子之法也……与子者定于立嫡。传子以嫡，天下之达礼也。故有君薨而世子未生之礼，植遗腹，朝委裘，而天下不乱者，以名分素明而民志定也。经书“子同生”，所以明与子之法，正国家之本，

---

① （宋）黎靖德编：《朱子语类》，第 383 页。
② （宋）胡安国：《胡氏春秋传》，第 426 页。
③ （宋）孙觉：《春秋经解》卷三。
④ （宋）刘敞：《春秋传》卷十。
⑤ （宋）刘敞：《春秋权衡》卷五。
⑥ （宋）胡寅：《斐然集》，中华书局 1993 年版，第 552 页。

防后世配嫡夺正之事，垂训之义大矣。[①]

国家之本在于明世子之名位，名位定，才能防“配嫡夺正”之祸。又僖公五年，“春，晋侯杀其世子申生”。胡氏云：“申生进不能自明，退不能违难，爱父以姑息，而陷之不义，谗人得志。几至亡国，先儒以为大仁之贼也。”即使如晋献公这样“父不父”者，子亦不可“不子”，否则国家将陷入动乱。

因此，对于君父之尊，若不为之慎，此即篡弑之萌、坚冰之渐，而为《春秋》之所谨。由是而论，只有父父、子子之伦正，才是正家道、固国本进而安天下之基础；反之，若父不父、子不子，则履霜坚冰之所由致也。此即程颐所强调的“孝弟，顺德也，故不好犯上，岂复有逆理乱常之事”[②]。

治国平天下之本在于君臣之正位。一国之君具有最高权威，主宰一切，作为臣子必须绝对服从，恪守“忠”的道德规范。而且，在宋儒看来，君臣之分不但高于父子伦理：“私亲亲之爱而乱尊尊之序，圣人不为也。”[③] 并且还“与天地俱生，与天地俱久，顺之则存，逆之则亡”[④]。这种绝对忠于君主的思想体现在《春秋》学上便是“尊王”。宋初孙复不但于其书名中便体现出“尊王”之意，还于注解经文中一再展现此一《春秋》主旨。例如，“天子无敌”[⑤]、“天子祭天地”[⑥]、

---

① （宋）胡安国：《胡氏春秋传》，第59—60页。

② （宋）朱熹：《四书章句集注》，第48页。

③ （宋）刘敞：《春秋权衡》卷十三。

④ （宋）赵鹏飞：《春秋经筌》卷一。

⑤ （宋）孙复：《春秋尊王发微》卷一。

⑥ （宋）孙复：《春秋尊王发微》卷五。

“《春秋》之义，非天子不得专杀”[①] 等，孙复在解隐公二年“郑人伐卫”条时云：

> 夫礼乐征伐者，天下国家之大经也，天子尸之，非诸侯可得专也。诸侯专之，犹曰不可，况大夫乎？吾观隐、桓之际，诸侯无小大，皆专而行之。宣、成而下，大夫无内外，皆专而行之。其无王也甚矣！故孔子从而录之，正以王法。凡侵、伐、围、入、取、灭，皆诛罪也。[②]

孙复认为之所以出现春秋时期的乱世，是因为诸侯各自为政，漠视王权。所以，天子一定要掌握“礼乐征伐”这些关乎国家存亡的大政，对于“无王法”者，《春秋》皆录其事以正其罪。对于弑君之贼，孙复反复致以“弑君之贼，人人皆得杀之”[③] 之意。如庄公十二年“冬，十月，宋万出奔陈”，孙复云：“弑君之贼，当急讨之。万八月弑庄公，十月出奔陈，宋之臣子缓不讨贼若此！”[④] 又如昭公二十一年“春，王三月，葬蔡平公。夏，晋侯使士鞅来聘。宋华亥、向宁、华定自陈入于宋南里以叛。”孙复云：“前年出奔当绝，复见者，以入宋南里叛，犯君当诛。”[⑤] 刘敞也说：“今两君（按：秦穆公、卫侯燬）皆出诡计险谋，乱天地之性，是臣反其君，下叛其上，以快己兼并之欲，使虽有道之国，不知所备，甚可恶

---

① （宋）孙复：《春秋尊王发微》卷三。

② （宋）孙复：《春秋尊王发微》卷一。

③ （宋）孙复：《春秋尊王发微》卷九。

④ 同上。

⑤ （宋）孙复：《春秋尊王发微》卷十一。

也，岂得与他灭国等哉？秦穆见贬夷狄，卫侯燬以名，此理之出也。仲尼弋不射宿鸟，以宿尚不射，而况君臣父子之间乎？以为人之所以为人者，乃以此也，有毁是者，是去其所以为人者也。”①

又如桓公十五年，“邾人、牟人、葛人来朝”，刘敞解云：

> 滕、薛之旅见也，与邾、牟、葛无异，滕、薛之贬轻而邾、牟、葛之贬重，何也？曰：古之诸侯朝者，固曰间于天子之事，考礼正刑一德，以尊天子焉耳。滕、薛是也。今天王崩，鲁与三国未尝奔问吊赠、修臣子之职，而方沛然以朝礼自处，其义上僭，是所以责之重也。②

刘敞以隐公十一年“春，滕侯薛侯来朝”一事与“邾人、牟人、葛人来朝”相较，《春秋》记前者均书“侯”，而后者皆称“人”。《公羊传》认为后者称“人”是“夷狄之”③，刘敞虽然未遵循《公羊》之说，但也以《春秋》书法解经，认为两处相异，主要是由于后者朝鲁时正值周王崩，鲁非但不能与来朝之三国奔丧凭吊以尽臣子之职，反而“沛然”接受朝仪之礼，这种行为更应当加以贬绝。于诸儒大都只责臣子不议君主不同，刘敞对君主的“违礼”行为也给予讥刺：“天子僭天道而后有诸侯僭天子，诸侯僭天子而后有大夫僭诸侯，大夫

---

① （宋）刘敞：《春秋意林》卷上，文渊阁《四库全书》本。

② 同上。

③ 《公羊传》所解有其矛盾之处，参见傅隶朴《春秋三传比义》，中国友谊出版公司1984年版，第176页。

僭诸侯而后有陪臣僭大夫。"[1] 这也说明了世事混乱的根源是天子自身失去规范。所以，鲁庄公元年"王使荣叔来锡桓公命"，刘敞解云："王者之义，必纯法天，天道予善夺恶而无私者也。今桓公篡君取国，终不受命，而王不能诛，反追命之，此无天法甚矣。其失非小过小恶也。"[2] 据《左传》所载，隐公摄位最终有归位桓公之意，桓公信谗言而杀隐自立，此举几乎遭到宋儒一致声讨。刘敞此处就认为周王对于桓公这种弑君、弑兄的不义之举，非但不能兴王师以讨罪反而"追命"之，这是无视"天法"的行为，也更加助长了诸侯、大夫的僭越行为。

又如孙觉，他在解庄公二十一年"夫人姜氏薨"条时云：

> 姜氏虽大恶者，然鲁之臣子不可不以母礼待之。故君虽不君，臣不可以不臣；父虽不父，子不可以不子；为君父者，不以臣子之故而得没其罪；为人臣子者，不以君父之恶而无礼焉。此《春秋》所以责臣子之备而笃忠孝之深也。[3]

他认为《春秋》所训"臣子之法"最为详备，这就是"君虽不君，臣不可以不臣；父虽不父，子不可以不子"。又如庄公元年"三月，夫人孙于齐"，孙觉解云：

> 《春秋》鲁史，其纪鲁事异于外，非以为讳也，吾之

---

① （宋）刘敞：《春秋意林》卷上。

② （宋）刘敞：《春秋意林》卷上。此解本《公羊传》："锡者何？赐也。命者何？加我服也，其言桓公何？追命也。"

③ （宋）孙觉：《春秋经解》卷四。

> 君必无是恶，君之夫人必无是行也……《春秋》于鲁君夫人之奔谓之孙，犹曰吾君夫人之去其国，不过逊其位尔，非出奔也。鲁君之见弑者谓之薨，犹曰吾君未尝不正终焉，焉得见弑于人乎？凡吾之为是法者，所以待君、夫人也，非所以待见弑、出奔者也。①

对于“《春秋》于鲁君夫人之出奔谓之孙”，“鲁君之见弑者谓薨”，孙觉一反先前学者为“讳”之说，独以“臣子之法”视之，认为其中隐含着臣子待君父之道，即“为之君、为之夫人者”，实则强调了臣子要忠于职守伦理、无条件地尊从君王，其本质在于从臣子角度入手来强化尊王观念、推崇中央集权，以维护国家政权的稳定。

理学家程颢、程颐强化了孙觉的君臣关系论。二程说：“君臣，父子也，父子之义不可绝。”又强调：“为君尽君道，为臣尽臣道，过此则无理。”② 不仅如此，他们还把君臣关系极端化，认为臣子对君主必须竭诚相待，忠心耿耿，即所谓“臣之于君，竭其忠诚，致其才力，用否在君而已”③。即使“君不正”，臣子也须“诚积而动，则虽昏蒙可开也，虽柔弱可辅也，虽不正可正也”④。所以“君不正”，过错在臣子而不在君主，因为臣子没有“诚积而动”，没有使君变“不正”为“正”。这种认识也反映在程颐的《春秋传》中：“王者奉若天道，故称天王，其命曰天命，其讨曰天讨。”⑤ 这从哲学上论

---

① （宋）孙觉：《春秋经解》卷三。

② （宋）程颢、程颐：《二程集》，第 77 页。

③ 同上书，第 1242 页。

④ 同上书，第 1245 页。

⑤ （宋）程颢、程颐：《二程集》，第 1087 页。

证了王的至尊地位，而这种至尊地位主要体现在“诸侯不可敌王”、“夷狄不能抗王”[①]。二程对于《春秋》中臣子轻君、逼君、无君、背君之举皆予以深责，对于臣子弑君之举更是深恶痛绝，多以“人理灭天运乖”等语斥责。北宋时期的苏辙也认为只有君臣各安其分，各司其职，才会秩序井然，否则必然造成祸乱。他对于臣子种种“僭越”行为多以“非礼”论之，如“天子之卿而外交与诸侯，非礼也”。“公将与诸侯伐秦，不敢过京师而朝焉，非以朝行也。不书公朝于京师，而书‘公如京师’……是以置其情而书其迹，内词也，且明君臣之礼也。”[②] 在苏辙看来，天子、诸侯、卿、大夫等人人谨守君臣本分才合乎礼法。对于晋文公以臣召君之事，其云：“晋文公将帅诸侯以尊事天子，而不敢合诸侯于京师，故召王于河阳，而以诸侯见。其情则顺，而礼则逆也。”[③] 所以孔子才会批评文公“以臣召君，不可以训”。

南宋胡安国、吕祖谦在其《春秋》学中，也以较长的篇幅论述君臣伦理。这也是宋朝臣子忧患意识的体现，因为历代国运更替也并非皆缘自外族侵略，如若君臣之间不能各安其位、各尽其责，则萧墙之乱亦足以自毁。

胡安国认为君臣最重要的是伦理关系，其表现主要就是君臣、父子各守其职：“《春秋》之义，欲为君尽君道，为臣尽臣道，各守其职而不渝也。”[④] 如他在给秦桧的信中说：“《春秋》大一统，遵王命，恶臣下分权，讳贱人犯上，历纪王正而不私朔，使举上客而不称介副，微者名姓不登于史册，所以

---

① （宋）程颢、程颐：《二程集》，第1104页。

② （宋）苏辙：《春秋集解》卷八，文渊阁《四库全书》本。

③ （宋）苏辙：《春秋集解》卷五。

④ （宋）胡安国：《胡氏春秋传》，第442页。

严分正名也。"[①] 这是说君主应紧握权柄，并于年号、使臣等称谓上与臣子有所区别。例如桓公五年，"蔡人、卫人、陈人从王伐郑"。胡安国解云："三国以兵会伐，则言从王者，又以明君臣之义也。君行臣从，正也。"[②] 他认为蔡、卫、陈三国从周王伐郑，符合君行臣从的原则，因此，《春秋》予以褒奖。又如在解僖公五年"公及齐侯、宋公、陈侯、卫侯、郑伯、许男、曹伯会王世子于首止"时，胡安国云：

> 及以会，尊之也。以王世子而下会诸侯则陵，以诸侯而上与王世子会则抗。《春秋》抑强臣，扶弱主，拨乱世反之正，特书"及"以"会"者，若曰：王世子在是，诸侯咸往会焉，示不可得而抗也……天尊地卑而其分定，典叙礼秩而其义明，使群臣得伸其敬，则贵有常尊，上下辨矣。[③]

周襄王的母弟子带，为惠王之后所宠爱，王后便劝惠王废太子郑（即襄王）而立带为继承人。惠王未细察便欲废太子，齐桓公为安太子之位息周室之乱，故帅诸侯会太子郑于首止。对此，《公羊传》解曰："曷为殊会王世子？世子贵也，世子犹世世子也。"认为以身份而言，经文应将王世子序列在诸侯之上，今特别书"会王世子"不与诸侯同列，就说明世子身份尊贵不可与诸侯等列，这显然是为了"尊王"而勉强解经。胡安国亦未能超越《公羊传》之论，只不过是从天

---

① （宋）胡寅：《斐然集·崇正辨》，第626页。

② （宋）胡安国：《胡氏春秋传》，第57页。此解从《公羊传》："其言从王伐郑何？从王，正也。"

③ （宋）胡安国：《胡氏春秋传》，第154页。

子和大臣各自的“想法”中来解释书“世子”于经文末尾的用意。两家解经的正确与否可暂置勿论，但刻意强调君尊臣卑、君前臣从的用意十分明显。这就是所谓“班列之高下，不在乎内外，特系乎王命尔。圣人之情见矣，尊君之义明矣”[①]。

南宋长于《左传》学的吕祖谦常以兼善天下为理想。他认为“中国”历代之内忧外患，常并时而生，主要是君臣不能各守其职、互相扶持以安内外的缘故。他甚至认为孔子作《春秋》以及《春秋》始于平王，乃因孔子刻意警示后人当心存王室，唯此才能杜绝乱源：

> 戎狄不知有王，未足忧也；盗贼不知有王，未足忧也；诸侯不知有王，未足忧也；至于名为君子者，亦不知有王，则普天之下知有王室者其谁乎！此孔子所以忧也，此《春秋》所以作也，此《春秋》所以始于平王也。[②]

这种看法在宋代非常具有代表性[③]。对于天子、诸侯、大夫之间的关系，吕祖谦认为：“天子之视诸侯，犹诸侯之视大夫也。”在这种观念下，季氏与鲁、陈氏与齐之间的关系就应该是“季氏之于鲁，如二君矣，而世不并称之曰鲁、季；陈氏之于齐，如二君矣，而世不并称之曰齐、陈”。这是因为，季氏、陈氏虽强，终究是鲁、齐之臣属[④]。同样，周为天子，而郑为诸侯，但《左传》载平王、庄公之事，始曰“周郑交

---

① （宋）胡安国：《胡氏春秋传》，第158页。

② （宋）吕祖谦：《吕祖谦全集》第六册，第8—9页。

③ 详见本书第五章第二节。

④ （宋）吕祖谦：《吕祖谦全集》第六册，第7页。

质”，继曰“周郑交恶”，将周天子与诸侯之国并列等称，显无尊卑之辨，且《左传》不责郑之叛周反责周之欺郑，为《左传》之大过①。因此，要维持国家安定，君臣双方须各重其责。吕祖谦以鲁隐公末年的钟巫之变及晋襄公时六卿分晋等为例，责备隐公及襄公未能及时正君位、收君权。他还以“乱臣贼子多以小惠取民，如公子鲍以粟救饥取宋，公子商以赈施取齐，陈氏亦以赈施取齐之类”为例，以为“大抵为人君者逃其责，君职不尽，荒政不举，不当专责乱臣贼子侵上之权”②。而君主身理万机自然须借助臣子，吕氏认为只要“首先用一大贤”，则“天下贤才，自然牵连而进”，这些人才若皆以匡君恶、养君德为务，则乱臣贼子更是无由可进，天下达于至治之日可期。

由上可见，理学与《春秋》学在伦理纲常方面的内在融合，部分地反映了儒家思想发展至宋代，在政治方面不但未能获得“正常”发展，而且因学者的极力提倡而使得自董仲舒以来便高扬的“以天屈君”的“抑君”观念，发展成为“尊君”以适应专制的现实③，这一现实也深深地影响了宋世之后的各个朝代。在这种单向度“尊君”观念指引之下，宋代学者千言万语、不厌其烦地诉诸“三代”盛世的回归，“终因缺少人民如何去运用政权的间架，乃至缺乏人民与政府关系的明确规定，而依然跳不出主观愿望的范畴”④。江湄对此论道：

---

① （宋）吕祖谦：《吕祖谦全集》第六册，第7—8页。

② （宋）吕祖谦：《吕祖谦全集》第七册，第61页。

③ 对于理学家将纲常伦理贯注于经解之中，从而淡化了自汉代以来着力申述的“天人感应”理论，现代学者评论道：“人间的封建道德规范和天的道德规范是一致的，这里就有了理学体系的萌芽。”“到了后来理学家的手里，人格神的色彩越来越被冲淡。”侯外庐、邱汉生、张岂之主编：《宋明理学史》，第37页。

④ 徐复观：《中国思想史论集》，上海书店出版社2004年版，第292页。

“中唐《春秋》学抉发西汉今文经学‘天下为公’的微言大义，重申‘公天下’的‘尧舜之道’与‘家天下’的‘文武法度’之差别。”① 然而至孙复，其《春秋》学中所欲明之“王道”由于消弭了“尧舜之道”与“文武法度”之差别，而将“尧舜之道”权变为以君臣纲常为主的上下贵贱之分。孙复的观点得到石介、孙觉等人的发挥，中唐《春秋》学中“直道”高于“忠君”之论从此成为绝响。另一方面，宋儒依靠理学“说教”来规范夫妇、父子、君臣等纲常伦理虽然只具有理论上的可行性②，但综观宋代理学纲常与《春秋》经传伦理的结合，既显示了理学作为儒学新形态的生命力，也体现出理学需要依傍儒家经典阐发观念的外在特征，更显示出儒家经典综合人伦与政治伦理的双重“魅力”。这样，理学依傍经典而凸显出其权威的话语依据，儒家经典则借由理学而注入了“当下”的思想元素，从而显示出时代的色彩，经学义理在理学观念的渗入下与意识形态的再度结合，也使得自公羊学没落以来长期丧失活力的《春秋》学重新获得了活水源头。

---

① 江湄：《北宋诸家〈春秋〉学的“王道”论述及其论辩关系》，《哲学研究》2007年第7期。

② 冯友兰认为三纲五常的名教礼法“在精神文明领域内，一种规范如果成为教条，它就没有生命力了，成为一种死的条条框框，容易被冲破，而且实际上是一定要被冲破的。”冯友兰：《中国哲学史新编》（第四册），人民出版社1986年版，第7页。另外，孙复、刘敞的《春秋》学中阐发的思想已经具有理学特色，所以姜广辉认为“宋代孙复、刘敞、胡安国的《春秋》学自成一种系统”，并得到了后世理学家的认同，所以将其《春秋》学纳入理学思想体系。姜广辉：《“宋学”、“理学”与“理学化经学”》，《哲学研究》2007年第9期。

附论　渗透的趋势:《春秋》学的理学化

中国儒学发展至宋代发生了重要的转型，就是注重对儒家学说的义理进行探索，也可以说《春秋》学演进至宋代，最为特殊的部分就在于理学的观点渗入经学研究。理学家学问的特点何在？黄彰健说：

> 理学是教人致诚以尽其具于心之仁义礼智之天理，以研究人之理、物之理，使人的行为合于仁义礼智，合于理，使人意诚心正身修，能齐家治国平天下，能赞天地之化育，以与天地参的一种学问。①

理学家以心性义理为学问宗旨，他们有自身理解《春秋》的独特角度；相较于此前的《春秋》研究者直接从政治国族议题来探讨经文，理学家有一套程序，从修身始，继而齐家进而治国最终平天下，试图将古经书里的历史经验转化为推动整个社会秩序建设的力量，并为宋代的现实政治寻找符合先王大道的政统和法统。换言之，理学家尽管大多依据经学文本来阐发义理，但就其解经方式与目的而言，显然重在以己意说经，即阐发自己的性理、心性之学等，而不是为了解经而解经。这样也就较容易理解理学家为何特别着意于“《春秋》大义”、华夏之防、天人之际和天理事理的验证，强调其中的伦理性，

① 黄彰健：《理学的定义、范围及其理论结构》，《大陆杂志》第50卷第1期。

而不再如汉唐儒者纠缠于名物之上了①。

理学的这种治学方式，促进了宋代《春秋》学空前发达。宋代以前的《春秋》学多孜孜以求字义、名物、典章制度、地理等方面的训诂考证，孔子“笔削”《春秋》之义隐而不彰。自理学产生和发展以后，宋人既要用天理认识、评价、分析经学典籍，又要贯通古今融会天人不断深化对天理的认识。由此可知，宋儒治《春秋》的重点在“义理”的阐发上，正如胡安国所言：

> 圣门之学，则以知为始，穷理为要。知至理得，不迷本心，如日方中，万象皆见，则不疑所行，而内外合也。故自修身至于家国天下，无所处而不当矣。②

这种以“格”、“致”、“正”、“诚”为起点，以穷“理”明“义”为中介，以“修”、“治”、“齐”、“平”为归宿的治学宗旨，是宋代《春秋》学家独特的学术道路，并由此形成了与汉学迥异的宋学——“义理”之学（理学）。

理学这种新的儒学形式诞生后，又积极地向《春秋》经学的内涵阐发进行渗透、融合，进而相互激荡。《春秋》学吸收理

---

① 此如林庆彰所言：“宋人怀疑的动机，是要彻底否定汉儒经传的贡献，而将传承圣人之道视为己任，以建立新的学术传统。”载林庆彰《清初的群经辨伪学》，文津出版社 1990 年版，第 24 页。干春松也指出：“汉代儒家在制度化之后，其主要的着眼点便在于利用天命观念论证皇帝‘受命于天’，以天来证明现存秩序合理性的方式，到了宋代进一步被引申来证明这种方式本身的合理性，即试图通过对儒家本身的天理化来证明儒家所维护的秩序的合理性。这就是理学的关键所在。”这一分析十分精到，既说明了宋代理学与经学间的本质联系，也清晰地指出了汉、宋儒者经典诠释的目的所在。干春松：《制度儒学》，上海人民出版社 2006 年版，第 75 页。

② （清）黄宗羲等：《宋元学案》，第 1172 页。

学的“义理”，理学借《春秋》经文而发挥。正如姜广辉先生所言：宋明时期的“理学与经学是很难截然分开的，因为宋明时期很多注经的著作中已经渗透了理学思想，而理学家的讲学内容也大多不离经学的主题。两者关系是‘你中有我，我中有你’。如果离开对方，便没有真正意义的‘宋明理学’，也没有真正意义的‘宋明经学’”①。由此，经学与理学相互依存并共同担负起传统政治下“体用之学”的重任。

当然，《春秋》经学理学化是一个漫长而曲折的过程。孙复、欧阳修、刘敞等开其端，二程、胡安国等扬其流，至朱熹、吕祖谦等而集其大成。用了二百年时间，宋代《春秋》学才彻底扭转了自汉代以来长期盛行的经传注疏之风，最终完成了理学化的过程。理学名家大多为道德理想主义者，无论是劝诫帝王时着眼于“格君心之非”，还是砥砺自身品行，都念念不忘“道德”的关键作用。而现实中的人又无法真正做到纯粹的道德楷模，于是，“人欲”与“天理”的矛盾成为困扰理学家的重大难题。

同时，被理学化了的宋代《春秋》学，在探讨孔子笔削之微言大义时完全着眼于“天理”、“人欲”之辨——无论是《春秋》学的“尊王大义”主旨，抑或是维持传统政治秩序稳定的纲常伦理，都把历史发展的终极原因归结为封建的三纲五常。欧阳修说：“道德仁义，所以为治，而治制纲纪，所以维持之。自古乱亡之际，必先坏其法制而后乱从之。”② 就是说，礼义道德、忠孝伦常是治国的根本，这个根本一旦动摇则朝纲紊乱，

---

① 姜广辉：《论宋明理学与经学的关系》，《湖南大学学报》（社会科学版）2004 年第 5 期。

② （宋）欧阳修：《新五代史》，第 514 页。

社稷不保。朱熹在《答吴斗南》一文中说："所谓天理，复是何物？仁、义、礼、智，岂不是无理？君臣、父子、兄弟、夫妇、朋友，岂不是无理？"可见，欧阳修所谓的"道德仁义"、"法制纲纪"，也就是理学家所言之"天理"。二程是宋代理学巨擘，其《春秋》学论断几乎言必称"天理"，继其之后，胡安国、陈傅良、吕祖谦、张洽、罗从彦等进一步以"义理"解《春秋》，至朱熹，"万物汇归为一理"的理学命题才最终形成。至此，中唐啖助学派开启的"新春秋学"所高扬的《春秋》"当机发断，以定厥中，辨惑质疑，为后王法"[1] 的精义被彻底抛弃，伴随着经学变古思潮而兴起的宋代《春秋》学，在否定了汉唐以来锱铢饾饤的注疏之学后，表面上可以凭借对经典文本的研究实现"内圣外王"之至境，但随着理学的正式确立，经学变古思潮也完成了自己的使命，理学力主的内心反省工夫也在《春秋》学中得到强化，其中，《春秋》学又走向了汲汲于天理、人欲之争的狭窄胡同，人们的思想又被笼罩于理学之下。这是在理学的侵入、渗透下，宋代《春秋》学的必然归宿[2]。

---

① （宋）陆淳：《春秋集传纂例》卷一。

② 姜广辉在《论宋明理学与经学的关系》［《湖南大学学报》（社会科学版）2004 年第 5 期］中曾说："儒家经学发展到宋代，进入了理学化的诠释阶段。"我们虽然可以认为《春秋》学被理学化的过程，也就是《春秋》学日益空疏和义理化、教条化的过程。然而，也应当看到，宋代《春秋》学被理学化的过程，对推动《春秋》学的发展，也有着重要的意义。例如，理学从形而上学的本体层次给传统经学以论证和支撑，使得传统经学以伦理道德和价值理想建构在具有厚重理性力度的形而上的理、心等本体之上，这使得传统经学在宋代面临解决超越的形而上天理良知与现实的形而下道德行为之间的断裂，这些通过理学相关概念的阐发，使得传统经学内在的逻辑结构、道德结构、价值结构、思维结构在与时俱进中不断创新，使人文理性得以发扬。再者，义理之学的勃兴，使得传统儒学的核心价值关怀——孔孟之道涣然而大明，其人文价值关怀灿然重光，经学重新获得了新的生命。

第二章　经、史视域中的宋代《春秋》学

《春秋》虽列于经部，实则兼具经学与史学的双重性质。正因为如此，《春秋》是经还是史，是历代经学家们面对《春秋》这部经典时必须解决的基本问题。实际上，若就后世所形成的诠释传统而言，《春秋》属于经学，孔子的微言大义向来就是《春秋》经解的核心问题①；但若以《春秋》文字所载鲁国二百四十二年之间的史事而言，其史学的特征又难以遮掩。《春秋》原本是鲁国的编年体史书，该书分年纪事，上起鲁隐公元年（当周平王 49 年，公元前 722 年），下至鲁哀公十四年（当周敬王 39 年，公元前 481 年），其中包括隐、桓、庄、闵、僖、文、宣、成、襄、昭、定、哀十二公二百四十二年间的大事，举凡周王室及各诸侯国的军政大事，如君位更替、朝聘、盟会、战争之类，皆在《春秋》所记之列。关于田赋、城筑、与异族的交往、重要人物的丧葬嫁娶等史事，书

---

① 谭佳认为晚清以前对《春秋》的阐释是在“经学”和“史学”两种范式中进行，它们彼此关联影响，共同形成一套阐释《春秋》的话语系统。在当今新的知识语境中……尤其面对诸如“历史”、“经学”等核心词汇，更需审慎既定的任何研究范式和结论。谭佳：《文本阐释与文化观念的建构——〈春秋〉独特性之探》，《湘潭大学学报》（哲学社会科学版）2008 年第 6 期。

中也有记载，还有不少篇幅记录了当时的异常天象与自然灾害。《春秋》记事简约，每条少则几字，多者二十余字，且记事而不记言。《春秋》是一部史书，从形式上看是毋庸置疑的。

孟子就曾如此论述《春秋》："王者之迹熄而《诗》亡，《诗》亡然后《春秋》作。晋之《乘》、楚之《梼杌》、鲁之《春秋》，一也；其事则齐桓、晋文，其文则史。孔子曰：其义则丘窃取之矣。"① 不难发现，在孟子的眼中《春秋》一书可以分成"文"、"事"、"义"三个层次。《春秋》的内容虽多记齐桓、晋文之事，记载的形式似乎接近晋之《乘》、楚之《梼杌》，但《春秋》中含有孔子所寄寓之"义"，正是这个"义"使得"乱臣贼子"惧②。如果只是记载历史事实的一部编年史，如何称得上是"天子之事"，后世又怎么能根据它来"知"孔子、"罪"孔子呢？孟子关于《春秋》性质的论述为后世众多《春秋》学者尤其是今文学家所秉承，一度成为《春秋》学的主流思想。继起之学者在判断文本性质时也往往以记载史料、事实为史书，而以阐发、议论经典内涵为经学。在孟子对"《春秋》成而乱臣贼子惧"的经典意义的推崇下，加之以孔孟为核心的儒学地位的不断巩固，因此，后世十分注

---

① （宋）朱熹：《四书章句集注》，第295页。

② 对于"《春秋》大义"的解释，笔者所见的张永儁的概括最为精辟："所谓'《春秋》大义'，也就是春秋之经旨及其根本义理……春秋大义即是继承先王之道统，依据周公之礼法之传，明确的标举出为政者之政治行为与义即是先王之道统，依据周公礼法之传，明确的标举出为政者之政治行为与道德行为应遵守之轨范，作为'立褒贬、定是非、别善恶'的理性抉择的主要原则。而且从春秋大义的更积极意义来说，它不仅是回归旧有封建秩序的'复正'之道，同时也是规划新时代新秩序的'新王之法'。"张永儁：《春秋微言大义——略论"正始"与"尊王"之道》，载国际孔学会议大会秘书处编《国际孔学会论文集》，1988年，第728—729页。

重发掘孔子所窃取之“义”，并视此为《春秋》最核心的内容，《春秋》一书也就成为“经”而不只是“史”了。

经学至西汉甫立，朝廷上下普遍以《春秋》当一王之法（所谓素王），务求以经术指导现实政治，因此汉儒治《春秋》重在讲解经学中的褒贬义例，以此阐发孔子于经文中隐藏的微言大义。这其中，公羊学者因阐发的理论更为契合国家的政治需要而成为显学，其理论阐发也基本暗合于孟子关于《春秋》性质的看法，虽然《公羊传》也记载了一些不见于其他史书的历史事实，但总体来说，汉儒对于其中的历史事实并不十分重视，而着重于对微言大义的阐发，政治意义的提取①。即便如出身于史学世家的司马迁也十分推崇孔子“作”《春秋》之功，而谦称自己只是“述往事”而已。显然，司马迁所称道孔子的“作”，不只是停留在对史实的记载与陈述，而是有着提炼、修饰和升华，即董仲舒所言圣人所加之“王心”，从而撰述者于此过程中表达自己的政治见解。

至东汉，古文经学兴起后，今、古文围绕众多问题展开了争论，这其中，就有对孔子的身份及其《春秋》性质的认识。按照周予同先生的研究，古文经学的特征有：崇奉周公；尊孔子为先师，以孔子为史学家；以六经为古代史料等。今文经学的特征有，崇奉孔子，尊孔子为受命的“素王”，认为孔子是哲学家、政治家、教育家，以孔子为“托古改制”，以《春秋公羊传》为主，为经学派等。由于今文经学自身存在墨守家法、抱残守缺、流于谶纬方术等众多缺陷，加之贾逵、郑众、

① 如路新生教授认为：“董仲舒的‘兴奋点’并不在于揭露‘史实’，‘还原’历史的真相。换言之，董仲舒并不以探讨历史原貌为己任……要之，从董仲舒开始，‘春秋重义不重事’有了‘理论’上的总结与说明。”路新生：《经学的蜕变与史学的“转轨”》，上海古籍出版社2006年版，第144页。

马融、许慎、郑玄等大师持之以恒的努力，使得古文经学一度大为昌盛。尤其是郑玄，当时“经有数家，学者莫知所从；郑君兼通今古文，沟合为一；于是经生皆从郑氏，不必更求诸家”①。虽然郑学与后起的王肃之学亦起学术之争，且肃好贾逵、马融之学，但古文经学较今文经学的优势地位并未受到影响。由于王肃和晋代皇室的姻亲关系，使得“王学”在晋代一度取得了相对的胜利②。在这种政治环境与学术风气之下，《左传》学大兴，号为“《左氏》功臣”的杜预也最终成为以“史”说《春秋》的关键人物。

第一节　经承旧史、史承赴告

杜预认为《春秋》的撰著深深植根于周代史官文化，他以《周礼》为根据，论述了周代的修史制度，即由史官“掌邦国四方之事，达四方之志”③。正因为如此，杜预才充分肯定了孔子修纂《春秋》的历史功绩：

> 仲尼因鲁史策书成文；考其真伪，而志其典礼。上以遵周公之遗制，下以明将来之法。其教之所存，文之所害，则刊而正之，以示劝诫。其余则一律遵用旧史……其（《左传》）发凡以言例，皆经国之常制，周

---

① 皮锡瑞说：“盖解《礼》兼采三礼，始于郑君；解《春秋》兼采三传，亦始于郑君矣。”《经学通论》，第20页。

② 皮锡瑞云：“晋所立博士，无一为汉十四博士所传者，而今文之师法遂绝。”《经学历史》，第110页。

③ 《周礼·春官·小史职》：“掌邦国之志。”该书《内史职》：“凡四方之事书，内史读之。”又《外史职》：“掌达书名于四方。”李学勤主编：《十三经注疏·周礼注疏》，第699、710、712页。

> 公之垂法，史书之旧章。仲尼从而修之，以成一经之通体。其微显阐幽、裁成义类者，皆据旧例而发义，指行事以正褒贬。①

杜预认为《春秋》是鲁国的史书，出于鲁国史官所记。春秋之时大事记之于策，小事载于简牍，各诸侯国皆然。《春秋》作为鲁史，与当时之晋《乘》、楚《梼杌》一样，都是史官据各国赴告而书。至于孔子与《春秋》的关系，杜预认为孔子只是修正《春秋》中那些史官载述有违典礼之处，其余则一律遵用旧史。杜预还用“经承旧史、史承赴告”之说来概括鲁史与《春秋》的关系，不但《春秋》的内容来源于诸侯国之赴告，甚至诸种义例孔子也未加修改②。当然，《春秋》与旧史的区别，仍然在于孔子“微显阐幽”、“裁成义类”、“据旧例以发义，指行事以正褒贬”等处，其最终目的是“明将来之法”。

杜预强调《春秋》来源于鲁史而又高于鲁史，“这种见解采取西汉以来古文经学一派的立场，其特殊的意义在于摒弃纬学关于孔子修《春秋》的离奇神话，坚持从真实的历史情境中寻找历史人物的行为动机”③。如此一来，《春秋》一经的文字不论出于周公旧制或孔子新例，都是规范与制度。这样，《春秋》也与史书相去不远了，而今文家所说的微言大义，则

---

① 李学勤主编：《十三经注疏·春秋左传正义》，第 11 页。

② 正因为杜预认为《春秋》的内容来源于各国的赴告，因此，对于经书中的“阙文”现象，杜预认为这是诸侯国赴告过程中的脱漏现象造成的。如桓公四年《春秋》只记春、夏之事，而未载秋、冬，杜预注云：“今不书秋、冬首月，史阙文。”又如僖公二十八年《春秋》“壬申，公朝于王所”，杜预对《春秋》未标明月份的解释是：“有日而无月，史阙文。”等等。

③ 田汉云：《六朝经学与玄学》，南京出版社 2003 年版，第 128 页。

由“万物之聚散皆在《春秋》”窄化为“据旧例而发义”的褒贬而已。杜氏之说既脱离了两汉时期对《春秋》的盲目抬高，同时将《春秋》还原为纪史的原貌，也为其论述《左传》为解《春秋》之传作了很好的论证。也正是因为杜预坚持“从历史情境中寻找历史人物的行为动机”，因此，杜预于三传中选择了《左传》。他曾说：

> 古今言《左氏春秋》者多矣，今其遗文可见者十数家，大体转相祖述，进不成为错综经文以尽其变，退不守丘明之传。于丘明之传，有所不通，皆没而不说，而更可肤引《公羊》、《穀梁》，适足自乱。预今所以为异，专修丘明之传以释经，经之条贯，必出于传，传之义例，总归诸凡，推变例以正褒贬，简二传而去异端，盖丘明之志也。[①]

可见，守“丘明之传”是杜预认可与否的最低标准。按此标准，前之研究《左传》的十数家都只能被否定，更不用说他们还转引属于诡辩的“二传”（《公羊》、《穀梁》）来解释，这除了“添乱”之外没有什么价值。此外，杜预不止肯定古文经学家认为《左传》是专门解读《春秋》之作，还力求解释《左传》解读《春秋》的方法，其云：“传或先经以始事，或后经以终义，或依经以辨理，或错经以合异，随义而发。”从中可以看出，虽然杜预也不是将《春秋》作为经书的特性一概否定，但他倾向于将《春秋》所含之义理落脚于其

① 李学勤主编：《十三经注疏·春秋左传正义》，第21—23页。

所记载的“行事”之中，这就隐含着将《春秋》史书化的趋向[①]。与此相关，《公羊》、《穀梁》两家苦心孤诣使用义例解经以建立《春秋》微言大义系统的方法也受到质疑。由于杜氏视《春秋》为鲁史，故而极力申扬《左传》而专作《春秋经传集解》张扬《左传》也就在情理之中了，且《春秋》文字简略，自然无法与叙事相对翔实的《左传》比肩，这就可以解释为什么在经传“矛盾”[②] 时，杜预宁从传而不从经了[③]。

在以《春秋》为“纪史”之作的前提下，杜预对《春秋》书法及一字褒贬之说大加挞伐，如《春秋》书法中常见

---

① 杜预还具体说明了《春秋》记事的特征：“《春秋》者，鲁史记之名也。记事者，以事系日，以日系月，以月系时，以时系年，所以纪远近、别异同也。故史之所纪，必表年以首事。年有四时，故错举以为所记之名也。”既然“四时”皆具，叙事“纪远近、别异同”，则《春秋》当然亦只是鲁国之编年史了。

② 这里所指的“矛盾”，主要是指《春秋》与《左传》发生经有传无或传有经无的情况。对于前者，杜预认为是“旧史遗文，略不尽举，非圣人所修之要故也”；后者，杜预则认为左丘明“身为国史，躬览载籍，必广记而备言之”。例如，庄公二十六年，《春秋》曰：“春，公伐戎。夏，公至自伐戎。曹杀其大夫。秋，公会宋人、齐人，伐徐。冬十有二月癸亥朔，日有食之。”此条《左传》无解。又同年《左传》载：“春，晋士蔿城绛，以深其宫。秋，虢人侵晋。冬，虢人又侵晋。”此条则是“无经之传”。

③ 此处，也不能强断杜预在分判《春秋》为经或史，因为，据《汉书·艺文志》所言有六艺略、诸子略、诗赋略、兵书略、数术略及方技略，六艺略即古之“王官学”，即今所谓子学。可见此时尚无史学观念，史学尚纳入经学之中。至晋荀勖《中经新簿》分甲、乙、丙、丁四部，即所谓经、子、史、集，至此经、史才分期。因此，上述对杜预观点的诸多分析，都是根据后来经、史分途后的观点来细分的，但从中至少可以看出，杜预视《春秋》为史书的倾向是十分明显的。晁天义的《〈春秋〉为史学著作说质疑——兼论杜预的“经承旧史”说及其影响》（《人文杂志》2002年第6期）一文认为，杜预的“经承旧史”之说在历史上的影响主要表现在两个方面：首先是引发了学术史上关于《春秋》性质的争论，其次是在“经承旧史”观念的影响下，一些史家不仅视《春秋》为史书，而且仿效《春秋》修撰史书，客观上损害了历史学科的健康发展。这种概括确为的论。

的有日月时例，即学者所归纳的《春秋》书或不书月、日、时皆寓圣人微旨。杜预对此反驳道：

> 凡日月者，所以纪远近、明先后，盖记事之常，录各随事，而存其日月，不敢阙也。国史集而书于策，则简其精粗，合其同异，率意以约文。案《春秋》朝聘、侵伐、执杀大夫、土功之属，或时或月，皆不书日；要盟、战败、崩薨、卒葬之属，亦不皆同，然已颇多书日。自文公已上，书日者二百四十九；宣公已下，亦俱六公，书日者四百三十二。计年数略同，而日数加倍，此则久远遗落，不与近同也。承他国之告，既有详略，且鲁国故典，亦又参差。去其日月，则或害事之先后；备其日月，则古史有所不载。故《春秋》皆不以日月为例。①

杜预认为日、月、时等无非是史书记事之常，因为《春秋》承他国之赴告，因此，有详有略，其间参差在所难免。杜预以“经承旧史、史承赴告”之论否定了日月时例的合理性，在此基础上他进而认为，既然他国赴告成于众人之手，则行文中遣词用语颇多差异也是常情，这样，他连《春秋》今文学中坚守的“一字褒贬”说也一起否定了②。既然杜预偏重于《春秋》“史”的特性，且不于日月时例中探索大义，而经

① （晋）杜预：《春秋释例》卷一“大夫卒葬例”，《丛书集成》本，第26页。

② 杜预并非不言例，他自己也对《左传》之“例”进行了归纳，只不过他认为《春秋》之例不过只有“微而显”、“志而晦”、“婉而成章”、“尽而不污”、“惩恶而劝善”五种，其他都是史策旧文。详见赵伯雄《春秋学史》，第286—292页。

文本身又只是简略的记事，那么《春秋》所具备的经世功能当如何表现呢？杜预说：

> 其发凡以言例，皆经国之常制，周公之垂法，史书之旧章，仲尼从而修之，以成一经之通体。其微显阐幽，裁成义类者，皆据旧例而发义，指行事以正褒贬。诸称“书”、“不书”、“先书”、“故书”、“不言”、“不称”、“书曰”之类，皆所以起新旧，发大义，谓之变例。然亦有史所不书，即以为义者，此盖《春秋》新意，故传不言凡，曲而畅之也。其经无义例，因行事而言，则传直言其归趣而已，非例也。[①]

可见，孔子未删之处乃“周公之遗制”、“史书之旧章”；所删改之处，乃孔子于乱世中所批判的对象，是为“变例”；《春秋》未载的内容，则须透过传文来理解其义。总而言之，经文未改之处是史书旧文，而改动的“变例”亦只是史笔而已。

杜预《春秋经传集解》问世后，从东晋到南朝，杜氏之学皆有压倒性的优势[②]，隋代虽然国祚短促，但由于实现了南北统一，且“天下统一，南并于北，而经学统一，北学凡并于南”[③]，而“春秋左氏至隋杜氏盛行”[④]。唐代统治者高度重视儒学巩固统治秩序的功能，孔颖达奉命与诸儒“撰定五经义疏”，即统一五经的经义。孔颖达的《五经正义》于《春秋

---

① 李学勤主编：《十三经注疏·春秋左传正义》，第15—17页。

② 赵伯雄：《春秋学史》，第295页。

③ （清）皮锡瑞：《经学历史》，第193页。

④ 马宗霍：《中国经学史》，第90页。

正义》中本杜预之《春秋经传集解》，其“序”中有言：“夫《春秋》者，纪人君动作之务，是左史所识之书。”因此，“孔颖达不仅没有否定杜预将《春秋》与《左传》合为一起解释的做法，而且还因循之，肯定之，将《春秋》、《左传》作为一个整体来进行疏证”[①]。总的来说，“孔颖达及其所处的唐代社会呈现出将《春秋》与《左传》放在同一框架下进行考察的倾向，既说明了二者的经传关系，又肯定了《左传》的经书地位，还重申了《春秋》的史书性质，这种对《春秋》、《左传》关系的认识直接体现于《春秋左传正义》的编订，使得《春秋左传正义》在进行史学阐释方面尤其突出”[②]。因此，孔颖达等人视《春秋》为史书自不待言。同时，《左传》传经的正统地位亦随之而确立。

《五经正义》的颁行以及自汉晋以来学术风气的影响，使得“《春秋》为史”的观念在唐初十分盛行。初唐另一位大儒陆德明也持此观点，他在《经典释文·序录》中说：

> 诸侯亦有国史。《春秋》，即鲁之史记也。孔子应聘不遇，自卫而归，西狩获麟，伤其虚应，乃与鲁君子左丘明观书于太史氏，因鲁史记而作《春秋》，上遵周公遗制，下明将来之法，褒善黜恶，勒成十二公之经，以授弟子。[③]

此说综合了《史记》、《汉书》对孔子作《春秋》的相关

① 安敏：《孔颖达〈春秋左传正义〉研究》，岳麓书社 2009 年版，第 163 页。

② 同上书，第 166 页。

③ （唐）陆德明：《经典释文》，中华书局 1983 年版，第 12 页。

说法，其是否具有创新性暂置勿论，从中至少可以说明将《春秋》视作“史”是唐代初期一种代表性的观点①。而且因为《左传》官学地位的确立，在唐代有将《春秋》、《左传》视为一体的倾向，所以唐人普遍出现了以“史”的眼光来批判《春秋》的思想，代表人物就是刘知几。

刘知几所著的《史通》对《左传》着墨很多，全书约有三分之二的篇目及此，从多方面分析了《左传》的成就，正因为如此，以《左传》观照《春秋》在刘知几看来有着诸多不足。他直言：“夫子所修之史，是曰《春秋》。”继而论述了孔子何以作《春秋》：

> 逮仲尼之修《春秋》也，乃观周礼之旧法，遵鲁史之遗文，据行事，仍人道；就败以明罚，因兴以立功；假日月而定历数，藉朝聘而正礼乐；微婉其说，志晦其文；为不刊之言，著将来之法。②

这一段行文几乎是杜预“经承旧史、史承赴告”说的复本③，仍然是强调《春秋》遵“史”的一面。由于刘知几的史官背景，他将《春秋》视为继承周以来官学传统礼法制度

---

① 在《五经正义》定于一尊的学术环境下，依然有“异端”之儒敢于犯颜。如为《公羊传》作疏的徐彦就保留了公羊家相关观点，为了凸显孔子作《春秋》的神圣意涵，徐彦强调孔子是在“获麟”及“端门受命”，得到上天的启示和天命之后才动笔创作这本书的。参见龚鹏程《儒学新思》，北京大学出版社2009年版，第72页。

② （唐）刘知几：《史通》，上海古籍出版社2008年版，第8页。

③ 《史通·申左》还说道：“（《春秋》）于内则为国隐恶，于外则承赴而书……盖是周礼之故事、鲁国之遗文，夫子因而修之，亦存旧制而已。”刘知几所受杜预《春秋》学的影响，前人早已见及，皮锡瑞并有驳辩，参见皮锡瑞《经学通论》“春秋”部内论杜预、刘知几各条。

精神的著作，是周公以来社会秩序维护准则的延续，而这一套准则在周代是保存在官学系统下，所以《春秋》对刘知几来说是孔子欲重建西周官学传统精神的理想著作。因此，刘知几沿着杜预的解释路向并将其推向极端，几乎完全否定《春秋》经的地位。

刘氏《史通》有《惑经》、《申左》等篇，在《春秋》为史的基本思想指导下，对《春秋》的诸多弊端大加贬斥。例如，《史通》首先从体裁发展和学术源流的角度着眼，将“春秋”和“左传”进行区分，前者并列于周代史官所记的百国春秋，后者与《两汉纪》以下的后世编年体同类，又分别《史记》与《汉书》，则通史与断代的意义随之而明确[①]。另外，《史通》外篇《古今正史》中，援引《易传》，从结绳、画卦和书契之作来谈历史记载的开端，还从《尚书》开始罗列包括《春秋》在内的历代官私修纂的各体史书，认为“古者言为《尚书》，事为《春秋》”，显然，《春秋》、《左传》体为编年主于记事的史书特征，在刘知几心中是不可动摇的。

其次，刘知几虽然以杜预《春秋》学的启示为基础，但他终究彻底抛弃了“微言大义”之说，即便《春秋》有劝戒之义，亦须藉《左传》以传：

> 至于实录，付之丘明，用使善恶毕彰，真伪尽露。向使孔《经》独用，《左传》不作，则当代行事，安得而详者哉？盖语曰：仲尼修《春秋》，逆臣贼子惧。又曰：

① 当时的通史仅有纪传体，故仅能就该体制内做区分。此外，在“六家”的姊妹作“二体”篇，刘知几将上述四类合并为《春秋》和《史记》两种体裁。但该篇所论两体之短长，仍以《左传》类编年体和《汉书》类断代纪传体为主。

> 《春秋》之义也，欲盖而彰，求名而亡，善人劝焉，淫人惧焉。寻《左传》所录，无愧斯言。此则传之与经，其犹一体，废一不可，相须相成，如谓不然，则何者称为劝戒者哉?①

这段话与其说是在叙述《春秋》之义所具有的劝戒功能，毋庸说是在赞赏《左传》实录史事所具有的“魅力”。刘氏还列出所谓“十二未谕”、“五虚美”之说，纯就史学观点看待《春秋》。兹举数例以见梗概，如其在“五虚美”中对前人给予《春秋》的称赞均予驳难。他在驳太史公之论时说：

> 知夫子之所修者，但因其行事，就加雕饰，仍旧而已，有何力哉?加以史策有阙文，时月有失次，皆存而不正，无所用心，斯又不可殚说矣。而太史公云：“夫子为《春秋》，笔则笔，削则削，游、夏之徒不能赞一辞。”其虚美一也。②

此以为夫子于《春秋》皆因旧史，无所创获，据此驳司马迁对于《春秋》的称许。其驳左丘明之说云：

> 《春秋》皆承告而书，曾无变革。是则无辜者反加以罪，又罪者得隐其辜。求诸劝诫，其义安在?而左丘明论《春秋》之义云：“或求名而不得，或欲盖而弥彰。”“善

---

① （唐）刘知几：《史通》，第304页。

② 同上书，第296页。

人劝焉，淫人惧焉。”其虚美二也。[①]

这里是从反面证明《春秋》不过是“承告而书，曾无变革”。可见，“十二未谕”和“五虚美”是刘知几就历史事件，针对《春秋》的义例而提出的质疑。

此外，刘知几还从“良史”应当秉承“实录”精神的角度批评《春秋》，认为即使容忍“邦之孔丑，讳之可也”这类情况，《春秋》的隐晦却还远过于此，根本是“厚诬来世”之甚者，其云：

> 盖君子以博闻多识为工，良史以实录直书为贵。而《春秋》记它国之事，必凭来者之辞；而来者所言，多非其实。或兵败而不以败告，君弑而不以弑称。或宜以名而不以名，或应以氏而不以氏，或春崩而以夏闻，或秋葬而以冬赴。皆承其所说而书，遂使真伪莫分，是非相乱。[②]

可见，“承告则书”不但使得所载之事“巨细不均”，而且也有违“直笔”、“实录”的原则。除反对隐晦之外，刘知几还主张良史理当博采周谘，然而，《春秋》不但对鲁国的历史隐晦，对他国历史记载也多有不实：“凡书异国，皆取来告。苟有所告，虽小必书；如无其告，虽大亦阙。故宋飞六鹢，小事也，以有告而书之；晋灭三邦，大事也，以无告而阙之。用使巨细不均，繁省失中，比夫诸国史记，奚事独为

① （唐）刘知几：《史通》，第297页。

② 同上书，第294页。

疏阔?”①

另外，刘知几站在史家的立场，认为《春秋》之例基本上是沿袭周代的旧制，他所理解的《春秋》之义都以此为前提②。这点不仅与汉儒大有违异，也不合于《左传》甚至杜预的看法。《孟子·滕文公》所转述的孔子之言“知我者其惟《春秋》乎！罪我者其惟《春秋》乎!”以及“其义则丘窃取之矣”以及“游、夏之徒不能赞一辞”等说法，从此一角度根本无从理解。总之，《春秋》之隐晦、微言既不可取，笔削、褒贬之义未惬人意，殊不足为良史之法。的确，如果以史的标准来评判《春秋》，那么《春秋》记事不仅存在体例不一、取材不当、记事失实等诸多弊端，而且过于简略，的确难逃“断烂朝报”之讥。

刘知几以史家的角度重视历史记载的忠实性无可非议，但他将孔子所作之《春秋》与所依据之“春秋”混而为一，径直将《春秋》与《史记》、《国语》等史书并列为史体之一，进而将《春秋》视为一部普通的史书则有失公允。因为，“如果把《春秋》当做经书，再对照《左传》所载史实的基础上采纳《公》、《穀》两家长期以来形成的解释框架，那么我们

---

① （唐）刘知几:《史通》，第294页。

② 对于刘知几给予《春秋》的这些诘难，唐末皮日休有所回应。皮氏提倡儒家思想，推崇孔孟之学，于三传中极为推重《左传》。他在《文薮序》中言:“两汉庸儒，贱我《左氏》，作《春秋决疑》。”对汉代今文学派表示了极大地不满，并对《春秋》一书的内容和笔法提出诸多质疑，明确了《左传》对于《春秋》的贡献。皮氏已将《左传》视为解读《春秋》经的正统之作，继承的完全是唐代前期官方对《春秋》的定位。（唐）皮日休:《皮子文薮》，上海古籍出版社1981年版。皮锡瑞则站在今文学的立场对刘知几进行了批评:“说《春秋》者，唐刘知几为最谬……刘氏但晓史法，不通经义，专据《左氏》，不读《公》、《穀》。故不知《春秋》为尊者讳，其书不书，皆有义例，非可以史法善恶必书绳之。”（《经学通论》，第62—63页）这种批评也是具有一定理由的。

就既可以理解《春秋》作为古代社会万事大经大法的重要地位，也能不断领略《春秋》一万六千多字中所蕴含的义理丰富性”[①]。换言之，《春秋》迥异于其他史书的重要方面，不但在于三传及诸家的注疏解释，更在于它有着普通史书所无法比拟的政治功能。因此，刘氏对历史素材能否负载其思想内涵，欠缺同情的理解。不过追本溯源不得不说，隋唐时代经学思想中“大义”精神的衰微，也是造成此种偏执不易察觉的背景因素[②]。但同时也须澄清的是，刘知几《史通》贯注了尊经、尊孔的经学精神，刘氏于《惑经》篇中开头便言：

> 昔孔宣父以大圣之德，应运而生，生人已来，未之有也。故使三千弟子、七十门人，钻仰不及，请益无倦。[③]

此外，刘知几对《春秋》及《公羊》、《穀梁》二传的诸多批驳，在文献征引以及分析辨伪上还是有相当的随意性的。而造成这种现象的原因，是由于“他也主张史学必须要能‘奖善惩恶’，这和经学义理也相一致。《史通》继承了部分经学典范，而试图建立他的史学典范，但他却倒过来以史学典范去论经书，而发生倒本为末的错乱。‘疑古’、‘惑经’的说法，即是以史论经下的产物”[④]。这一分析是相当精辟的，它

---

① 李威熊：《刘知几以史论经之平议》，《逢甲人文社会学报》2008年第16期。

② 皮锡瑞的《经学历史》中“经学统一时代”对此有精辟分析。

③ （唐）刘知几：《史通》，第285页。另外参阅林时民《刘知几史通之研究》第三章《刘知几的历史意像》，文史哲出版社1987年版；《中国传统史学的批评主义：刘知几与章学诚》第二章《史评》，学生书局2003年版。

④ 李威熊：《刘知几以史论经之平议》，《逢甲人文社会学报》2008年第16期。

不但揭示了刘知几以史学眼光质疑经书的潜在用意，亦呈现了后世诸儒非议刘知几这些质疑的主要原因①。

第二节 因史制经、缘经求义

由于杜预、刘知几等人将《春秋》为史之说推向了极致②，到了中唐时期，便有学者对杜、刘之说相继提出批评。如令狐澄认为《春秋》与《左传》经、史有别，《春秋》明白有实，而《左传》则丛杂无征，曾言："杜元凯曾不思夫子所以为经，当与《诗》、《书》、《周易》等列；丘明所以为史，当与司马迁、班固等列。取二义乖剌不侔之语，参而贯之，故微旨有所未周，宛章有所未一"③，这种做法殊无可取。其所撰《大中遗事》中还记载了陈商对刘知几的批评：

> 大中时，工部尚书陈商……立《春秋左传》学议：以孔子修经，褒贬善恶，类例分明，法家流也；左丘明为鲁史，载述时政，惜忠贤之泯灭，恐善恶之失坠，以日系月，修其职官，本非扶助圣言、缘饰经旨，盖太史氏之流也。④

---

① 这些批评与反批评可参阅林时民《刘知几史通之研究》，第54—56页。

② 赵伯雄曾对唐代《左传》的地位进行概括："唐人是将《春秋》与《左传》视为一体的，唐人口中所谓的'春秋'，有相当多的部分实际上是指《左传》。"（《春秋学史》，第370页）从上述研究与议论中可以发现，唐代《左传》学较其它两传的绝对优势。

③ （元）陶宗仪：《说郛三种》第五册，上海古籍出版社1988年版，第2274页。

④ 同上。

与令狐澄一样，陈商也对《春秋》与《左传》的性质进行了严格的区分。他认为《春秋》与《左传》旨意完全不同。孔子修《春秋》旨在扬善恶、明礼法，故《春秋》在本质上应归于“经”；而丘明著《左传》则旨在修职官、存史实，故《左传》应归于“史”。陈商对杜预以《左传》释《春秋》的做法予以批驳，认为杜氏并未对《春秋》经、史的性质加以严谨区分，将《春秋》完全当作“史”来处理，这种做法必然导致经义、传义混杂不清，也使得圣人微旨晦暗不明，陈商将《春秋》归于经、《左传》归于史是对杜预的《春秋》学思想的反动。虽然令狐澄、陈商对杜预、刘知几等人的批判还停留在感性层面①，但他们至少已经抛弃了单纯地视《春秋》为史的倾向，将《春秋》与《左传》分而视之，这对后起的啖助学派有着积极的启发作用。

“渔阳鼙鼓动地来，惊破霓裳羽衣曲”，八年的社会动乱彻底驱散了唐代盛世的余音。政治危机给学术思想领域带来的冲击，首先表现在经学这一“官学”权威地位的动摇②。其中，对官方思想基础的经学进行反思的代表人物是啖助、赵匡和陆淳（质）。

对于《春秋》的来源，啖助说：“此经所以称《春秋》者，先儒说云鲁史记之名也。记事者，以事系日，以日系月，以月系时，以时系年，所以记远近、别同异也。故史之记必表

---

① 陈商的理解也强调了“《左氏》不传《春秋》”，这实际与西汉博士之论遥相呼应。

② 自唐代宗时始，经学研究出现新趋势，宪宗时期的学者刘肃大为感叹地说：“贞观、开元述作为盛，盖光于前代矣。自微言既绝，异端斯起，庄、列以仁义为刍狗，申、韩以礼乐为痈疣，徒有著述之名，无裨政教之阙。圣人遗训几乎息矣。”“圣人遗训几乎息矣”，正是当时官方统治思想“危机”的写照！（唐）刘肃：《大唐新语》卷末《总论》，中华书局 1984 年版。

年以首事，年有四时，故错举以为所记之名也。”① 这是从源头上说明《春秋》出于“鲁史记”，因此，《春秋》具备了史书记载事件时所运用的日、月、时、年等形式，但并不能因此认为《春秋》只是一部史书。啖助批评了以杜预为代表的《左传》学的见解：“《左氏》者以为《春秋》者，周公之志也。暨乎周德衰，典礼丧，多违旧章，宣父因鲁史成文，考其行事而正其典礼，上以遵周公之遗志，下以明将来之法。”② 啖助批评杜预之说未能领略《春秋》本意，因为他认为孔子作《春秋》欲针对当时的时代弊病，而当时的社会乱象亦非恢复或维持周公之礼乐制度就可以化解的。因此，他对所谓《春秋》乃“遵周公之遗制”给予了批评：“（杜预云）周公之志，仲尼从而明之。则夫子曷云‘知我者《春秋》，罪我者亦《春秋》’乎？”③ 赵匡也反驳道：“圣人立教，岂使人尽为周公之行，然后免罪乎？”④ 孔子作《春秋》，若仅为明周公之志，则后人何以据此“知”孔子、“罪”孔子呢？很显然，啖助等人认为《春秋》是另有深意寓焉。另外，啖助等人的观点将孔子作《春秋》与周公之志相分离，无形中亦抬高了孔子与《春秋》的地位。

在批评杜预之后，啖助、赵匡、陆淳在认真研习杜预、刘知几等人的观点之后，结合自身所处的现实社会背景，融会今古的《春秋》学倾向，在《春秋》的经、史性质问题上基本沿袭了陈商的观点，并继承孟子将《春秋》区分为事、文、义三层，以及司马迁关于孔子因史记作《春秋》、“为天下制

---

① （唐）陆淳：《春秋集传纂例》卷一。

② 同上。

③ 同上。

④ （唐）陆淳：《春秋集传辨疑》卷五。

仪法”等相关思想予以进一步提升，从而提出了自己的独到见解：

> 予谓《春秋》因史制经，以明王道，其指大要二端而已：兴常典也，著权制也。故凡郊庙、丧纪、朝聘、蒐狩、婚取，皆违礼则讥之，是兴常典也。非常之事，典礼所不及，则裁之圣心，一定褒贬，所以穷精理也。①

这一论断既深刻又简练地综合了《春秋》中潜在的经、史两种要素，使其成为有机的整体。此说虽可能本于太史公“因史记作《春秋》”的旧说，但也不难看出，其中已经融入了经与史、事与义的新思路。这一思想的精妙之处在于超越了传统学者在《春秋》三传之间的相互攻讦，以为《春秋》作为经书自身便可以统合经史两种因素。两者的关系是：《春秋》大义以史事为依托，此即所谓“兴常典”，而大义又非史事之所限，此即所谓“著权制”以裁圣心。赵匡对《春秋》性质的描述在当时是一种新论。他摆脱了先前学者在解读《春秋》时或偏于经、或偏于史的极端方式，创造性地提出“《春秋》以史制经”的经典判断。

虽然杜预以来的学者亦多有主张“《春秋》依鲁史而修”者，但赵匡较其进步之处在于，他认为孔子不仅是“因”，更在于“制”，其云：

> （《春秋》）褒贬之旨在乎例，缀叙之意在乎体。所谓体者，其大概有三而区分有十。所谓三者：凡即位、崩薨

① 陆淳：《春秋集传纂例》卷一。

葬、朝聘、盟会，此常典所当载也，故悉书之，随其邪正而加褒贬，此其一也。祭祀、婚姻、赋税、军旅、蒐狩，皆国之大事，亦所当载也。其合礼者，夫子修经之时，悉皆不取，故《公》、《穀》云常事不书是也；其非者及合于变之正者，乃取书之而增损其文，以寄褒贬之意，此其二也。庆瑞、灾异及君被杀、被执、逃叛、归入、纳立，如此并非常之事，亦史策所当载，夫子则因之而加褒贬焉，此其三也。此述作之大凡也。[①]

赵匡认为孔子作《春秋》虽录“常典”所载之事，但于旧史文有“悉书”有“不取”，也有“悉书而随其邪正加以褒贬”的部分，以及“取书之而增损其文以寄褒贬之意”的内容，因此是“《春秋》述作之大凡”，也是《春秋》有异于其他史书的地方。啖助等人不遗余力地分辨史书与经书的区别，如啖助说：“历代史书，皆是惩劝，《春秋》之作，岂独尔乎？是知虽因旧史，酌以圣心，拨乱反正，归诸王道。”[②] 赵匡道：“或曰：‘圣人之教，求以训人也。微其辞，何也？’答曰：‘非微之也，事当尔也。人之善恶，必有浅深，不约其辞，不足以差之也。若广其辞，则是史氏之书尔焉。足以见条例而称《春秋》乎？辞简义隐，理自当尔，非微之也。”[③] 从中不难发现，啖助等人刻意将《春秋》与一般史书分开，而赋予《春秋》一书拨乱反正、申明王道的使命。因此，《春秋》虽是孔子“因史制经”所成，但是在啖、赵看来并非鲁史，而是一

① 陆淳：《春秋集传纂例》卷一。

② 同上。

③ 同上。

部用来匡正后世的经典。其内容不仅是对人事的惩劝，重在可以发挥“拨乱反正，归诸王道”的成效，且《春秋》表达大义必须透过义例，因此才“辞简义微”，而不似史书只是铺陈本末。

啖、赵、陆等人的努力，或为了大力宣传经学的政治意义和社会价值，以期儒家经学可以重新收拾人心、振兴国势；或考虑到经学在历史上的变化，企图从根本上恢复古经原貌，以期达到正本清源的目的……概括而言，就是意识到恢复经学、儒学地位对于振兴中唐以降国势渐趋衰微的现实意义。这一思想对中唐以后《春秋》学的发展具有重大影响，并为宋代大部分《春秋》学者所接受，是宋代以后《春秋》学遵循的基本思想之一。啖助、赵匡等人虽然将《春秋》置于经史、义事相结合的思路中，但他们并没有充分展开论述，这就必然凸显出新的诠释问题：《春秋》一书既然是根据旧史而写成的，“旧事”如何能表达出“新义”呢？且《春秋》之“事”与“义”之间又是什么关系呢？这势必涉及孔子编纂《春秋》的笔削之法、褒贬体例等问题，沿着这一思路，我们就可以理解继承啖助学派而兴起的宋儒有别于三传的解经方式。

在宋代积贫积弱国势的刺激下，政治内涵丰富的《春秋》成为《周易》以外最受宋儒重视的经典。宋代众多《春秋》学者继承啖、赵、陆三子开启的《春秋》学风尚，尊经而废传，力主《春秋》乃“因史制经”。例如孙复的《春秋尊王发微》、王皙的《春秋皇纲论》、孙觉的《春秋经解》、胡安国的《春秋传》等著述，都沿袭孟子关于《春秋》文、事、义的论述，并于《春秋》学中力倡“尊王攘夷”之旨，与啖助学派的经世立场一脉相承。

孙复为“宋初三先生”之一，是“宋学”勃兴的重要代表人物之一，其《春秋》学亦为宋代《春秋》学的肇始之作，影响深远。他对《春秋》性质的认识亦本于赵匡的“因史制经”论。一方面，他认为：“《春秋》，鲁史，孔子不敢斥也，其或灾异非常、改作不时者，则从而录之，以著其僭天子之恶。”① 另一方面，他又不苟同于“经承旧史、史承赴告”之说，例如，隐公三年“夏四月辛卯，君氏卒”。《左传》云：“夏，君氏卒，声子也。不赴于诸侯，不反哭于寝，不祔于姑。故不曰薨，不称夫人，故不言葬。”孔颖达《疏》曰：“必赴乃称薨，祔乃称夫人，反哭乃书葬。”孙复认为诸侯卒葬，《春秋》运用何种书法乃是有深意存焉，非仅“赴告”乃书：

> 夫赴告吊会，史策之常也，贬恶诛乱，圣师之笔也。《春秋》书诸侯之卒葬者，岂徒纪其岁时、从其赴告吊会而已哉？盖以周室陵迟，诸侯僭乱，变古易常，骄蹇不道，生死以圣王之法治之也。是故诸侯之卒，书葬者九十三，不书葬者四十一……东迁之后，其礼遂废，诸侯之葬也，不请谥于天子，皆自谥之。非独不请谥于天子，皆自谥之，而又僭称公焉，故孔子从而录之，正以王法。②

对于《左传》学者认为的“史策之常”的“赴告吊会”等事迹，由于有了“圣师之笔”便具有“贬恶诛乱”的含义，

① （宋）孙复：《春秋尊王发微》卷二。
② （宋）孙复：《春秋尊王发微》卷一。

因此，孙复承认孔子在“实录”“灾异非常、改作不时”等事迹的同时，还有对旧史的“笔削损益”[①]。孙复认为孔子于《春秋》中寓含深意微旨，而这种深意微旨是通过褒贬笔削达到的，又如他在解释桓公十五年“郑世子忽复归于郑”时云：“凡诸侯大夫出奔与执，其反国也，或书归，或书复归，或书入，或书复入。归者，善也；复归，不善也；入者，恶也；复入者，甚恶也。是故复入重于入，入重于复归，不若归之之善也。”[②] 此处对于“归入”例的解释恰当与否暂置勿论，但可以很清晰地看出，孙复是承认《春秋》“一字褒贬”之说的，即《春秋》以例解经[③]。

孙觉是胡瑗后学中唯一有完整《春秋》学著作流传至今的学者，他秉承了“宋初三先生”积极经世的学术精神，极力倡言《春秋》为“经”。他认为孔子作《春秋》并非凭空杜撰，而是依据鲁国史书的记载修成的，即“《春秋》者，孔子因鲁史修之，其详略皆因旧史”[④]。但他坚决反对杜预将

---

① （宋）孙复：《春秋尊王发微》卷二。

② （宋）孙复：《春秋尊王发微》卷三。

③ 孙觉的《春秋经解》，对于孙复的继承十分明显（参见赵伯雄《春秋学史》，第527页）。孙觉承袭了孙复《春秋》为“一王大法”的观点，认可了《春秋》中饱含着孔子因旧史而裁成之“义”，即认可《春秋》是“经”而非“史”。南宋胡安国在对《春秋》性质的认识以及对褒贬书例的使用也近于孙复，他一方面申述《春秋》“乃史外传心之要典”（《胡氏春秋传·序》，第1页），另一方面论述《春秋》之例道：“此《春秋》之所以为《春秋》，非圣人莫能修之者也。薨则书薨，卒则书卒，弑则书弑，葬则书葬，各纪其实，载于简策，国史掌之，此史官之所同，而凡为史者皆可及也。或薨或不薨，或卒或不卒，或弑或不弑，或葬或不葬，笔削因革，裁自圣心，以达王事，此仲尼之所独而游、夏亦不能与焉者也。”（宋）胡安国：《胡氏春秋传》，第393页。

④ （宋）孙觉：《春秋经解》卷五。

《春秋》定位为史籍、孔子为史官的观点[①]，孙觉认为若依杜预之论则“如《春秋》既曰作之，又徒因其记注即用旧史，则圣人何用苟为书也?”[②] 旧史自会流传，孔子又何必“作”之呢？最主要的原因在于孔子因鲁史“以载天子之事，二帝三王之法，于是乎在。《春秋》之所善，王法之所褒也；《春秋》之所恶，王法之所弃也。至于修身、正家、理国、治天下之道，君臣、父子、兄弟、夫妇之法，莫不大备。”[③] 这才是孔子所“作”之《春秋》与鲁国旧史的区别。可见，孙觉也非常明确地站在啖助学派“因史制经”的立场。

对于信经而几可废传的刘敞而言，杜预开启的以《春秋》为鲁史、本《左传》而解经的方法正好与其南辕北辙。因此，刘敞在《春秋权衡》中以大量篇幅痛斥杜预“《春秋》为鲁史”说，并论证《左传》不传《春秋》[④]。刘氏首先驳斥了“经承旧史”说：“史虽待赴告而录，然其文非赴告之辞也……谓史之记从赴告而已，则乱臣贼子何由而书？如谓《春秋》用旧史而已，则何贵于圣人之笔削也?”[⑤] 如其在解庄公二十八年“卫人及齐人战。卫人败绩”时曰：“二十八年，卫人及齐人战。杜氏云：实齐侯，称人者，以贱者告；不地者，史失之。皆非也。称人则谓之从赴，不地则谓之史失之，

---

① 孙觉说：“杜预之说则曰：‘周德既衰，官失其守，诸所记注，多违旧章。仲尼因鲁史策书成文，考其真伪而志其典礼，其教之所存，文之所害，则刊而正之，其余则皆用旧史。’若如其说，则孔子乃一史官尔。《春秋》既曰作之，又徒因其记注、即用旧史，则圣人何用苟为书也。”（宋）孙觉：《春秋经解·自序》。

② （宋）孙觉：《春秋经解·自序》。

③ 同上。

④ 刘敞认为《左传》解经之弊有三：“从赴告，一也；用旧史，二也；经阙文，三也。所以使白黑混淆，不可考校。”（宋）刘敞：《春秋权衡》卷七。

⑤ （宋）刘敞：《春秋权衡》卷四。

如此无复有《春秋》矣，何贵于仲尼之为《春秋》也?”[①] 其次，刘敞着重区分经、史关系，认为经出于史又高于史。他还用玉与石、金与沙形象地比喻经、史之别。其云：

> 故《春秋》一也，鲁人记之则为史，仲尼修之则为经，经出于史，而史非经也，史可以为经，而经非史也……鲁国之史，贤人之记，沙之与石也；《春秋》之法，仲尼之笔，金之与玉也。金、玉必待拣择追琢而后见，《春秋》亦待笔削改易而后成也；谓《春秋》之文皆旧史，所记无用仲尼者，是谓金玉不待拣择追琢，而得非其类矣。[②]

《春秋》作为鲁国史策本身只有一种形式，但是，刘敞认为鲁国史官的记载是史策，而经过孔子编修笔削之后则成为经，经书虽然渊源于史策但与史策的性质已经有所不同[③]。所以说《春秋》经文皆采之于旧有史策，务须经过孔子的笔削编删，就好像是采金取玉不经过粹析琢磨，所得到的必定不是黄金与宝玉一般。在另一处，刘敞也表达了类似看法，他说：

> 《春秋》出于旧史者也，而《春秋》非旧史之文也。旧史者出于赴告者也，而旧史非赴告之辞也。传者出于经者也，而传非经之本也。今传与经违，是本末反矣，安得哉?[④]

---

① （宋）刘敞：《春秋权衡》卷三。

② （宋）刘敞：《春秋权衡》卷四。

③ 刘敞还斥责公羊家所谓《春秋》据“百二十国宝书而作”的说法，他说：“鲁史所书，有详有略，仲尼止考核是非、加褒贬而已，非必百二十国书也。”这是再次重申“因史制经”的原意。（宋）刘敞：《春秋权衡》卷八。

④ （宋）刘敞：《春秋权衡》卷七。

这句话既反映了刘敞反对经出于旧史之说，也表明他经传相“违”时从经不从传的鲜明立场。

难能可贵的是，刘敞还凭借他对《春秋》及其三传的细致研究，对经文《春秋》与史册《春秋》予以分辨，从而以翔实的证据证明孔子确实对史策《春秋》进行过笔削，其举证云：

> 宁殖将死，谓其子曰：吾得罪于君，名藏在诸侯之策，曰：“孙林父、宁殖出其君。”夫宁殖所谓诸侯之策，则诸侯之史也。诸侯则齐、鲁是矣，史则《春秋》是矣。今验《春秋》，绝不言孙、宁出君，而云卫侯出奔者，仲尼改之也。①

此处采用《左传》所记，证明孔子确实对鲁史《春秋》进行过加工修改。他还通过比较记襄公三十年郑人杀良霄、襄公二十三年晋人杀栾盈的书法，与哀公十六年仲尼逝后记陈人杀宗竖的书法不同，证明经文《春秋》与史策《春秋》的笔法确有差异，其云：

> 且《春秋》书良霄入于郑，郑人杀良霄；栾盈入于晋，晋人杀栾盈。其文同也，至哀十四年，非仲尼所修矣，其记陈宗竖，乃曰：“陈宗竖入于陈，陈人杀之。”明史之所记与仲尼之所修异矣。又仲尼所修无记内邑叛者，哀十五年独记成叛，此亦史文不与仲尼相似，仲尼不专用史文，验也。②

---

① （宋）刘敞：《春秋权衡》卷三。

② （宋）刘敞：《春秋权衡》卷八。

按孔子逝于哀公十六年，《春秋》终于哀公十四年春西狩获麟，因此刘敞以为哀公十四年获麟之后，所记之事非出于仲尼之手，应视为史策《春秋》。据此他比较二者的区别，以为史策《春秋》记陈宗竖入陈，于其名前冠以国名，这与经文《春秋》的书法不同。而这一细微差别正是公、穀二家所说的微言大义之所在，也是《春秋》经遗留的解释空间。另外，刘敞还认为仲尼的经文《春秋》不记内邑叛也与史文《春秋》不同，这也是仲尼褒贬之义所在。

刘敞由此进一步认为《春秋》非只为二百四十二年之间的历史而作，而是假鲁史之行事以寄托仲尼之王道。因此，《春秋》大于鲁史，具有超越当时（春秋时期）、当地（鲁国）的意义（王道）。这其实也是《春秋》公羊家的传统观点，不过刘敞阐述的角度有所不同。《春秋意林》卷上说："《春秋》之记，略常事，简小事，谨大事，所以经后世，非史官之任也。"又《春秋权衡》卷七载："《春秋》假鲁史以达王义，非专为鲁记其忧乐之情而已也。"刘敞这一思想在后世《春秋》家中也有人响应，如南宋郑樵所撰《六经奥论》对之作了更为精练的概括："《春秋》一经造端乎鲁，及其至也为周；造端乎一国，及其至也为天下；造端乎一时，及其至也为万世。"[①] 这就将《春秋》思想的超越特征点名了。

与此同时，"因史制经"说的持有者又遇到了另一难题，即《春秋》之"文"与"事"最后都指向了"义"，则理解《春秋》之义必须要由《春秋》之"事"与"文"入手，因此，能否结合此三者来理解经义成为众家解经权威与否的根

① （宋）郑樵：《六经奥论》卷四。

据。《春秋》三传在宋代饱受苛议也与此密切相关，纵观宋儒对三传的诸多批判多围绕三传各有优劣，又皆未能尽得圣人之旨展开，因此，宋儒解经时才要“舍传求经”与“会通三传”以求得符合经义的解说。但论述至此，无论是宋儒对三传解经方法的批判，抑或是其自我标榜的“舍传求经”与“会通三传”的解经实践，对《春秋》“事”、“义”须结合考察的思路还是语焉不详，这直到两宋之交的叶梦得才有了较为清晰的答案。叶氏云：

> 《左氏》传事不传义，是以详于史而事未必实，以不知经故也。《公羊》、《穀梁》传义不传事，是以详于经而义未必当，以不知史故也……不得于事，则考于义；不得于义，则考于事。事、义更相发明。①

叶氏此处既用“事”、“义”之分来区别《左传》与《公》、《穀》二传，又指明了自己解经的方法，即以“事”、“义”“更相发明”。叶氏又说：

> 《春秋》有可以事见者求以事；事不可见而可以例见者求以例。事与例，义在其中矣。有事与例俱不可见，而义独可推者求以义。义者理之所在也。有事与例与义俱不可见，而意可通之者求以意。意者，人情之所同也。莫易乎事，莫难乎意。②

① （宋）叶梦得：《叶氏春秋传·原序》，文渊阁《四库全书》本。
② （宋）叶梦得：《春秋考》卷一，文渊阁《四库全书》本。

根据叶梦得的观点，《左传》近于史学且“传事不传义”，但“详于史而事未必实”；《公》、《穀》偏重经学，“传义不传事”却又“详于经而义未必当”①。叶氏点明了“史学”重“事”而经学重“义”的特征，解经可以依靠“事”、“义”更相发明，此说法在《春秋》经解史上具有重要意义。

首先，自中唐啖助学派以来，学者重舍传求经、缘经求义的解经方法，这种解经方法本身已经是在自觉地规避三传各自存在的缺陷，企图以此直探圣人本旨，其实质只能是阳弃《左传》事迹而阴本《公》、《穀》之例。至北宋庆历年间新学风兴起，学者“舍传求经”与“会通三传”之法并用，但与中唐学者遭遇同样的困境是，舍传求经则易生主观臆断解经之弊，会通三传则又最终回归专取一传，如此还是不能达到充分运用三传解经成果以理解经义的效果。因此，叶氏之论实际上肯定了三传特别是《左传》在经解过程中的地位，又描述了其间各自的差异，在此基础上发明“事义更相发明”之法，他主张解经“要斟酌三家，以求史实与大义的契合”，就是充分绾合了三传解经的优势，正如沈玉成等所论：“这种论调虽然没有也不可能突破传统的藩篱，但是他充分注意到‘史’的意义，在宋代学风中别树一帜，实际上是对《左传》的尊重。”② 因此，叶氏之论既是对自中唐以来《春秋》经解方法的突破，也是在对《春秋》及其三传性质清晰认定的基础上，

---

① 叶适也深晓“事”之本末，进而掌握《春秋》之义的学术进路：“既有《左氏》，始有本末，而简书具存，实事不没，虽学者或未之从，而大义有归矣。”（宋）叶适：《习学记言序目》，中华书局 1977 年版，第 118 页。

② 沈玉成、刘宁：《春秋左传学史稿》，江苏古籍出版社 2000 年版，第 228 页。同时，沈玉成又指出：“叶氏虽颇重实证，却又宗经非传，经常以正统经学家的姿态指责《左传》。”（同前书，第 228 页）叶梦得的这种矛盾，也是宋儒解经时的普遍现象，也反映了一个时代的学风对学者主体思维的拘囿。

所做出的具有针对性的解经方法。

其次，叶氏之论虽然符合了《春秋》及其三传的经、史性质，但仍然存在着解经的重大障碍。即如其所言："有事与例与义，俱不可见，而意可通之者，求以意。意者，人情之所同也。"从中可见，叶氏解经之法实际上是通过"事"、"例"、"义"三者，若三者"俱不可见"可"求以意"。这句话实际上又包含了两点疑问：若解经还是需要通过"例"，则与先前三传各自以例解经有何分别？其次，在"事与例与义"均不可见的前提下，就可以"求以意"，即以"己意"解经。下面以"许男新臣卒"为例来说明叶氏强调的"意"在事、例、义失效时的作用：此事发生于僖公四年春，"公会齐侯、宋公、陈侯、卫侯、郑伯、许男、曹伯侵蔡，遂伐楚。夏，许男新臣卒，楚屈完来盟于师"，许男随桓公伐楚，死于师次，即陉。依据《春秋》之例，诸侯不书所死之地，死于国外则书所死之地，许男之卒，师犹未还，当书卒于师而不言师。而《穀梁传》以不书地为"内桓师"，即《春秋》视桓公之师在国内，其中隐藏了奖励齐桓之得诸侯之意。叶氏认为："桓公非汤、武之兵，何内之有？"而《左传》认为"许男乃为卒于师"，又与卒于外当言地的书例违背，叶氏以意解之曰："许男虽从伐楚之师，而以疾先归卒于国中，安得不以常例书卒乎？"[①] 显然，叶氏是在他所认为的事、例、义均不可通经之时，以己意求得了经文的理解。而仔细看来，他以"意"所求得结果，无非是为了证明不书"地"的原因，仍然是在为《春秋》书法作解释，则此种解经方法与北宋诸儒所遵行的"舍传求经"又有何异？因此，叶氏的贡献在于为《春秋》经

---

① （宋）叶梦得：《叶氏春秋传》卷一。

解添入了经、史相融，事、义相通的新思路，但在具体实践上，仍然未能跳出前人的范围。

第三节　经史交融、以史通经

宋初诸儒继承中唐以来“新《春秋》学”的解经风尚，摒弃三传，重自为臆说，直探“《春秋》主旨”，这种学风对《春秋》经传义理的阐发贡献良多，但也造成了时人对《春秋》文本之史书性质的漠视。到北宋中期，便有人开始矫正此风，其中，苏辙的《春秋集解》便是为矫俗规过而作，俨然与北宋《春秋》学主潮相抗衡。

苏辙对《春秋》的“经”、“史”性质作了重新的探讨。其《春秋集解》自序云：“予少而治《春秋》，时人多师孙明复，谓孔子作《春秋》略尽一时之事，不复信史，故尽弃三传，无所复取。”对于当时治《春秋》的学者多尽弃三传而不信史实的做法，苏辙认为这是值得商榷的。因为在他看来，左丘明为鲁史官，其所记史事是孔子作《春秋》的依据，研治《春秋》不能脱离《春秋》所记之事，若不强调以《左传》为本而依赖史事，后人如何才能明白圣人之意？所以他强调《春秋》研究中“事必以丘明为本”。他还推崇《左传》一书“其文缓、其旨远，将令学者原始要终，寻其枝叶，究其所穷”①，以为《左传》既能“以史传经”，又是以历史叙事方

① 吕本中《童蒙训》称《左传》文章，“不分明指切，而纵容委曲，辞不迫而意独至”；清儒姜炳璋《读左补义·纲领下》诠释《左传》之文缓旨远，谓“或长篇而余情自永，或只字而函盖无遗”，有似褒而实刺者，有补经所未备者，有略经所已明哲，其尤要者，则在无文之文。可见所谓“文缓旨远”之颂扬，主要在指称《左传》之历史叙事。

式解读孔子《春秋》经，故与以孙复为首的北宋《春秋》学之深文锻炼、“以臆见私相揣”相较迥然有别。

在称赞《左传》“文缓旨远”可以传经的观念支配下，苏辙对《公羊》、《穀梁》解经“皆意之”自然稍有微词：

> 凡《春秋》之事当从史……盖孔子之作《春秋》，事亦略矣，非以为史也，有待乎史而后足也。以意传《春秋》而不信史，失孔子之意矣。①

这正是苏洵“经不得史，无以证其褒贬”之意。而同时，单据《左传》以解经亦有不足，因为苏辙认为左丘明并不完全了解孔子之“义”，所谓“至于孔子之所予夺，则丘明容不明尽”也，因此，要合理解经，除了以《左传》为依据外还“当参以公、穀、啖、赵诸人”②，从中审慎去取才能较接近圣人原意，如此方可不流于主观、武断之见。

既然苏辙承认左丘明不能尽《春秋》之“义”，且解经当参以诸家之说，这当然是以承认《春秋》为“经”作为前提的，因此也就否定杜预将《春秋》等同于“史”的做法，而承认《春秋》字句间蕴含有褒贬深意，同时也就对《公》、《穀》在义理上的价值予以了充分的肯定。只不过苏辙认为孔子的本意并非作“史”而是作“经”；然而正因为如此，其所作之经的经义还须从“经”所自出的“史”中去寻求，故本身就是“史”的《左传》较之脱离史实、专意求经的《公》、《穀》二传，就显得更为可贵。

---

① （宋）苏辙：《春秋经解》卷一，文渊阁《四库全书》本。

② （宋）苏辙：《春秋集解·自序》。

苏辙对《春秋》“经”、“史”性质的认识使他在治《春秋》的方法上采取了不同于前儒的做法，这表现在：他既不沿用孙复摒弃史实、“舍传求经”的解经方法，也未继承杜预独尊《左传》、力诋《公》、《穀》的专断态度，而是一方面发掘经义所包含的史实，另一方面又以史实为依据来阐发其中的微言大义。可见苏辙的《春秋集解》在阐释方式上具有明显的“经”、“史”相融、以史通经的特征。例如，鲁僖公四年“齐侯侵蔡伐楚”，苏辙曰：

> 二年，楚人侵郑。三年，楚人伐郑，齐桓公会诸侯于阳谷，为郑谋楚，将以诸侯伐之，而未行。桓公与蔡姬乘舟于囿，荡公。公惧，禁之，不可。公怒，归之，而未绝也，蔡人嫁之。至是，因诸侯之师以侵蔡，蔡溃，遂伐楚。责包茅不入，故蔡曰侵，楚曰伐。然蔡，小国也，以齐侵之，不待诸侯。诸侯之师，实为楚动，而《春秋》书其迹，先侵蔡而后伐楚。若以蔡故勤诸侯，言私欲之害也。凡民逃其上曰溃，在上曰逃。楚人方强，齐将绥之以德，故次于陉以待之。既而楚屈完来求盟，因而许之，虽有诸侯之众而不能用，盖伯者之师，求以服人而已，非若后世必以战胜为功也。二十八年，晋楚战于城濮。晋文公退三舍避楚。楚成得臣从之不已，而后战。方其退舍而楚还，则文公亦将不战矣。由此观之，桓文之用兵，皆求服人而不求必胜也。①

对于此条，孙复解云：“是时楚方强盛，势陵中国，不可易

① （宋）苏辙：《春秋集解》卷五。

也。蔡楚与国，故先侵蔡。俟其兵震威行，然后大举。蔡既溃，遂进师次于敌境。”[①] 孙复解此条经文完全从夷狄侵略“中国”的角度着眼，罔顾史实，径以己意说经。苏辙则力矫此弊，铺叙《左传》中关于僖公二、三、四年的史实，自“二年，楚人侵郑”至“蔡曰侵，楚曰伐”，据事实而裁判是非，确定褒贬。苏辙《集解》中如此解经之语，不胜枚举[②]，此不赘述。

苏辙关于《春秋》性质的认识得到南宋朱熹的赞同，朱熹作了更为详尽的阐述：“苏子由解《春秋》，谓其从赴告，此说亦是。既书郑伯突，又书郑世子忽，据史文而书耳。定、哀之时，圣人亲见，据实而书。隐、桓之时，世既远，史册亦有简略处，夫子据史策写出耳。”[③] 朱熹此处引申的重要一点便是“据实而书”[④]，朱子云：

> 《春秋》所书，如某人为某事，本据鲁史旧文笔削而成。今人看《春秋》，必要谓某字讥某人。如此，则是孔

---

① （宋）孙复：《春秋尊王发微》卷五。

② 张高评：《苏辙〈春秋集传〉以史传经初探》，载蒋秋华、冯晓庭主编《宋初经学国际研讨会论文集》，台湾中研院中国文哲研究所，2006 年。

③ （清）朱彝尊：《经义考》，第 942 页。

④ 邵雍也提出义理是通过实事体现出来的，道德性命、人情物理皆存于经书之中。而且，“据事直书而善恶自见”最初见于邵雍，完善于吕大圭。邵雍之语为：“夫圣人之经，浑然无迹，如天道焉，《春秋》录实事而善恶形于中矣。”（宋）邵雍：《皇极经世书》，中州古籍出版社 1992 年版，第 406 页。朱熹述此意之语很多，主要散见于《朱子语类》卷八十三。实际上，《春秋》之“义”须由“事”来呈现，几乎是所有倾向于《左传》学者的共识，例如，杜预《释例》认为：“国史承以书于策，而简牍之记具有失得，因示虚实。故《左传》随实而著本状，以明得失也。”刘知几《史通·申左》篇也曾说：“至于实录，付之丘明，用使善恶必彰，真伪尽露。”可见，重《左传》的学者都强调《左传》所书之事可以彰善恶、明得失，这其实也是宋儒提出“据事直书而善恶自见”的先导。

子专任私意，妄为褒贬！孔子但据直书而善恶自著。[1]

孔子作《春秋》，据他事实写在那里，教人见得当时事是如此，安知用旧史与不用旧史？……更圣人所书，好恶易自见。如葵丘之会，召陵之师，践土之盟，自是好，本末自是别。[2]

可见，朱熹意在表明，《春秋》只是因袭旧史而成，"当时事"人自可见得。在看到朱熹与苏辙两人对《春秋》性质的认识相近后，再分析苏辙的解经观点我们还可以发现两人对《春秋》解经方法的差异。前已言之，苏辙解经偏爱《左传》，但在解经过程中发生"至于孔子之所予夺，则丘明容不明尽"时，还"当参以公、穀、啖、赵诸人"，这实际上承认了《公》、《穀》等以例解经的合理性，这一点与朱熹格格不入。朱熹多次对以"例"解经之法加以批判，他说：

想孔子当时只是要备二三百年之事，故取史文写在这里，何尝云某事用某法？某事用某例邪？[3]

圣人光明正大，不应以一二字加褒贬于人。若如此屑屑求之，恐非圣人之本意。[4]

《春秋传》例多不可信。圣人记事，安有许多义例？如书伐国，恶诸侯之擅兴；书山崩、地震、虫、蝗之类，知灾异有所自致也。

或人论《春秋》，以为多有变例，所以前后所书之法

① （宋）黎靖德编：《朱子语类》，第2146页。
② 同上书，第2145页。
③ 同上书，第2144页。
④ 同上书，第2148页。

> 多有不同。曰："此乌可信！圣人作《春秋》，正欲褒善贬恶，示万世不易知法。今乃忽用此说以诛人，未几又用此说以赏人，使天下后世皆求之而莫识其意，是乃后世弄法舞文之吏之所为也，曾谓大中至正之道而如此乎！"①
>
> 《春秋》只是直载当时之事，要见当时治乱兴衰，非是于一字上定褒贬……今要去一字两字上讨意思，甚至以日月、爵氏、名字上皆寓褒贬。②

自孙复以来，宋代治《春秋》者皆难免陷于褒贬之争，对《春秋》之大义、圣人的蕴奥反而不去体悟。朱熹的上述看法是对诸多学者所坚守的《春秋》"义例"、"变例"的否定③。当然，他也并不是完全排斥义例，当有人向他问及《春秋》凡例时，朱子曰：

> 《春秋》之有例固矣，奈何非夫子之为也。昔尝有人言及命格，予曰："命格，谁知所为乎？"曰："善谈五行者为之也。"予曰："然则何贵？设若自天而降，具言其为美为恶，则诚可信矣。今特出于人为，乌可信也？"知此，则知《春秋》之例矣。④

这说明在朱熹看来，孔子并未预先设定了《春秋》的凡例、义例，这些"例"是由后人总结出来的，这一认识以今

① （宋）黎靖德编：《朱子语类》，第 2148 页。

② 同上书，第 2144—2145 页。

③ 用赵伯雄的话来说便是"学者应该从大的方面掌握《春秋》的精神"。赵伯雄：《春秋学史》，第 496 页。

④ （宋）黎靖德编：《朱子语类》，第 2147—2148 页。

天的学术眼光来看是合理的。

如所周知，《春秋》义例褒贬之说出自《公羊》家之后，《春秋》学者附会《左传》、《穀梁》皆有义例存焉，但同一义例在不同的场合往往遇到解释上的尴尬，于是，《公羊》家又有牵强之词：“《春秋》无达辞，从变从义。”① 即《春秋》之例要因时因地而变化，有所谓的“正例”与“变例”之分。胡安国对此说得也很明白：“《春秋》之文，有事同则词同者，后人因谓之例。然有事同而词异，则其例变矣。是故正例非圣人莫能立，变例非圣人莫能裁。”② 而《公羊》家及其后继的《春秋》学者之所以乐于附会《春秋》存在义例之说而不疲，很大程度上就是为了证明《春秋》非鲁史旧文，而是经过圣人的“笔削”，这种“笔削”便是《春秋》行文中的各种“例”，前述的赵匡、孙复、孙觉、刘敞等皆然，这也是众多学者煞费苦心地说明《春秋》非普通史官可修，而是“非圣人莫能裁”的圣典的原因。由于《春秋》经文本身简略，历代文献又没有明确记载孔子“笔削”《春秋》的过程，于是，一部《春秋》经文，何处是旧史，何处是经孔子“笔削”之文，后人无从知晓。因此，朱子所质疑的《春秋》义例“忽用此说诛人，未几又用此说以赏人”，便充分暴露了《春秋》义例在解经上的难以自圆之处，使得后人难以从《春秋》中区分鲁史原文与夫子笔削之处的差异，最终造成《春秋》难解，朱熹说：

其事则齐桓晋文，其文则史，其义则丘窃取之矣。看

① （汉）董仲舒：《春秋繁露》，中华书局 1975 年版，第 106 页。

② （宋）胡安国：《胡氏春秋传·明类例》，第 11 页。

来是写出鲁史，中间微有更改尔。某尝谓春秋难看，平生所以不敢说著。如何知得上面那个是鲁史旧文，那个是夫子改底字？若不改时，便只依鲁史，如何更作春秋做甚？①

也正因为如此，朱熹才对《春秋》褒贬义例反复致意。

以当下的学术眼光分析，《春秋》之义由《春秋》所载之“事”来呈现，当然较由义例解经更为合理、可靠。那么，舍弃“义例”又如何解经呢？朱熹继承二程之说，主张以“义理”统贯全经②：

问：《春秋》、《周礼》疑难？曰：此等皆无佐证，强说不得……不如且研穷义理，义理明则皆可遍通矣。③

凡观书史，只有个是与不是。观其是，求其不是；观其不是，求其是，然后便见得义理。④

所以，读史就得“观大伦理、大机会、大治乱得失”，若徒知读史而不以“义理”贯通之则必会就事论事，上升不到一个新境界。既然二程说先读《孟子》、《论语》之后才可读《春秋》，则朱熹所说的“大伦理、大机会、大治乱得失”等等，仍然是以儒家典籍为核心的“身心性命”之理。但朱熹

---

① （宋）黎靖德编：《朱子语类》，第855页。

② 《二程遗书》卷一五载：“学《春秋》亦善，一句是一事，是非便见于此，此亦穷理之要。然他经岂不可以穷？但他经论其义，《春秋》因其行事，是非较著。尝语学者，先读《论语》、《孟子》，更读一经，然后看《春秋》，先识得义理，方可看《春秋》。”

③ （宋）黎靖德编：《朱子语类》，第2148页。

④ 同上书，第196页。

还强调并非每个人都可以从“当时之事”解读出《春秋》所含之“义”来，还必须仰赖通达的眼光方可了然于心，假若“诸儒学未至”① 则仍会于《春秋》所书之事无所领悟。这用朱子的话说即为：“须是己之心果与圣人之心神交心契，始可断他所书之旨。不然，未易言也。”② 那么，怎样才能达到“学至”的标准，足以正确解经呢？朱熹进一步解释说：

> 问读《春秋》之法。曰：“无他法，只是据经所书之事迹，而准折之以先王之道，某是某非。某人是底，犹有未是处，不是底又有彼善于此处……只将自家平日讲明底道理去折衷看便见。如看《史记》，秦之所以失如何？汉之所以得如何？楚汉交争，楚何以亡？汉何以兴？其所以为是非得失成败盛衰者何故？只将自家平日讲明的道理去折衷看，便见。看《春秋》亦如此。只是圣人言语细密，要人仔细斟量考索耳。”③

原来朱熹所言“诸儒学未至”，便是前人不懂得将“先王之道”与“经所书之事迹”“折衷看”，所以才妄生条例曲说经义。“先王之道”指的应该是《春秋》之“义”，而“经所书之事迹”当指《春秋》所载之“事”，这既是对《春秋》“事”、“义”相融性质的暗喻，也是以“史”通“经”主张的明示。既如此，则“看《春秋》，且须看得一部《左传》首尾意思通贯，方能略见圣人笔削，与当时事之大意”④。即读

---

① （宋）黎靖德编：《朱子语类》，第2175—2176页。
② 同上书，第2154页。
③ 同上书，第1318—1319页。
④ （宋）黎靖德编：《朱子语类》，第2148页。

《春秋》“只如看史样看”[1]，从史学途径来研究义理。

由此可见，朱子所反复致意的“据事直书而善恶自见”，实际上是在解决《春秋》经解上一个长期存在争议的重大难题，即抛弃自“《春秋》学”产生以来就“习以为常”的以例解经之法，据何解经？杜预等《左传》学者将《春秋》视为史书，认为孔子遵周公遗制尚嫌不足，仍要宣称《左传》亦有“凡例”。《公羊》学家以孔子为“素王”，力倡《春秋》含有微言大义，实则为自身以义例解经旁借圣人之手。而朱子所论恰恰讽刺了前儒所争论的“周公遗制”和“素王立法”之说的无谓，因为这些争论只是不断地在回避问题而不是在解决问题，真正需要解决的难题是，《春秋》所蕴含的“事”和“义”之间到底是一种什么关系，或者说《春秋》所载之“事”如何表达了“义”。对此，吕大圭承袭朱子之意而说得更为详尽：

> 大抵《春秋》以事系日，以日系月，以月系时。事成于日者书日，成于月者书月，成于时者书时……假使某事当书月，而鲁史但书其时；某事当书日，而鲁史但书其月，圣人安得虚增甲子乎？是《春秋》不以日月为例也。《春秋》据事直书而善恶自见：名称爵号从其名称爵号，而是非善恶则系乎其文。非书名者皆贬，而书字者皆褒也……是《春秋》不以名称爵号为褒贬也。若夫因其所书月日之前后而知其是非，因其名称爵号之异而知其事实，则固有之矣。非圣人以是为褒贬也。[2]

---

① （宋）黎靖德编：《朱子语类》，第 2144 页。

② （宋）吕大圭：《春秋五论·论一》，文渊阁《四库全书》本。

吕大圭于这段文字中否定了《春秋》存有日月时例、书名例等，而坚信《春秋》因鲁史而书日月时与名称爵号，后人于经文中便可观善恶是非了。

作为朱熹后学，黄震是赞同朱熹对“《春秋》大义”的概括的，他将朱熹的“《春秋》大旨，其可见者：诛乱臣，讨贼子，内中国，外夷狄，贵王贱霸而已”一语附于其读《春秋》卷首的“褒贬”条目下。黄震认为治《春秋》者，当置其于春秋之世，“今惟以春秋之世，而求圣人之心，则思过半矣”。他认为孔子所以修《春秋》，在于当时“王纲解纽，篡夺相寻，孔子不得其位以行其权，于是约史记而修《春秋》，随事直书，乱臣贼子无所逃其罪，而一王之法以明。所谓拨乱世而反之正，此其为志”。同时，黄氏又援引孟子“其事则齐桓、晋文，其义则丘窃取之”一语，以证明《春秋》乃据实记事之书，《春秋》大义寓于史事之中。由此，他认为治《春秋》者，不宜凭借推测以获得经义，旧有凡例之说也不能尽为解说，“惟平心易气，随其事而读之”方可“善恶自见，而劝戒存”①，黄震又云：

> 自褒贬凡例之说兴，读《春秋》者往往穿凿，以求合其所谓凡例。又变移凡例以迁就其所谓褒贬，如国之有称号，书之所以别也；今必曰以某事也，故国以罪之。及有不合，则又遁其词，人必有姓氏，书之所以别也；今必曰以某事也，故名以诛之。及有不合，又遁其辞。事必有

① 钟肇鹏选编：《读书记四种·黄氏日抄》，北京图书馆出版社 1998 年版，第 590 页。

日月，至必有地所，此记事之常，否则阙文也；尽必曰以某事业，故致以危之，故不月以外之，故不日以略之。及有不合，则又为之遁辞。是则非以义理以求圣经，反以圣经释凡例也。①

黄震遍举《春秋》中种种凡例穿凿之处，认为若尽依褒贬之例解经，则最终导致“非以义理以求圣经，反以圣经释凡例也”。因为凡义例难通之时均“遁词”以释之，一部《春秋》经解则往往沦为解“例”之言了。吕大圭、黄震都在继续阐发朱子指出的《春秋》义例的穿凿矛盾之处，皆肯定孔子笔削之意乃存于其所直书之事中。因此，《春秋》的“事”和“义”在朱子等人看来是彼此联系的一个整体，“事”是理解“义”的演进理路，“义”则是孔子洞见当世、审思时事的卓见，这种卓见恰恰是孔子所寄寓的拯救乱世、实现治世的政治关怀，这也是孔子叙“事”的“前理解”。

言及此，可以肯定的是，朱熹、吕大圭、黄震等人反复诘难《春秋》义例的用意，只在于质疑解经者私意揣度经典的微言大义，而并非否定《春秋》中蕴含有微言大义，如前所述，朱熹所理解的《春秋》大旨是：“诛乱臣，讨贼子，内中国，外夷狄，贵王贱霸而已。未必如先儒所言，字字有义也。”这些“大义”又是如何获得的呢？朱熹说：

问读《左传》之法。曰：“也只是平心看那事理、事情、事势。春秋十二公时各不同。如隐、桓之时，王室新东迁，号令不行，天下都星散无主。庄、僖之时，桓、文

① 钟肇鹏选编：《读书记四种·黄氏日抄》，第414—415页。

迭霸，政自诸侯出，天下始有统一。宣公之时，楚庄王盛强，夷狄主盟，中国诸侯服齐者亦皆朝楚，服晋者亦皆朝楚。及成公之世，悼公出来整顿一番，楚始退去，继而吴、越又强入来争伯。定、哀之时，政皆自大夫出，鲁有三家，晋有六卿，齐有田氏，宋有华向，被他肆意做，终春秋之世，更没奈何。但某尝说，春秋之末，与初年大不同。”①

朱子所谓“诛乱臣，讨贼子，内中国，外夷狄，贵王贱霸”，便是《春秋》之“义”，这些“义”需要读者“平心看那事理、事情、事势”，即春秋时期的政治时势，而“事理、事情、事势”本身又是一组动态的概念，因此，就需要学者能理清事、理、势的基本内涵，并因时而异，只有具备这种通观全局的眼光，才能明白圣人于行文之处的深意，这样，也就无须纠缠于日月、名字、爵号等褒贬义例而自可领悟圣人之意了。

关于用通达的眼光解读《春秋》，吕大圭有更为详细的论述，他说：“读《春秋》者，先明大义，其次观世变。”这里，“世变”便是历史事实，要理解这些事实，需要先了解《春秋》大旨，即所谓“明分义”、“正名实”、“著几微”。何谓“世变”呢？吕氏说：

所谓世变者何也？春秋之始，是世道之一变也；春秋之终，是世道之一变也……隐公之初，平王之末年也。平王之始，不共戴天之仇未报，而其命文侯之辞曰：“汝

① （宋）黎靖德编：《朱子语类》，第2148—2149页。

多，修扞我于艰”，患已弭矣；“用赉尔秬一卣”，功已报矣；“其归视尔师，宁尔邦国”，无复事矣。即此一编而观之，已无复兴之望，而圣人犹不忍绝也，盖迟之四十九年而无复一毫振起之意，圣人于是绝望矣。由是而上则为西周，由是而下则为春秋，此独非世道一变之会乎！此《春秋》之所以始也。入春秋而楚始横，然犹时有胜负也，盖至于获麟之前后，而吴以被发文身之俗，偃然与晋侯伟两伯矣。入春秋而大夫强，然犹未至于窃位也，盖至于获麟之岁，而齐陈常弑其君，齐自是为田氏矣。在鲁则自季孙逐君之后，鲁国之政，尽在三家，而鲁君如赘旒矣。在晋则自赵鞅入绛之后，晋国之政尽在六卿，而赵籍、韩虔、魏斯为诸侯之渐已具矣。向也南蛮之交于中国者，其大莫如楚，而今也一望国东方之鲁，而奔走于偏方下国之越，以求自安矣。向也诸侯犹有伯，而今伯主不竞，而诸侯之争城争地者，日以扰扰，而无一息宁矣。故自获麟以前，其世变为春秋；自获麟以后，其世变为战国，此又非世道一变之会乎！是《春秋》之所终也。然不特此也，合《春秋》一经观之，则有所谓隐桓庄闵之《春秋》，有所谓僖文宣成之《春秋》，有所谓襄昭定哀之《春秋》……伯主之未兴，诸侯无所统也，而天下犹知有王，故隐桓之《春秋》各书王。伯主之既兴，诸侯有所统也，而天下始不知有王，故僖文以后之《春秋》，其书王者极寡……天下之有伯，非美事也；天下之无伯，非细故也。天下无伯而《春秋》终焉。故观隐桓庄闵之《春秋》，固已伤王迹之熄；观襄昭定哀之《春秋》，尤以伤伯业之衰。此特其大者耳，其他如荆人来聘，荆蛮之臣，始未有名字也，于后则名氏著于经矣。无骇挟卒，诸侯之大夫始未有书氏也，于后则有生而名氏著矣。始也诸侯盟诸侯，于后则大夫盟诸侯矣。始也诸侯自相盟，于后则大夫自相盟矣。始也诸侯僭天子，于后则大夫僭诸侯。始也大夫窃诸侯之柄，于后则陪臣据大夫之邑矣。会《春秋》一经观之，大抵愈趋愈下，愈久愈薄。溯之而上则文武成康之盛世，可以接尧舜之传；沿之而下，则七雄分裂之极，不至于秦不止。后只作编年通鉴者，托始于韩赵魏之为诸侯，其亦所以继《春秋》之后欤。学《春秋》者既能先明大义以究理之精，又能观世变以研事之实，则《春秋》一经，亦思过半矣。①

吕氏此处所说的“世变”实为朱子“事理、事情、事势”的具体展开，吕氏论述《春秋》世变的精彩文字，完全可以视为阅读《春秋》的入门篇章。只有掌握了隐桓庄闵、僖文宣成、襄昭定哀各个时期的不同“情势”，才能理春秋时期霸业兴衰、内篡外侵等事实。但若仅止于此，似乎《春秋》只是史学而已，实际上，只有凭借这些史实的理解，才能通向“明分义，正名实，著几微”之大旨，所以，理解“世变”是获得《春秋》大旨的必由之路。即便如此，吕大圭也没有完全抛弃“义例”，他提出《春秋》有“达例”及“特例”：

一因事实而吾无加损焉，此达例也，其或史之所无而笔之以示义，史之所有而削之以示戒者，此特笔也。元年春正月，此史之旧文也，加“王”焉，是圣人笔之也。

① （宋）吕大圭：《春秋五论·论四》。

中国之诸侯有葬，吴、楚君者矣，而吴、楚之君不书葬，是圣人削之也。①

吕氏所论并无新意，仍然是认为《春秋》中的文字有孔子“笔削”部分，从另一角度也可看出，《春秋》“义例”对历代学者影响至深。

小结　经世与借鉴：经、史之分的两难

《春秋》的经、史问题在宋代引起频繁的讨论，原因是多方面的。宋代儒者向来怀抱经世热忱，面对外夷环伺、纷扰不断的环境，国家政权的稳固受到强大威胁。宋儒亟欲寻求一个经世之大法，可以引领国家、社会、人心突破困局，他们坚信传统的经典中早已蕴含了治国平天下的理想和方法，可以垂法于万世。因此，五经之中的《春秋》特别受到宋儒的钟爱。《春秋》的经世特质，内夏外夷、尊王贱伯等主张似正相应于宋代时局，故多数儒者选择以《春秋》作为抒发理想抱负的依据。特别是孟子所言之“《春秋》成而乱臣贼子惧”，更是宋儒于《春秋》学中极力阐发的核心内容。因此，宋儒多认为《春秋》是经，便是想彰显《春秋》之义以裨益政教，而绝非于此一问题上与前儒争长短、较得失②。

---

① （宋）吕大圭：《春秋五论·论三》。

② 历代学者对《春秋》经、史性质的争论也很少是从学术角度与人争长短，较高下，大都于政治立场出发。章学诚曾做过总结：“经史者，古人所以求道之资”，“且古人之于经史，何尝有彼疆此界，妄分孰轻孰重……《通义》所争，但求古人大体，初不知有经史门户之见也。”（清）章学诚：《文史通义新编新注》，浙江古籍出版社 2005 年版，第 709、759 页。也就是说，六经本就是学者追寻古圣先贤描绘与践行的理想政治的途径，起初本无经、史之分。

如前所述，经、史自荀勖撰《中经新簿》始别为二途，但两者的区分也未完全绝对化，这从刘知几的《史通》中可窥一斑。刘氏将《尚书》、《春秋》、《左传》、《国语》、《史记》、《汉书》并列称为“六家”，同归于史，还以“惑经”为题，对《春秋》提出了“十二未谕”、“五虚美”的责难；反之，对于只是“传”的《左传》大加褒奖，分明是重“传”而轻“经”。从韩愈提出“《春秋》三传束高阁，独抱遗经究终始”（《寄卢仝》）的口号以后，经啖助学派及宋儒的发挥，《春秋》为经的地位才得到凸现并与史分道扬镳，且最终导致了“尊经轻史”观念的形成[①]，而这种重“义理”轻史实的观念是宋儒的普遍倾向。

这种倾向也直接影响了宋儒理解《春秋》兼具经史的特质，经史层级的区隔是宋儒无法规避的障碍，或许他们并无贬低史书的用意，但对史的理解仍停留在史事、史料的层面，而将义理的推展、借鉴作用全归于经。因此，史的地位也一直难以提升。因此也可以说，宋儒关于《春秋》性质的研究虽存在不同观点，但都是出于“经本史末”的立场，努力着眼于经书义理之展开。宋代《春秋》学的研究者，以为“史”只是人事及事实真相的呈现，只是寻绎经义的媒介；而“经”乃是为天道人事张法，重点在“义”。即使苏辙抑或朱熹，史学虽然在其经解中占有重要地位，但他们并不因此而排挤经

---

① 清代钱大昕曾谓：“自王安石以猖狂诡诞之学要君窃位，自造《三经新义》，驱海内而诵习之，甚至诋《春秋》为‘断烂朝报’。章蔡用事，祖述荆舒，屏弃《通鉴》为元祐学术，而《十七史》皆束之高阁矣……由是说经者日多，治史者日少。”（清）钱大昕：《廿二史考异》，中华书局1984年版，第885页。尽管钱氏将尊经卑史的根源追溯到王安石身上有失偏颇，但他对北宋后期史学衰微原因的分析还是有一定见解的。

学，使其失去原有的地位，因为经、史彼此相通而非对立。以史通经的最终结局虽然是将“史”作为理解经义的基础，但其所改变之处是在抛弃三传义例解经后，寻求经解的一条新途径。这一新途径实质上也为《春秋》经解打通了一条“突围”的路径，即学者不必再拘囿于义例之限，对义例之弊强为之辞，而尽可以依据“史实”来阐发经典大义。因此，以史通经之法并非是有一褒贬、义例之说在先，再以事例证成其说，而是将《春秋》所关注的事理、事势、世变等作为理解经义的基础。因此，以史通经并非是以史学研究代替经学思考，而是基于经、史各自的特性，在两者间寻找一条可以共通、共融进而可以相互启发的渠道。这也就是苏辙及朱熹在《春秋》经解问题上，先分经、史又合而视之的理由了。

这种先分经、史，又合而视之的做法在当时有其合理性，但亦非尽善。至少从汉代开始直至宋代，学者普遍纠结于《春秋》的性质之争，这其中主要的原因之一还是学术派别与门户之争，即各自的学术立场是产生各种主张的根源。虽然至啖助学派以至宋儒，他们绾合了《春秋》经、史两种性质，提出了因史制经、以史通经等诸多论断，给予影响《春秋》性质的“事”与“义”一个较为妥善的“对应”与“安置”①，因史制经与以史通经的最终用意，还是从“史”来推论“义”，如此，则经、史的地位自然有了上下的分判，也仍然

---

① 可以说，因史制经与以史通经并非是宋儒的“原创”，孟子早就将《春秋》分为文、事、义三层，若依啖助学派及宋人的观点，也可以将孟子的划分理解为《春秋》是在对“事”的记载中体现“义”，从这个意义上说，孟子之论当是“因史制经”的鼻祖；西汉董仲舒就曾一再转述孔子的“空言”不如“行事”“深切著明”一说，也就是指历史事实的展现更可以展现真理，这也和宋儒“以史通经”论中一再提及的“据事直书而其义自见”之说若合符节，但也不能据此而否定这两种被引申的观点在经解史上的地位。

会给后世重经轻史或重史轻经的学者以争论的口实，也意味着这个问题至宋代仍未圆满解决①。

清儒章学诚的相关言论，或许可作为此问题一个延伸的视角。章学诚对《春秋》性质的看法基本源自杜预，如其曾言："夫子尽周公之道而明其教于万世，夫子未尝自为说也。表章六籍，存周公之旧典，故曰：'述而不作，信而好古。'"② 这种说法受到了钱穆的批评③，但章学诚根据孟子对《春秋》文、事、义的划分来论述《春秋》性质，并非完全因袭杜预。他说：

> 孔子作《春秋》，盖曰其事则齐桓、晋文，其文则史，其义则孔子，自谓有取乎尔。夫事即后世考据家之所尚也，文即后世词章家之所重也，然夫子所取，不在彼而在此，则史家著述之道，岂可不求义意所归乎？④

虽然章氏自己的《文史通义》绝非类于《春秋》，但他效

---

① 从本文简略的论述中也可大致看出，《春秋》的性质在宋以后至清代乾嘉时期基本发生了一个根本性的逆转。此外，学术传承上的原因亦不可忽视。本文以大量篇幅赘叙先宋时期关于《春秋》经、史性质的讨论，从中可以看出，这一问题确实是《春秋》学史上一个重大的基础性问题。因此，宋儒于《春秋》学研究中对于这一问题给予了热切的关注，本身也是对学术史发展的必然结果。

② （清）章学诚：《文史通义新编新注》，第100页。

③ 钱穆说："于是所谓六艺王官之学，只说成是周代的王官之学，只说成是周代的王官学，这在章学诚首阐此说，已成为发明了千载未发之创见，其实他也还是沿袭杜预说法，把孔子《春秋》也仅当一部历史书看了"。钱穆：《两汉经学今古文平议》，商务印书馆2005年版，第286页。

④ （清）章学诚：《文史通义新编新注》，第250页。以此观之，章学诚对"史意"的强烈十分明显，因而有学者直称其学为是"尚意史学"。参见廖晓晴《史林巨匠：章学诚与史著》，辽海出版社1997年版，第156—161页。

仿《春秋》著述之道求“义意之所归”，也就是重视史意。章学诚一再强调：“史所贵者义也，而所具者事也，所凭者文也。”[①] 可见，在章氏看来，史学也可以统合义、事、文，而这个经学家眼中的“义”，在他看来就是“善善而恶恶”的“著书者之心术”[②]，亦即史家著史的哲学思想与道德标准，这便是章氏所总结的“史义”。这种“史义”才是影响史家选材以建构历史的内在标准。章氏特别推崇孔子作《春秋》以“义”贯通之笔法，他认为：“事即后世考据家之所尚也，文即后世辞章家之所重也。”只有“史义”才是夫子所取，也才是“史家著述之道”[③]。从章氏的意见中可以发现，即便视《春秋》为史书，后人仍然可以凭借其文、其事以寻其义，这与宋儒因史制经、以史通经的不同在于，章氏彻底泯除了经、史之分[④]，认为史书既可以传“事”亦可传“义”。这种认

---

① 如《文史通义》内篇《言公伤》还说道：“载笔之士，有志《春秋》之业，固将惟义之求，其事与文，所以藉为存义之资也……作史贵知其意，非同于掌故，仅求事、文之末也……此则史氏之宗旨也。苟足取其义而明其志，而事次文篇，未尝分居立言之功也。”《浙东学术》篇又谓：“三代学术，知有史而不知有经，切人事也；后人贵经术，以其即三代之史耳。近人谈经，似于人事之外别有所谓义理矣。”王东先生对此评论道：“经书的思想要义并不是抽象的、虚玄的，而是具体的、实在的，它总是落实到‘人事’的方面，正因为如此，经学也就是史学。”这个评价虽然是就经学与史学的整体联系而言，但同样也适合《春秋》经、史关系的辩证逻辑。参见钱茂伟、王东《民族精神的华章：史学与传统文化》，北京图书馆出版社 2004 年版，第 67 页。

② （清）章学诚：《文史通义新编新注》，第 265、266 页。

③ （清）章学诚：《文史通义新编新注》，第 250 页。关于章学诚“史德”、“史义”等相关研究颇多，此处只是转述相关内容以作结语，故不再展开。

④ 章学诚对《春秋》性质的看法虽然基本源自杜预，不过，章学诚在此时将六经视为史书具有着非同寻常的“历史意义”，可参阅路新生《“古”、“今”之变与经、史消长：晚清一种文化现象的透视》，《经学的蜕变与史学的“转轨”》，上海古籍出版社 2006 年版，第 124 页；刘巍《章学诚“六经皆史”说的本源与意蕴》，《历史研究》2007 年第 4 期。

识，在方法上破除了对经典圣化造伪的种种唯“心”主义谬论，也在观念上破除了传统的经、史习见，在实践上，更为《春秋》学的学风起到了纠偏补弊的廓清。

第三章　宋代《春秋》学中的王霸之辨

“王”、“霸”并立是春秋时期最主要的政治现象，后起之儒在讨论之时渐渐将“王”、“霸”的理解延伸至治国方式上。由此，“王霸”便成为“王道”、“霸道”的简称。其中，王道是指君主以仁义道德为治国之道，后来泛指古圣先贤的治国理念或古时已经存在的理想社会制度的概括①，且“战国儒家所说的王道，首先是往古圣王遗法，行王道就是效法先王；其次是以仁义服天下之道，亦即所以成王之道”②，因此，“义立而王，信立而霸”（《荀子·王霸》），王道的最重要特征便是

① “王道”一词最早见于《尚书·洪范》，《洪范》九畴的第五畴“皇极”专论王道，例如王道的内容、作用、意义、原自问题等等。其文曰：“无偏无陂，遵王之义；无有作好，遵王之道；无有作恶，遵王之路。无偏无党，王道荡荡；无党无偏，王道平平；无反无侧，王道正直。会有其极，归有其极。”但是，“在中国历史上，最先把王与霸作为不同的政治路线概念而使用的是孟子”。刘泽华：《中国古代政治思想史》，南开大学出版社 1992 年版，第 856 页。迄今以笔者所见，陈桐生对“王道”含义的概括较为完整：“所谓王道，是儒家学派对上古三代帝王政治的概括，它是一个内涵极为丰富的概念，包含礼乐教化、天下一统、君臣纲常等多方面的内容，但它的核心则是仁民爱物的德治精神。”陈桐生：《中国史官文化与〈史记〉》，汕头大学出版社 1993 年版，第 49 页。

② 孙晓春：《王霸义利之辨述论》，《吉林大学社会科学学报》1992 年第 3 期。该文还详细论述了传统儒家信守仁义德教能够王天下的原因，王霸之辨的意义和局限等。

以仁义施行统治。与王道相对的是“霸道”，其表现是以刑名法术治国。

宋人也有不少谈王、霸者，如朱熹与浙东事功学派的代表人物陈亮，便曾围绕三代与汉唐的评价等问题展开过王霸之辨的讨论，而《春秋》学中系统探讨王、霸的专论则至今阙如。由于《春秋》学自身的知识与诠释背景，我们必然要添入符合这一知识与诠释背景的因素，即一方面要关注宋代《春秋》学是如何将“王霸”问题与传统的“义利”、“天理人欲”等内涵发生联系等；另一方面要关注社会政治活动中的学术倾向如何影响经学解释，例如王安石变法，备受宋儒诟病，由变法所引起的义、利之争由于增加了政治立场与个人意气之争等原因，最终偏向于取义而舍利但王安石接续孟子心性论的观点阐发王、霸，却在学理上为宋儒所广泛接受，也基本奠定了宋代《春秋》学中王霸之辨的主要基调。

第一节　心术之异论王霸

孔子虽然没有明确指出王、霸异同，但曾说过“齐一变，至于鲁，鲁一变，至于道”[①]，“如有王者，必后世而仁”[②]等，其中似已隐寓由霸进而为王之渐变过程。因此，孔子对春秋时期的霸主并未予以深责，他称许齐桓公“正而不谲”[③]，

---

① （宋）朱熹：《四书章句集注》，第 90 页。对于此说，程子曰：“夫子之时，齐强鲁弱，孰不以为齐胜鲁也，然鲁犹存周公之法制。齐由桓公之霸，为从简尚功之治，太公之遗法变易尽矣，故一变乃能至鲁。鲁则修举废坠而已，一变则至于先王之道也。”

② （宋）朱熹：《四书章句集注》，第 144 页。

③ 同上书，第 153 页。

已经有从“心术”上分辨王霸的意味了。孟子十分赞同孔子对霸主“谲”与“正”的评价,曾言:

> 以力假仁者霸,霸必有大国;以德行仁者王,王不待大,汤以七十里,文王以百里。以力服人者,非心服也,力不赡也;以德服人者,中心悦服而诚服也,如七十子之服孔子也。《诗》云:“自西向东,自南向北,无思不服”,此之谓也。①
>
> 尧舜,性之也;汤武,身之也;五霸,假之也。②

孟子强调王者以道德服人才能令人心悦而诚服,他贬斥漠视礼制崇尚武力而兴起的霸主。所谓道德必由内心而发,因此,王者以仁心为本才是真正的王道。在孟子的思想中,强调“先立乎其大”,说明心的重要性,若人能先修养其仁心,如此外在感官方不被利益所诱惑。且孟子一再强调五霸“假”之,即暗指五霸动机不纯,非真有仁义之心。可见,以“心术”辨析王霸早在先秦已肇其端③。

身为“宋初三先生”之一的孙复是北宋前期著名的《春秋》学者,所著《春秋尊王发微》一书,从书名便已揭橥全书以阐释“尊王”为第一要义。在这一要求下,作者并不贬抑霸主:

---

① (宋)朱熹:《四书章句集注》,第235页。

② 同上书,第358页。

③ 在宋代,围绕孟子的王霸之辨,在李觏、王安石、司马光、苏辙、陈亮、朱熹、张九成、张栻之间曾发生反复的争辩。黄俊杰强调:“只有孟子才从具体历史经验提炼王道政治的理想,而认为‘王’与‘霸’是本质不同的政治。”参见黄俊杰《中国孟学诠释史论》,社会科学文献出版社2004年版,第128页。

> 威公（桓公）图伯，内帅诸侯，外攘夷狄，讨逆诛乱，以救中国。经营驰骤，出入上下三十年，劳亦至矣。然自服强楚，其心乃盈，不能朝于京师，翼待天子，兴衰振治，以复文、武之业。前此五年，致王世子于首止，今复致宰周。公于葵丘，观其心也盈已甚矣！孟子称“五伯，威公为盛”，葵丘之会，诸侯束牲，载书而不歃血，初命曰：“诛不孝，无易树子，无以妾为妻。”再命曰：“尊贤育才，以彰有德。”三命曰：“敬老慈幼，无忘宾旅。”四命曰：“士无世官，官事无摄，取士必得，无专杀大夫。”五命曰：“无曲防，无遏籴，无有封而不告者。”岂美威哉？盖疾当时诸侯有所激而云尔。故曰：“五伯者，三王之罪人也；今之诸侯，五伯之罪人也；今之大夫，今之诸侯之罪人也。”此葵丘之盟，威公之恶，从可见矣。①

向来尊崇孟子的孙复②，此处主要取“天子讨而不伐，诸侯伐而不讨”之精神以批评霸主僭越之举。孙复肯定霸主“内帅诸侯，外攘夷狄，讨逆诛乱，以救中国。经营驰骤，出入上下三十年”的不朽之功，认为其“劳亦至矣”，但齐桓公在服楚后“其心乃盈”，即渐生自满之心，不再履行诸侯朝王、翼待天子之责任，也无辅助王室中兴的愿望，而是自行大会诸侯，其骄奢之心已经使其忘记自己的诸侯身份，可见，心术是霸业是否值得期待的重要标准。又如对齐桓公灭遂一事，

---

① （宋）孙复：《春秋尊王发微》卷五。

② 孙复曾言：“孔子既没，千古之下，攘邪怪之说，夷奇险之行，夹辅我圣人之道者多矣，而孟子为之首。”又言：“复，学孔孟而希孟者也。”（宋）孙复：《孙明复小集·兖州邹县建孟庙记》。

孙复论道：

> 威公贪土地之广，恃甲兵逼胁，以强制诸侯……有弗狥者，小则侵之、伐之，甚则执之、灭之，其实假尊周之名以自封殖尔，故次年灭遂。[①]

孙复认为齐桓公以甲兵威凌诸侯，稍有悖逆则以尊周之名侵之、伐之，实则扩张自己的疆域，此说虽仍以讨论霸主之功为前提，但已经具有“动机论”的意味。

孙复于《春秋》学中以“心术”探讨“王霸”问题仅仅具有萌芽性质，当王安石开启心性内涵的肇机后便湮没无闻了。对此钱穆曾有过评论，他认为王安石对“王霸”之辨有一套新颖而深刻的见解[②]，对宋儒思想的发展有很大贡献，因为“这一分辨，撇开了政治，直论其心术……他把心术政术绾合到一起，修身正心与治国平天下一以贯之，这一说，遂为以后学者所遵循”[③]。而这一学术贡献与王安石主持变法而引起的政治史和学术史的巨大变动密切相关。王安石曾撰《王霸》一文专意辨析王霸，其文首篇即言：

> 仁义礼信，天下之达道，而王霸之所同也。夫王之与

① （宋）孙复：《春秋尊王发微》卷三。

② 钱穆：“荆公思想，对当时有大贡献者，举要言之，凡两项。一为王霸论，二为性情论。王霸之辨原本孟子，但荆公别有新创。荆公谓王霸之异在心，其心异则事异，其事异则其功异。所谓心异者，王者其心非有求，为吾所当为而已。故王者之为之于此，不知求之于彼。霸者之心为利，而假王者之道以示其所欲。其有为也，惟恐民之不见而下之不闻。此项辩论，推衍为以后之辨义利。”钱穆：《中国学术思想史论丛》，三联书店 2009 年版，第 6 页。

③ 钱穆：《宋明理学概述》，九州出版社 2010 年版，第 16—17 页。

霸，其所以用者则同，而其所以名者则异，何也？盖其心异而已矣。其心异则其事异，其事异则其功异，其功异则其名不得不异也。王者之道，其心非有求于天下也，所以为仁义礼信者，以为吾所当为而已矣。以仁义礼信修其身而移之政，则天下莫不化之也。霸者之道则不然：其心未尝仁也，而患天下恶其不仁，于是示之以仁；其心未尝义也，而患天下恶其不义，于是示之以义；其于礼信，亦若是而已。是故霸者之心为利，而假王者之道以示其所欲，其有为也，唯恐民之不见而天下之不闻也。故曰，其心异也。①

王安石此论点出王与霸之别就在“心异”，“心异”则“事异”，“事异”则“功异”，“功异则其名不得不异也”。可见，“心异”是引起所有变化的源头。具体言之，如仁义礼信，王者以所当为而为，因而自然行仁义之治；而霸主唯恐天下万民指责其不知仁义，于是假借王道而逞其私欲并以此博得世人称赞。王安石发挥了孟子的议论②，于宋儒中首揭“心术”为王霸判准的观点，认为“王者之道”是真正的仁、义、礼、信之道，“霸者之道”则是虚假的③。

为了阐释明白，王安石举例云：

① （宋）王安石：《王安石全集》，第 243 页。

② 王安石深受孟子影响，这在当时与后世基本都是公认的看法，参见夏长朴《李觏与王安石》，《王安石思想与孟子思想的关系》，大安出版社 1989 年版，第 178—186 页。

③ 王安石既以“心术”辨王、霸，那么其言之“心”又当何指？王安石曾在嘉祐六年（1061）知制诰，即以此作为对仁宗心术的期许，其于《上仁宗皇帝言事书》亦三度提及此语，此外，《拟上殿劄子》、《提转考课敕词》、《详定十二事议》都有踪迹可寻。

齐桓公劫于曹沫之刃而许归其地。夫欲归其地者，非吾之心也，许之者，免死而已。由王者之道，则勿归焉可也，而桓公必归之地。晋文公伐原，约三日而退，三日而原不降，由王者之道，则虽待其信于民者也。凡所为仁义礼信，亦无以异于此矣。①

齐国侵占了鲁国许多领土，鲁国将军曹沫在齐鲁柯地会盟后的宴会上，以利刃威胁齐桓公归还鲁国土地，齐桓公被迫应允。桓公回齐国后本想毁约，因管仲之劝，患天下恶其不信，最终还是践行了诺言。由于曹沫的做法偏激，王安石认为不归还鲁国领土才是王者之道；晋文公讨原，虽然实现约定三日而还，但即使三日未能攻下，若依王者之道“则虽待其降焉可也”。王安石此论正确与否暂且搁置，但从中可见王安石在把主观动机“心”作为“王”、“霸”根本界限上是毫不动摇的。当然，这种做法也就失去判别真假仁、义、礼、信的客观标准，他判断真假仁、义、礼、信是主观的。这就使他能够借口动机不纯，沽名钓誉等，把齐桓、晋文恪守信义的行为，贬低为虚伪的信义，相反他也可借口动机纯正，把背信弃义的行为美化为真正的坚守信义。

庆历以后，刘敞是与王安石交往甚密的《春秋》学名家②，刘氏解经不泥旧训，常常改经就义又多能自出新义，在以“心性”辨王、霸的观点上与王安石亦近似，刘敞十分明确地将王、霸对比的差异置于“心”上：

---

① （宋）王安石：《王安石全集》，第243页。

② 赵伯雄：《春秋学史》，第436页。

> 仁义礼智信五者，伯王之器也，爱之而仁、利之而义、严之而礼、谋之而智、示之而信之谓伯。仁不待爱、义不待利、礼不待严、智不待谋、信不待示之谓王。王者率民以性者也，伯者劝民以情者也。性者莫自知其然，情者如畏不可及。王者百年而立，百年而备，百年而裕，百年而衰，百年而踣，有过之矣。伯者十年而立，十年而备，十年而裕，十年而衰，十年而踣，有不及矣。①

刘敞认为王者之政本无所求乃自然而是；而霸者本无仁、义、礼、智、信五常，只因有利可图，遂以之为谋求霸政之“器”。可见王、霸差别仍在动机上，仁义便亦有真假之分，这与王安石的看法实为异曲同工，只不过刘敞以“性”、“情”为区分显得较为含蓄而已。又如在解说“齐人伐山戎”时，刘敞说：

> 桓公之威，行乎天下，天子不能制矣。如是而又越境以伐山戎，诸侯震恐。其重过于万乘，乃沛然自得，矜功而语受命，此君子所恶也，故贬而人之……今以桓公之内行不修而多大功，将有非望之图，何若哉?②

于此条，《榖梁传》以为善齐桓公救燕以通贡职，《公羊传》以为讥桓公勤远略，故贬之称人；而刘敞却明确从尊王

① （宋）刘敞：《公是先生弟子记》，华东师范大学出版社 2010 年版，第 12 页。

② （宋）刘敞：《春秋意林》卷上。

之义入手，认为《春秋》因桓公“内行不修而多大功”，“故贬而人之”。这里，霸主不追求心性道德的“内行修为”而越境攻伐，之后又自诩“受命”，其“沛然自得”与“矜功”的假仁义暴露无遗。

刘敞之后的理学名家程颢、程颐将“王道”内涵的规定性概括为一个“公”字，“公”即“各正其性命而不妄”，“使各得其宜”①，“公”即“中”，“中”即不偏不倚之心。二程对王、霸的分别是：“王者奉若天道，动无非天者，故称天王，命则天命也，讨则天讨也。尽天道者，王道也。后世以智力把持天下者，霸道也。”② 王道是替天行道，霸道是为私而力征天下。圣人于天下“行一不义，杀一不辜，有所不为。有分毫私，便不是王者事”③。可见，“替天”与否正是王、霸心术的差异所在。程颐继而在评论春秋时期的霸主说：

> 晋文公谲而不正，齐桓公正而不谲。此为作《春秋》而言也。晋文公富有勤王之心，而不知召王之为不顺。故谲掩其正。齐桓公伐楚，责包茅，虽其心未必尊王，而其事正。故正掩其谲。孔子言之以为戒。④

晋文公虽以勤王为名而以臣召君，齐桓公假王命而征伐夷狄，虽然他们的事功值得称道，但始终掩盖不了行为中的“谲”，所以仍然受到圣人贬斥。此处，程颐以霸主尊王的动机来划分“正”与“谲”，正是从心术之异论述王霸之别的明

① （宋）程颢、程颐：《二程集》，第1103页。

② 同上书，第1243页。

③ 同上书，第77页。

④ （宋）程颢、程颐：《二程遗书》，上海古籍出版社2000年版，第387页。

显例证。

此外，程颢还于熙宁元年上《论王霸札子》说：

> 得天理之正，极人伦之至者，尧、舜之道也；用其私心，依仁义之偏者，霸者之事也。王道如砥，本乎人情，出乎礼义，若履大路而行，无复回曲。霸者崎岖反侧于曲径之中，而卒不可与入尧舜之道。故诚心而王则王矣，假之而霸则霸矣，二者其道不同，在审其初而已……故仲尼之徒无道桓、文之事，而曾西耻比管仲者，义所不由，况下于霸者哉？①

这是熙宁二年（1069）程颐所上的奏疏，文中以尧舜之道为王道至公的最高体现，正如行于大道坦途；霸者之事只是用其私心而已，如同辗转于曲径之中。因此，王霸之别最终还是在于"审其初"——心术而已。文下又说："苟以霸者之心而求王道之成，是衒石以为玉也。"此处明确宣称以霸者之心终难成就王道大业，道出了心术在通向王者之政中的关键作用。因此，从某种意义上说，王道原则正是通过与霸道的差异凸显出来的。在实践上，霸道表现为自私用智，将仁义等作为政治工具，通过各种技术手段推行己意。"王道"、"霸道"之别不在具体的"治术"层面，而在"本"的层面，即"王者"之"心术"如何，君主、朝廷所持的政治理念为何：是奉"大公无私"之"天道"，反身而诚，发政施仁，还是行仁

① （宋）程颢、程颐：《二程集》，第450页。朱熹于《近思录》卷八《治国平天下之道》中称赞说："自古论王霸，至明道先生此札，无余蕴矣。"

政以利一家一姓社稷长久之私[①]。假“仁”行“霸”是秦汉以后最根本的谬失，欲行新政就要从此根本处下手。元祐初年，司马光、吕公著等推荐程颐任崇政殿说书，就是希望其能“格君心之非，正心以正朝廷，正朝廷以正百官”[②]，实现“引君当道，君正而国定”[③] 的政治理想。

南宋吕祖谦的王霸之论在总体上也沿袭了王安石的观点。他认为霸者之出，不但与时代环境紧密相关，而且最明显地体现在两者处事动机之中，即所谓“春秋霸者之尊王，皆非其本心。盖必有所为而然，初不知君臣之大义”[④]。霸主尊王是别有所图而并非出于诚心，因为“大抵霸者本心，只在于强国，初无诚心为天下赏善罚恶。其所以赏有功，罚有罪，不过假此以济霸业耳。至于事有不可掩者，不得已而兴师讨罪，若其可以苟免，便因循卤莽过了，初不曾有为天下讨乱臣贼子之诚心”[⑤]。霸主之所以有尊王的举动，都是为了实现自己的霸业，只有天下无王之举昭然难掩之时，才“不得已”兴兵讨伐，此语可谓是对霸主心态的直接揭露。其云：

> 大抵王霸之分，王以德，霸以力。以德为尚，则终始如一；以力为尚，未有始盛而终不衰者。方霸者之盛时，如葵丘之会、践土之盟，诸侯见势力之盛，莫敢不赴，其

---

① 程颐的《代吕公著应诏上神宗皇帝书》基本思想与程颢一致，他要求宋神宗从四个方面进行自我反省，即省己之存心、考己之任人、察己之为政、思己之自处。所谓省己之存心，也就是反省执政的指导思想，检讨内心深处的政治观念。《二程集》，第530页。

② （宋）程颢、程颐：《二程遗书》，第165页。

③ 同上书，第212页。

④ （宋）吕祖谦：《吕祖谦全集》第七册，第49页。

⑤ 同上书，第88页。

> 功之可喜若胜于王。及至末年，势力之衰，身未及死，役人已有登邱之呼，文公亦有卫侯不朝之事，以此始信力之终不如德也。①

王霸“心术”不同，表现在外的事功影响就有差别，或“始终如一”、或“身未及死，役人已有登邱之呼”，以此知“力之终不如德”。

具体到《春秋》经解中，例如对于“王使富辛如晋请城成周”一事，吕氏论曰：

> 自周之衰，五霸扶持王室固是无诚心，欲借王室以求宠于诸侯。何故到春秋之末，虽五霸亦无，尚有王泽未尽？略知有王室在。到得王泽欲尽，仅有毫发之存，王不能因此振奋，再张王室。此一段事以略言之，做一番便不管，所以谋“虽有后事，晋勿与知可也”。晋一国之心如此。若以天下大势论，见得周所以不复振处。何故？当时人心，九分在私，止有一分在王室，以一分做十分事，为周城了，事王室之心便亡。盖缘此一番用尽，岂特范献子、魏献子之过？为周王者所当增修国政，保护爱养，生起诸侯尊王之心。反不审天下之大势，令城其城，诸侯尊王室之心皆亡。此周所以衰。②

周纲废弛后，五霸只是借王室以固已位，并非诚心扶持王室。此时人心只有一分在王室，加之周王无振奋再张王室之

---

① （宋）吕祖谦：《吕祖谦全集》第七册，第48页。

② 同上书，第179页。

意，且不能审时度势以收揽诸侯之心，使诸侯仅存的尊王之心亦渐渐消亡，此为周室衰败之由。

霸主无心扶持王室，却汲汲于对“名”的追求，吕氏举例云：

> 王者之所忧，伯者之所喜也……王者忧名，伯者喜名。名胡为而可忧耶？不经桀之暴，民不知有汤；不经纣之恶，民不知有武王。使汤、武幸而居唐、虞之时，无害可除，无功可见，汤自汤，武自武，民自民，交相忘于无事之域，则圣人之志愿得矣。功因乱而立，名因功而生，夫岂吾本心邪……伯者之心异是矣。王者恐天下之有乱，伯者恐天下之无乱。乱不极，则功不大；功不大，则名不高。将隆其名，必张其功；将张其功，必养其乱。①

王者与霸者之别在于所欲不同，王者忧名而霸者喜名。王者所欲乃是天下晏然太平，不求名望、声誉之与日俱长，播及天下；而霸者则恐天下之无乱，因乱不极则功不大，功不大则名不高，名声之建立正在于除暴平乱之中，无暴乱则名声无法显赫。王者之夙愿为“与斯民相忘于无事之域”；霸者则盼，人民处于“暴”、“恶”之煎熬中，己方能解民于倒悬。可知王者为民而霸者为己，因而王者高于霸者。

吕祖谦还列举了霸主为“邀名”而不择手段的事例，例如闵公二年“齐侯戍曹迁邢封卫”、僖公二年“诸侯救邢”两件事。狄人攻灭邢国，两年后齐国才把邢国迁到夷仪。狄人灭卫，也是在两年后齐国才把卫国复立于楚丘。那么，齐桓公抚

---

① （宋）吕祖谦：《吕祖谦全集》第六册，第208—209页。

恤邢卫两国一定要在其遭受灾难之后，这是为何呢？吕氏分析霸主的深刻用意：“齐桓之心，以为当二国之始受兵，吾亟攘夷狄而却之，则亦诸侯救灾恤邻之常耳。其迹必不甚奇，其事不甚传，其恩必不甚深，曷足以取威定伯哉！”[①] 霸主为了取得威信，不在诸侯国遭遇狄人进攻之时击退敌人，而是选择事后救济，就是为了让自己的声名远扬，让诸侯感激恩惠。“向使绝之于萌芽，则名安得如是之著耶？”如果在祸乱的潜伏期就去铲除，哪里有事后显著呢？因此，吕氏对齐桓公之举斥责道：

> 邢、卫之难，曰君曰卿曰士曰民，肝脑涂中原，膏液润野草，苟仁人视之，奔走拯救，不能一朝居也。今齐桓徒欲成区区之名，安视其死至于二年之久，何其忍耶！长人之乱而欲张吾之惠，多寇之虐而欲明吾之勋，是以万人之命而易一身之名也。是诚何心哉？[②]

当两国发生祸乱的时候，天下之人都欲前去拯救，齐桓公为了成就自己的一点名声，竟安然地看着人民挣扎了两年之久，这是在助长别人的祸乱来尊显自己的恩惠，增加敌寇的残虐来彰显自己的功勋。吕氏的分析缜密精到，让霸主喜名之心无所遁形。也正因为霸主无道，所以为君者更应以王道自期。王者若能以王道自期，虽不得必不远矣。因此吕祖谦言道：

> 天下之为治者，未尝无所期也。王期于王，霸期于

① （宋）吕祖谦：《吕祖谦全集》第七册，第209页。
② 同上。

霸，强期于强，不有以望之，孰得而射之；不有以望之，孰得而趋之。志也者，所以立是期也；动也者，所以赴是期也；效也者，所以应是期也……期固为治之先，亦或为治之害，自期于强者，至强则止。欲挽之使进于霸，不可得也。自期于霸者，至霸则止，欲挽之使进于王，不可得也。何者？其素所期者，止于如是也。①

这段话强调王道、霸道均可期，而作为人君当立大志，期于王道，不能至于霸道则止，因为谋求王道的愿望乃是达至治世的先决条件，即“期固为治之先”，有了王道之“期”，则王道可致；若无王道之期或沦为“治之害”，因为“自期于霸者，至霸则止，欲挽之使进于王，不可得也”。王道在理学家的心目中是至治之世，因此，君主应当时刻以“王道”之业自期。

朱熹虽无《春秋》学的专文，但由于对“王霸之辨”亦甚措意，因此，亦有从“心术”层面论及王、霸的文字传世，他说：“霸者，以私心感人，便要人应。”“如王者”，则“无所私系”②，朱子还具体分析了霸主“假仁”的实质：

彝叟问：“‘行仁’与‘假仁’如何？”曰：“公且道如何是‘行仁’、‘假仁’？”曰：“莫是诚与不诚否？”曰：“这个自分晓，不须问得。如‘由仁行义，非行仁义’处却好问。如行仁，便自仁中行出，皆仁之德。若

① 转引自潘富恩、徐余庆《吕祖谦评传》，南京大学出版社 1992 年版，第 447 页。

② （宋）黎靖德编：《朱子语类》，第 1816 页。

> 假仁，便是恃其甲兵之强，财赋之多，足以欺人，是假仁之名以欺其众，非有仁之实也。故下文言‘伯必有大国’，其言可见。”又曰：“成汤东征西怨，南征北怨，皆是拯民于水火之中，此是行仁也。齐桓公时，周室微弱，夷狄强大，桓公攘夷狄，尊王室，‘九合诸侯，不以兵车’。这只是仁之功，终无拯民涂炭之心，谓之行仁则不可。”①

很明显，霸主尽管尊王室、攘夷狄，但充其量只是外在的“仁之功”，由于没有拯民于涂炭之心，所以与王道的行仁终究有差异。张洽继承了乃师以心术论王、霸的观点，且其于《春秋》学中坚持“据事直书而其义自见”的解经原则，论述霸主的心迹大多凭借叙述其事来展现，例如庄公十年“冬十月，齐师灭谭”，张洽解云：

> 齐侯之出也。过谭，谭不礼焉；及其入也，诸侯皆贺，谭又不至。冬，齐人灭谭。是以私忿灭人之国也。昔者汤一征自葛始天下信之，为匹夫匹妇复仇也，岂为己私忿哉！欲知王霸之分无他，公与私之间尔。②

圣王灭人之国是为“匹夫匹妇复仇”，而齐侯灭谭只是为了发泄私忿。《春秋》于灭人之国者多有贬斥，何况以私忿而轻灭之？类似事件还出现在“僖公二十八年，夏四月己巳，晋侯、齐师、宋师、秦师及楚人战于城濮，楚师败绩”，张洽

---

① （宋）黎靖德编：《朱子语类》，第 1277 页。

② （宋）黄仲炎：《春秋通说》卷三。

解云：

> 文公欲霸天下，以为楚不大创不足以定霸，故战而胜楚以取威而后霸业定。当是时楚为齐宋二国之患，救之宜也。然文公出亡之时，见礼于齐宋二国，而过卫与曹皆不礼而见辱，故其救患之心止在于报施曹、卫二国负不礼之罪而与楚，非如鲁与陈蔡有附楚围伐中国之罪也。文公欲虐曹、卫以报怨，且致楚与战以取威乃不许卫盟，使卫出其君执曹伯以快宋人之心，因激楚人之怒而使之不得不战，以取一胜之功，其救患取威皆谲而不正之事，虽楚自是大创而行不义、杀不辜亦已多矣，故贱楚而称人以深恶之，书晋侯主是战，诛文公之心也。[①]

齐桓、晋文图霸，均须内帅诸侯而外攘强楚。张洽认为晋文公欲重挫强楚以立霸业的努力方向是正确的。此时正值楚国围宋而宋向晋求救，晋文公身为霸主，有扶弱抑强的职责。但是，晋文公早年出亡在外时，途经齐、宋二国受到礼遇，而在卫、曹两国受辱。因此，当晋国强大，文公主政后，卫、曹两国为求自保而附楚。晋文公此次伐楚只是为了惩罚曹、卫昔日对自己的侮辱，而不是因为它们像陈、蔡等国有附楚围伐中国之罪。更有甚者，晋文公攻下了曹国并将曹共公交给宋人以快宋人之心；他还拒绝了卫国的求盟，这使卫君欲附楚而国人不许，欲与晋和而遭惧，最后无奈奔楚。张洽在叙述晋文公这些事迹后，认为《春秋》此处书“晋侯”就是为了“诛文公之心”，以讥讽霸主救患取威的事业“皆谲而不正”。

---

① （宋）黄仲炎：《春秋通说》卷三。

明儒吕坤曾说："王霸以诚伪分，自宋儒始。"① 而经由上文的讨论可知，宋代王霸思想的心性论观点，实由王安石发端并着重于对"心术"的考量。王安石继承孟子之说深化了以"心术"辨王霸的内涵。他视君主为天下教化的榜样，并力图敦促其实现"一道德"的理想。他提出"至诚恻怛之心"作为君王心术的理想。其后的变法活动中，虽然各派力量相互攻讦，但在对君主的期许上却并无重大差异。在宋代整个学术风向"内倾"的大背景下，《春秋》经解中也进行了以"心术"探讨王霸之辨，宋儒借春秋霸主之行事，或直贬其假仁行霸的动机，或详述霸主"正而不谲"、"谲而不正"的史实，使其假仁之心自然呈现。但宋儒所忽略的重点在于，其以心术动机为基准所批判的霸主之"谲"，与其所赞扬的霸主之"正"，是建立在个人道德自觉的基础上的，或者说建立在"人性善"的基础之上。他们认为君主受天从命，最终是可以取得自身修养与国家大治的双重成功的。而即便在春秋时期，暴凌弱、大兼小的时局是注定难以让各诸侯主动施行仁义的，即便圣贤如孔子，他提出以"克己复礼"为口号的仁政措施也被各诸侯敬而远之，终至四处奔走而难一展职志。因此，时至宋代，士大夫仍然期待以君主的个人道德自觉来实现"理想社会"，这相较于汉儒以"天"作为外在机制来约束君主行为更显滞后和迂腐。这种过于期待君主个人修养的结果，不但使宋儒无心谋划约束与激励君主行为的外在机制，也缺少对"理想社会"合理的制度设计，这或许也是宋代几次重大改革失败的主要原因之一。

---

① （明）吕坤：《吕坤全集·呻吟语》，中华书局2008年版，第831页。

第二节 义利、理欲辨王霸

以“心术”辨王霸的论点出现后，随着宋代复杂的社会政治及学术思想的变迁[①]，逐渐衍变为义、利关系的讨论[②]。这个转折点，隐藏在变法派与保守派的冲突之间[③]。从王安石面对的处境来看，其新法的根本意图是富国强兵，但设均输法

---

① 江雪莲认为，宋儒的义利、理欲之分往往强调“公”、“私”，义利之辨侧重于从社会关系的角度来反映公私之辨，理欲之辨侧重于从个体的理性与感性欲望的关系的角度来反映公私之辨，而“公”、“私”往往落脚于道德动机。江雪莲：《宋明道学义利理欲之辨的实质》，《华南师范大学学报》（社会科学版）1998年第4期。根据其论证可知，义利、理欲之分的支撑点，仍然在于人的“心术”，鉴于此，本文不再展开相关论述。

② 钱穆认为，王安石表面上是分辨王霸异同，但实际上是在指陈道德乃政治之根本，因此，钱氏说王安石“这一分辨，撇开了政治，直论心术，于是辨王霸成为辨义利”。（《宋明理学概述》，第19页。）蒙培元认为：“理学家所谓王霸义利之学，虽然董仲舒等人早已提出过，但只有这时才这正成为重要问题。”蒙培元：《理学的演变——从朱熹到王夫之戴震》，方志出版社2007年版，第7页。

③ 在变法的刺激下，新旧两党发生了君子、小人之辩，宋儒对此就有评论：“自庆历以前，无君子、小人之名，所谓本只一家者也，故君子不受祸。自庆历以后，君子、小人名始立，则有自家、他家之分矣。故君子之受祸，一节深于一节。”可见，君子、小人之分，进而衍成争论的情形，自仁宗朝即有之。（宋）罗大经：《鹤林玉露》，中华书局1983年版，第126页。陈植锷也将宋代的“君子”、“小人”与义利之分联系起来，参见《北宋文化史述论》第三章第二节《君子、小人和义利之辨》。而且重要的是，理学诸儒对王安石的政治及新学改革也深致不满，即使与王安石私交甚密的程颢，也对王安石变法“攻之甚力”，向神宗进言时也“未有一语及于功利”（《宋元学案》，第538页），表示绝不赞成王安石激进的功利改革策略，二程力倡“先整顿介甫之学”，以免“坏了后生学者”（《二程集》，第38页）。在二程眼中，王安石的变法行为是功利之举，务必要消除。陈亮曾说：“本朝伊洛诸公辨析天理人欲，而王霸义利之说于是大明。”（宋）陈亮：《陈亮集》，中华书局1974年版，第281页。因此可以说，此处所言之义利以及下文所言之理欲辨王霸，都与王安石变法存在着诸多纠葛。

于六路就被时人认为："今乃效桑弘羊均输之法，而使小人为之。掊克生灵，敛怨基祸。"[1] 汉、唐在北宋学者的王霸论述中，常常被视为本质驳杂的霸道，而新法诸多措施中有许多是模仿汉唐的制度，其所依赖的理论基础"新学"的特点之一便是注重事功。依王安石的见解，"聚天下之人，不可以无财"[2]，对功利的追求是正当的，所谓"理财乃所谓义也"[3]。因此，王安石在其《王霸》篇中，首先肯定："仁义礼信，天下之达道，而王霸之所同。"

王安石自己对义利关系的讨论，亦是由"心术"观点出发的。例如，他认为王者不求利而得大利，霸者一心求利，利却难保[4]，"夫王霸之道则异矣，其用至诚以求其利，而天下与之。故王者之道，虽不求利，利之所归。霸者之道不主于利，然不假王者之事以接天下，则天下孰与之哉？"[5] "心术"的差异就在于是否求"利"和如何求"利"。王者之政出于

---

① （宋）脱脱等：《宋史》，第 10824 页。当然，王霸之辨由心术转向义利，王安石变法的"兴利"之举只是其中的主要触媒之一。南宋陈亮曾说："自孟荀论义利王霸，汉唐诸儒未能深明其说。"（宋）陈亮：《陈亮集》，第 281 页。陈亮责备汉唐诸儒未能深明其说，实际上，孟、荀自己也没有在理论上解释清楚。宋儒如此说，主要表明了他们不满意前代的以义利分辨王霸的解释，这应该才是宋代《春秋》中着意探讨义利辨王霸的主要原因。

② 王安石：《王安石全集》，第 272 页。

③ 同上书，第 73 页。王安石的论敌更多从行为的结果上看义利，如司马光指其理财："聚文章之士，及晓财利之人，使之讲利"（《司马温公文集》卷一〇，《四库备要》本），因此视王安石为"言利"小人。

④ "王者之大，若天地然。天地无所劳于万物，而万物各得其性。万物虽得其性，而莫知其为天地之功也。王者无所劳于天下，而天下各得其治，虽得其治，而莫知其为王者之德也。霸者之道则不然，若世之惠人耳，寒而与之衣，饥而与之食，民虽知吾之惠，而吾之惠亦不能及夫广也。"（宋）王安石：《王安石全集》，第 243 页。

⑤ （宋）王安石：《王安石全集》，第 243—244 页。王安石此论应是继承了《孟子·梁惠王》中的："惟仁义，则不求利而未尝不利也。"

义，“以为吾所当为而已矣”，霸者之政则出于利，其所为在于要声誉于天下，至于政事措施则王、霸相同。王安石既从动机辨明义利，自然要区分出公利与私利来，其言曰：

> 孟子所言利者为利吾国利吾身耳，至狗彘食人食则俭之，野有饿莩者发之，是所谓政事。政事所以理财，理财乃所谓义也。一部周礼，理财居其半，周公岂为利哉？奸人者，因名实之近而欲乱之以眩上下，其如民心之愿何？①

此处王安石欲解决《孟子·梁惠王》篇从行为结果对举仁义与利之事，王安石指出孟子所言的“王何必曰利”是从利吾身出发，是为私，这叫作利；至于理财是为公，则属于义。王安石还举《周礼》为证，指出《周礼》中理财之言居半，若理财为言利，岂不谓周公亦属营利之徒。王安石之义利观至此，架构已初具规模，他论利从公私之分着手而区分利之名实，其目的还在于末了之言：“奸人者，因名实之近，而欲乱之以眩上下。”对于反对变法者引“君子喻于义，小人喻于利”之别反对新法，其不满之情溢于言表②。同时代之二程虽于政论上与王安石相左，然于义利之辨则实为同道，程颐曰：“大凡出义则利，出利则入义，天下之事，惟义利而已。”③“义与利，只是个公与私也。才出义，便以利言也。只那计

① （宋）王安石：《王安石全集》，第73页。

② 王安石变法中涉及的“义利之辨”问题，可参阅罗家祥《朋党之争与北宋政治》第二章第二节“义利之辨与所谓政见之争”，华中师范大学出版社2002年版。

③ （宋）程颢：程颐：《二程集》，第124页。

较，便是为有利害，若无利害，何用计较。”[①] 虽是过简之论，但颇同于王安石之义利观。

由此，在王安石和二程理解中，王、霸“心术”的差异就在于是否求“利”和如何求“利”。这种观点体现在宋代《春秋》学中，便是传统的王霸之辨由心术的表层差异，深化为“义”、“利”的实质论述，且于《春秋》学中“计较利害”者，实启于北宋刘敞。刘敞曾明确表示：“利已者亡，利民者伯，能以美利天下，不言所利者王。”[②] 刘敞分“利”为利已、利民、利天下三等，“利天下”且不言“利”才是王者所当为，其次才是利民和利已，这显然正是王安石“其用至诚以求其利，而天下与之”之意。所谓“美利天下，不言所利”，即隐然含有“公利”、“私利”的差别性，刘敞说：“利之天下则谓之公，利之家则谓之私，利之国则谓之廉，利之室则谓之贪。”[③]“夫苟以利为义者，亦必以利废义。”[④] 可见，刘敞并不反对王者求利，只不过要“利之天下”[⑤]，公、私与廉、贪有别，这与德业问题相关，显然受到变法相当大的影响。刘敞在《春秋意林》中解“公子遂如京师”条时云：“《春秋》所谓功者，能事大国，能反侵地，能复周公之宇。能事大国，义也；能反侵地，功也；能复周公之宇，荣也。此三者，所以予其权也。”刘敞以“事大国”、“反侵地”、“复周公之宇”为大夫之“功”，即十分看重对于国家的“利益”，他总结道：

① （宋）程颢：程颐：《二程集》，第 176 页。

② （宋）刘敞：《公是先生弟子记》，第 14 页。

③ 同上书，第 24 页。

④ （宋）刘敞：《春秋传》卷一，文渊阁《四库全书》本。

⑤ （宋）刘敞：《公是先生弟子记》，第 24 页。

“治国家天下者，去利之心而已矣。”[①] 在刘敞看来，义与利相对，王者由义行，则利必与归。

南宋胡安国本孟子“王何必曰利？亦有仁义而已矣”之论，明言“《春秋》严义利之辨”[②]，亦于其《春秋传》中力主以义利辨王霸，曾言：“利者，人欲之私，放于利必至夺攘而后厌；义者，天理之公，正其义则推之天下国家而可行。”[③] 那么霸主之“义”体现在哪些方面呢？如僖公二十三年“春，齐侯伐宋围缗”，胡安国云：“齐，霸国之余业也。宋襄公既败于泓，荆楚之势益张矣。齐侯既无尊中国、遏狂楚、恤灾患、畏简书之意，又乘其约而伐之，此尤义之所不得为者也。”[④] 此处显然是责备齐国不顾荆楚之势日张而讨伐中原诸侯，在胡安国看来，只有“尊中国、遏狂楚、恤灾患、畏简书”等才是霸主应尽之“义”，凡是违背此“义”便应受到贬责。所以僖公二十八年“城濮之战”，胡氏解云：

> 荆楚恃强，凭陵诸夏，灭黄而霸主不能恤，败徐于娄林而诸大夫不能救，执中国盟主而在会者不敢与之争。今又戍谷逼齐，合兵围宋，战胜中国，威动天下，非有城濮之败，则民其被发左衽矣。宜有美辞称扬其绩，而《春秋》所书如此其略，何也？仁人明其道不计其功，正其义不谋其利。文公一战胜楚，遂主夏盟，以功利言则高矣，语道义则三王之罪人也。[⑤]

---

① （宋）刘敞：《公是先生弟子记》，第31页。

② （宋）胡安国：《胡氏春秋传》，第180页。

③ 同上书，第43页。

④ 同上书，第181—182页。

⑤ 同上书，第193—194页。

霸主之国，不知攘却荆楚救助盟国，若非城濮之战则或有北面事之的大祸。胡氏下结论道："诸侯修睦以蕃王室，所主者义尔。"① 另外，胡安国还十分透彻地揭示霸主以"义"取"利"的动机。例如，"庄公薨，子般卒，闵公弑，庆父、夫人乱乎内，鲁于是旷年无君。齐桓公使将南阳之甲，至鲁而谋其国，其命高子，必曰：'鲁可取，则兼其国以广地；鲁可存，则平其乱亦善邻。'非有安危继绝，一定不可易之计也"②。鲁国发生庆父之乱，齐桓公派人去打探鲁国内情，考虑是借机灭鲁抑或助鲁平息内乱。虽然最终鲁国内乱是在齐国帮助下平息的，但从上述言语中可以看出，齐桓公救鲁与灭鲁乃以利益为目的。还有，对于周王以天子之尊而向诸侯国求赙、求车等事件，胡安国也极陈其害：

> 夫上有好者，下必有甚焉者矣。王者有求，下观而化，诸侯必将有求以利其国，大夫必将有求以利其家，士庶人必将有求以利其身。皇皇焉唯恐不足。未至于篡弑夺攘则不厌矣。古之君人者，必昭俭德以临照百官，尊卑登降，各有度数，示等威，明贵贱，民志既定之后，皆安其分而无求，兵刑寝矣。及侈心一动，莫为防制，必至于亢不衷，官失德，廉耻道丧，宠赂日章，沦于危亡而后

---

① （宋）胡安国：《胡氏春秋传》，第 23 页。

② 同上书，第 142 页。相形之下，楚庄王在毫无利欲之念的情况下，帮助陈国除去弑君之贼，得到了胡安国的称赞："讨其贼为义，取其国为贪。舜、跖之相去远矣，其分乃在善与利耳。楚庄以义讨贼，勇于为善，舜之徒也；以贪取国，急于为利，跖之徒矣。"（宋）胡安国：《胡氏春秋传》，第 276 页。

止也。[1]

此处说明上下交征利，必至夺攘篡弑之理也。故居上位者，尤当为天下仪表，以遏“侈心”为急。

胡安国还曾说：“苟为以利，使为人臣者怀利以事其君，为人子者怀利以事其父，为人弟者怀利以事其兄。诸侯必曰何以利吾国，大夫必曰何以利吾家，士庶人必曰何以利吾身。上下交征利，不至于篡弑夺攘则不厌矣。故特称‘输平’，以明有国者，必正其义不谋其利，杜亡国败家之本也。”[2]“正其谊不谋其利，明其道不计其功”本为董仲舒奏江都易王之言[3]，而君臣父子怀利之说则出自孟子，要之皆为国者之所必守。郑来输平，“输”者，纳也，“平”者，成也。故知郑人以利相结以解危释仇也。《春秋》于“以利相结”者必加贬绝，所以明有国者必正其义，不谋其利，以杜亡国败家之本。又如鲁僖公十九年，《春秋》书“秋，宋人围曹”。对于该条经文，《公羊》、《穀梁》无注解，《左传》主要记载子鱼劝宋襄公退兵以修德，胡安国则从霸主趋利的动机进行评论：宋襄公之起，执滕子，盟曹南，则其图霸不可不谓之勤，而“卒于兵败身伤，不知反求诸己，欲速见小利之过也”[4]。再如晋文公以城濮一战而成霸业，遂主夏盟而民免被发左衽，但《春秋》仍无美辞以称扬其绩，皆贬

① （宋）胡安国：《胡氏春秋传》，第181—182页。

② 同上书，第181—182页。

③ 《汉书·董仲舒传》：“仲舒对（江都易王）曰：‘仁人者，正其谊不谋其利，明其道不计其功，是以仲尼之门，五尺之童，羞称五霸，为其先诈力而后仁谊也。’”朱熹甚至把董仲舒的这句话作为白鹿洞书院的院规，表明他对体现其中义利两分、舍利求义思想的认同。

④ （宋）胡安国：《胡氏春秋传》，第176页。

其求利而不求义之故。当论及鲁僖公十八年“秋八月丁亥，葬齐桓公”时，胡安国再次论道：

> （桓公）虽名为方伯，实行天子之事，然而不能慎终如始，付托非人，方在殡，四邻谋动其国家而莫之恤，至于九月而后葬，以此见功利之在人浅矣。《春秋》明道正义，不急近功，不规小利，于齐桓晋文之事由所贬而无过褒以此。①

胡安国此论虽有批判王安石之学的用意，但其斥霸主远道义、近功利的愤慨则发乎真情。

吕祖谦亦在刘敞、胡安国等以义利辨王霸的基础上，倡孟子“王亦曰仁义而已，何必曰利”之论，他认为：

> “正其谊不谋其利”，观仲舒之言，则义利不可并也。而《文言》则曰：“义者，利之和。”将从仲舒乎？从孔子乎？……以《传》废《经》，可乎？“关讥而不征”，固孟轲氏之言，而“凡货不出于关，举其货，罚其人”者，亦《经》之所载也。以子废《经》，可乎？②

吕氏认为董仲舒“正其谊不谋其利的”观点与孔子在《文言》中所说的“义者利之和”的思想有别，故应从孔子之言，这表明吕祖谦为功利留下一定的位置，并批评以传废经、

---

① （宋）胡安国：《胡氏春秋传》，第175页。

② （宋）吕祖谦：《东莱集》，《东莱外集》卷二《策问》，文渊阁《四库全书》本。

以子废经的倾向。再者，吕氏认为利者义之和。虽然儒家认为应当正义不谋利，明道不计功，但君子为国家、人民、社稷的公利、大利，而不以利“自嫌”、“自浼”，不避趋利的小嫌，这正是大义之所在。世俗之人诋毁“霸者必曰尚功利”，其实霸者并非绝对尚功利，仁义亦非与功利绝缘。

基于这种认识，吕祖谦认为：“自谋利计功之说行，虽古人之事峻厉卓绝，表表然出于常情俗虑之外者，莫不以是心量之，其为害岂浅鲜哉！”① 意思是，如果人们的行为都出于计功谋利的目的，则其危害是十分严重的。他在谈到齐桓公之死时指出：

> 世之诋伯者必曰“尚功利”。五伯桓公为盛，诸子相屠，身死不殡，祸且不能避，岂功利之敢望乎？是知王道之外无坦途，举皆荆棘；仁义之外无功利，举皆祸殃。彼诋伯以功利者，何其借誉之深也。②

这段话否定了霸者与功利的统一，而肯定了仁义与功利的一致性。吕祖谦说：“君子固不以利自浼，亦不以利自嫌也。一国之重，有民人焉，有社稷焉，吾其可避趋利之小嫌，而濡滞逗挠，使为奸寇之所伺乎？”③ 在关乎国家、社稷命运的大事面前，君子要不避“趋利之小嫌”，敢于承担责任。这种重天下之利的做法，实际上就是仁义之所在。吕氏还于其《左传》学研究中具体陈述了以义利辨王霸的观点，曾言：“盖五

---

① （宋）吕祖谦：《吕祖谦全集》第六册，第549页。
② 同上书，第224页。
③ 同上书，第379页。

霸未出，先王之遗风余泽犹有存者，天下之人犹有可见者。霸主一出，则天下之人见霸者之功，而无复见先王之泽矣。”① 正因为春秋时诸侯争霸，使得王纲隳灭霸主横行，先王之道无复见。在此基础上，他指出：“大抵王之与霸，论来王者不计功谋利，霸者计功谋利；王者不求近功速效，霸者求近功速效。”② 霸主“近功速效”，则功业亦有差等，如：

> 就霸者论之，以桓、文对说时，桓公计功谋利，比文公时便少。桓公不急功效胜文公，桓公却做得王者事。何故？晋文公事业，在僖二十八年都做了。如侵曹、伐卫、败楚、朝王，声绩赫然，震荡人耳目，一年都做尽。桓公规模，三十余年尚炽。其用功之所以迟速时，便是桓、文才之高与下③。

急功近利确实能见速效，但却做不得“王者事”。可见，吕祖谦主张以行仁义反对只追求功利，以长远事业反对急功近利，并以王道反对霸道。他说：“盖春秋之初，王纲尚在，未至于甚坏。后来王室陵僭，凡会盟统天下之诸侯皆在焉，以齐一国论之，僖公霸业不如桓公；以天下之势论之，桓公之时却不如僖公之时。何故？王道霸业相为消长。到得桓公，所以大国言齐、宋，远国言江、黄，其余莫不至。霸业盛处，便是王道消亡。齐僖公所以小霸，多是用私意，所谓诸侯会于‘稷以成宋乱’，又与桓公会成鲁之乱，以至班爵不同，帅诸侯来

---

① （宋）吕祖谦：《吕祖谦全集》第七册，第 14 页。

② 同上书，第 16 页。

③ 同上。

战于郎，凡此类是私意，当时偶然得诸侯，此时才智无加于僖公，所以略霸。”[①] 春秋之初，王纲尚存。到后来王室被诸侯所陵僭，诸侯成了统天下之人，因此吕祖谦认为王道、霸业互为消长。

吕祖谦进而将齐桓、晋文两霸之事功进行对比，鲁庄公十五年“齐桓霸中国”，至僖公四年方“侵蔡伐楚”，二十年间“置楚于度外而不问”者何？“（管）仲之意，岂不以吾骤加兵于楚，万一不胜则霸威屈矣。故遵养时晦至于力强威盛，而后一举以临之，则楚无不服矣。”齐桓公九合诸侯，不以兵车，威令加乎四海，虽名方伯，实行天子之事。而尊王攘夷，圣人且有微管仲，吾其被发左衽之叹。相较之下，晋文公则不然，“盖数年便欲服楚，虽力战而仅胜之，然伤威损重已多”。吕氏进而言道：“论至于此，非惟王道不可要近功，而霸者亦然。齐桓迟之以二十余年，而晋文求之于六七年间，须要做尽许多事，故晋文之霸不及齐桓之盛。”[②] 吕祖谦从霸主趋利的动机比较桓、文之霸，则易见晋文图霸虽勤而卒于兵败身伤者，盖亦速见小利之过。《春秋》无美辞以称扬其绩，乃因仁人明其道不计其功，正其义不谋其利，欲以明王道而垂后世。

当宋代《春秋》学中的义利讨论暂时中止时，我们不可避免地联想起与“义利”关系相对应的“理欲”问题来。在两宋理学史上，义利、理欲之辨常常纠缠于一起[③]，如果说

① （宋）吕祖谦：《吕祖谦全集》第七册，第3页。

② 同上书，第18页。

③ 具体论述参见杨国荣《孟子与儒学的衍化》，《孔孟月刊》2000年第8期；《从义利之辨到理欲之辨》，《河北学刊》1994年第3期；杨泽波《从义利之辨到理欲之争——论宋明理学“去欲主义”的产生》，《复旦学报》1993年第5期；陈谷嘉《宋代理学伦理思想研究》，湖南大学出版社2006年版，等等。

“义利之辨”相当于道德与利益关系的讨论的话，那么，“天理”与“人欲”之辨，则是关于道德原则问题的辩论。从实质上说，“理欲之辨”是“义利之辨”的继续，“义利之辨”是“理欲之辨”的展开。宋代理学大昌，众多问题在理学家那里都被纳入“理”的思考范围中[1]，“天理”、“人欲”的观念不但关乎具体的人伦日用，更是邦国君臣大防的重要基础。在这种风气下，理学名家不但将《春秋》学中的“尊王攘夷”主旨贴上了理、欲标签，更于论王述霸的过程中深辨理欲之别。

例如，程颐持理、欲对立的观点，这也体现在他的《春秋》经解中，他在解《春秋》桓公四年“夏，天王使宰渠伯纠来聘”条时云：“桓公弑君而立，天子不能治，天下莫能讨，而王使其宰聘之，示加尊宠，天理灭矣，人道无矣。”[2]鲁桓公弑隐公而立，周天子却不能予以惩罚反而派使臣往聘，这是“天理”灭绝的表现。因为在《春秋》大义中，臣子弑君乃不可赦免之大恶，周王不但不能予以处罚，反使“其宰聘之，示加尊宠”，王道衰落至此，难怪孔子在桓公四年和七年皆“不书秋冬”，就是要彰显“人理灭矣、天运乖矣；阴阳失序，岁功不能成矣”[3] 的社会现实。在私淑程颐的胡安国看来，春秋二百四十二年是“周道衰微，乾纲解纽，乱臣贼子

① 王霸之辨在理学学者那里也无例外地被纳入“理”的视野中，如胡宏曾说：“天理绝而人欲消者，三代之兴王是也；假天理以济人欲者，五霸是也。以人欲行而暗与天理合，自两汉以至于五代之兴王盛主是也。存一分之天理而居平世者，必不亡；行十分之人欲而当乱世者，必不存。其昭然日月，断然如符契。”（宋）胡宏：《胡宏集》，中华书局 1987 年版，第 124 页。

② （宋）程颢、程颐：《二程集》，第 1103 页。

③ 可能是桓公七年。

接迹当世，人欲肆而天理灭”[①] 的时代，因此，胡安国在程颐《春秋传》的基础上，“将《春秋》中善与恶、是与非、正与伪的冲突，统统归结为天理与人欲的矛盾，然后在天理人欲之辨中推衍《春秋》大义”[②]。他对《春秋》的理解，融入了二程“明天理，灭私欲”的思想。

吕祖谦于《春秋》诠释中也不离理欲之辨的时代话题，吕氏认为天理人欲既相分又不离，天理在人欲中而不在其外。如朱熹曾在《孟子集注·梁惠王章句下》中提出“天理人欲、同行异情”之命题，并征求吕祖谦的意见。对此，吕祖谦表示完全赞同，他说：“知天理常在人欲中，未尝须臾离也。”他还以僖公十九年“梁亡”之事为例论曰：“梁伯欲心方炽，而慊心遽生。孰导之而孰发之乎？呜呼！梁伯一念之慊，此改过之门也。”[③] 天理人欲须臾不离，换言之，即天理存，人欲存；天理灭，人欲灭，两者不可绝对分离。《左传》有云：“梁亡，不书其主，自取之也。初，梁伯好土功，亟城而弗处，民罢而弗堪，则曰：‘某寇将至，乃沟公宫。’曰：‘秦将袭我。’民惧而溃，秦遂取梁。”吕氏在诠释时说：“惟其心慊然以为非，恐民之不我从，故虚张外寇以胁之耳。嗜版筑而不已者，心之私也；慊版筑而不安者，心之正也。诈固非良心，慊独非良心乎？”[④] 梁伯虚张外寇来犯的威胁，促使民来筑城墙是为欺诈，欺诈固非良心，是心之私的私欲，然而，梁伯悔恨版筑不断而心不安，是心之正的良心发现。吕氏认为一个人

① （宋）胡安国：《胡氏春秋传·序》，浙江古籍出版社 2010 年版，第 1 页。

② 李建军：《宋型文化与宋代〈春秋〉学》，中国社会科学出版社 2008 年版，第 207 页。

③ （宋）吕祖谦：《吕祖谦全集》第六册，第 282 页。

④ 同上书，第 281 页。

不可能只有诈心、欲心而没有慊心、良心，换言之，不可能只有人欲而无天理，天理、人欲不离。

从思想史的角度看，宋代《春秋》学中的义利、理欲之辨颇有意义：它一方面受限于儒学传统义利拒斥的观念，一方面又纠结于当代政治斗争的发展，使宋代《春秋》学中的义利、理欲之辨呈现饶富趣味的诸多现象。王安石努力去改变儒家传统的重义轻利的局面，尝试从动机及行为结果两个层面讨论义利，以解决孟子相关观点的一些疏漏。但由于其变法中存在诸多“急功近利”的措施，引发了两宋知识分子对“功利”的联合抵制①。加之宋代理学兴起后，又掺入了天理、人欲之辨，使得由义、利而辨公、私，进而分天理、人欲，这些在宋代《春秋》学中都有具体的体现。

而细较之下可发现，义利、公私及理欲之辨的源头仍然是“心术”。诚如王安石所言，王者不求利而得大利，霸者一心求利，利却难保。理学家继承了此说，并在此基础上继续论述公利、私利之别，认为王者所求之利乃天下之公利，霸主则求一己之利，也就是说，义利、理欲之辨是相对的，义、利只有在具体到特定的对象时才能显现，而不存在抽象的“义”、“利”、“理”、“欲”。虽然如此，宋代《春秋》学中以义利、理欲辨王霸的讨论中，仍然处处体现着贬抑利、欲而将义、理永恒化、绝对化的倾向。而且，在这一认识的影响下，理学家

① 如前引程颐在《代吕公著应诏上神宗皇帝书》所奏，他认为变法中“锐于作为”的行为，很容易导致“以天下徇其私欲”的结果。苏轼也说：“国家之所以存亡者，在道德之深浅，不在乎强与弱；历数之所以长短者，在风俗之厚薄，不在乎富与贫。臣愿陛下务崇道德而厚风俗，不愿陛下急于有功而贪富强。”（明）陈邦瞻：《宋史纪事本末》，中华书局1977年版，第350页。

进而认为公利为天理，私利为人欲。因此，也可以说公、私之辨贯穿于宋代《春秋》学中理欲、义利之辨的全过程。宋儒于经解中倡导君主当加强道德修养，希望以道德节制人欲，进而谋求整个阶层的利益，体现“天下为公”的思想，这无疑是有积极意义的。因此，宋代《春秋》学中关于义利、理欲辨王霸的讨论，其主要贡献在于明确地将心术、义利、理欲等关系与王霸分界结合在一起进行分析，既考虑到了王霸分判的标准，又阐述了个人的主体修养与客观事功，间接说明实现王道的途径，即由正心术、趋义避利、扶天理灭人欲来达成至治。从而超越了以往思想家“王天下”、“安上治民”的层次，丰富了传统王霸之辨的内涵。

第三节　尊王攘夷论王霸

春秋时期的霸主，虽然在地位上是诸侯的领袖，拥有代天子征伐、会盟等诸多权力，但这些权力的获得是以向王室履行一定的义务为前提的。正如本章开篇所述，春秋时期王室衰微，各路诸侯虽然名义上尊周，但“无王”之心已是蠢蠢欲动甚至付诸行动。如郑庄公之射王中肩（《左传》桓公五年），郑文公之执使臣（《左传》僖公二十四年），楚庄王之问鼎（《左传》宣公三年）等皆为明证，故穀梁赤曰：“天子微，诸侯不享觐，天子之在位者，为祭与名号耳。”[①] 与此“内忧”相继还有“外患”频仍，“南夷与北狄交，中国不绝若线”[②]，“夷狄”交相侵略“中国”。戎狄豺狼，不可厌也，诸夏亲暱，

① 《穀梁传》昭公三十二年。
② 《公羊传》僖公四年。

不可弃也[1]。《春秋》内其国而外诸夏，内诸夏而外夷狄[2]。因此，周王室面临的最大威胁是来自夷狄的侵略。于是，春秋时期霸主最主要的责任便是内安诸侯、外攘夷狄。另一方面，霸主为了树立自身威信，在“挟天子以令诸侯”的旗帜下，只有“以诛无道，以屏周室”为号召，率领其他诸侯内平叛乱、外拒入侵，才能真正树立自己的霸主地位。孔子说：“管仲相桓公，九合诸侯，不以兵车，一匡天下，民到于今受其赐，微管仲，吾其被发左衽矣，如其仁，如其仁。”孔子向来不轻易许人以“仁”，却称赞管仲“如其仁”，表明孔子面对春秋时期的现实状况，对管仲所代表的“九合一匡”之功的认同。因此，后人才总结《春秋》大义，唯尊王攘夷而已。

上述观念至宋代仍然存在。如刘敞认为：“中国者，礼让之所出，仁义之所治，道德之所怀也。是虽有斗争，不过以其礼责无礼，以其义责无义，以其道责无道，非有利其货之心，非有病其民之意。是故结日而后阵，成列而后出，不以诈取胜，不以幸图功，不以威立名。此中国之师，王霸之治也。彼夷狄者不然。其来为寇，非能以礼让、仁义、道德相率厉者也，直将剽人民以盈其暴，掊府库以足其欲，斩树木以逞其害，残百物以快其怒而已矣。譬若虎豹之挎，长蛇之噬，螟蛾之集也。”[3] 在刘敞看来，即使中国有内乱亦不过是采取“以其礼责无礼，以其义责无义，以其道责无道”等手段来

① 《左传》闵公元年。

② 《公羊传》成公十五年。

③ （宋）刘敞：《治戎论》（下），载佚名编《新刊国朝二百家名贤文粹》卷三九，宋庆元三年书隐斋刊本。

解决，而夷狄之人残虐如虎豹，非能以礼止其乱。这种认识的片面性暂置勿论，从中可以看出宋儒对夷狄极端仇视、决意贬低的心态。在这种心态下，夷夏之分亦泾渭分明，刘敞曰：“夫夷狄者，至贱也，至乱也，至不肖也。中国者，至贵也，至治也，至有义也……夫夷狄、中国，其天性固异焉。”①

由于宋代从建国之初到灭亡，一直都处于民族矛盾和民族斗争的洪流中。因此，上述夷夏之辨在宋代不仅仅是一个严肃的学术问题，更是一个令历朝政治家揪心的的政治难题。在这样的时代背景下，《春秋》学者时常借尊王攘夷大义的发挥来表达对当时对外政策的看法与建议，表达驱逐夷狄，恢复河山的美好愿望。“尊王攘夷”之义很自然地成了《春秋》学的主流。因此，宋代《春秋》学中的王霸之辨，自然十分留意霸主“尊王攘夷”的功业。

孙复认为，霸者如能扶周室、攘夷狄以兴复王业，亦值得理解及期许。这是以“尊王”大义贯通“王霸”的表现，孙复曾云：

> 孔子曰：“管仲相桓公，霸诸侯，一匡天下，民到于今受其赐。微管仲，吾其被发左衽矣！”是故召陵之盟，专与桓也。孔子揭王法，拨乱世，以绳诸侯，召陵之盟专与桓者也，非他，孔子伤圣王不作，周道之绝也……使平、惠以降，有能以王道兴起如宣王者，则攘夷狄、救中

① （宋）刘敞：《治戎论》（中），载佚名编《新刊国朝二百家名贤文粹》卷三九，宋庆元三年书隐斋刊本。

国之功在乎天子，不在乎齐管仲矣。此孔子所以伤之也。①

当然，孙复肯定霸者之功是以圣王不作为前提的。言下之意，指齐桓公之霸虽有攘夷之功，但其臣节尚在而周室依旧不振，周王仍然不尊，所以孔子伤之无已。可以这样说，孙复对霸者的肯定，当是其研究《春秋》时基于夷夏之防的观念，面对周室已衰而“平既不王，周道绝矣”② 的既成事实所作的“权宜”性表述。而这番表述，正是对世乱时局下霸者功业的默许。或许可以说，孙复抑霸但不贱霸③。在此前提下，孙复还将对攘夷的阐发同尊王之义紧密结合起来，故于解僖公四年“楚屈完来盟于师，盟于召陵”时云：

元年桓公救邢，城邢，皆曰某帅某师。此合鲁、卫、陈、郑七国之君侵蔡，遂伐楚，书爵者，以其能服强楚，攘夷狄，救中国之功始著也。故自是征伐用师皆称爵焉。夫楚，夷狄之巨者，乘时窃号，斥地数千里，恃甲兵之众，猖狂不道，创艾中国者久矣。桓公帅诸侯，一旦不血刃而服之，师徒不勤，诸侯用宁，讫桓公之世，截然中国无侵突之患，此攘夷狄救中国之功可谓著矣。④

① （明）唐顺之：《荆州稗编》卷十六，文渊阁《四库全书》本。

② （宋）孙复：《春秋尊王发微》卷一。

③ 漆侠在举《春秋尊王发微》中讨论齐桓、晋文的言论为例，说明孙复对霸者的态度。漆侠：《宋学的发展与演变》，河北人民出版社 2002 年版，第 224—226 页。

④ （宋）孙复：《春秋尊王发微》卷五。

对此条经文，《左传》仅叙其事，《穀梁》重在解诸侯盟会之事而并不涉及攘夷之义，只有《公羊传》云："楚，有王者则后服，无王者则先叛，夷狄也，而亟病中国。南夷与北狄交，中国不绝若线。桓公救中国而攘夷狄，卒怗荆，以此为王者之事也。其言来何？与桓为主也。"① 对桓公救中国而攘夷狄之功大加赞赏，何休注更是直言"如王者为之"，发挥了《春秋》之攘夷大义。但《公羊传》、何休均未论及尊王之事，而孙复在对齐桓攘夷之功大加表彰的同时，又引申出了孔子伤周室不振之意，认为"使平、惠以降，有能以王道兴起如宣王者，则攘夷狄救中国之功在乎天子，不在乎齐桓、管仲矣。此孔子所以伤之也"。攘夷狄救中国之功本该在天子，此在齐桓、管仲者，实属无奈之意。正如牟润孙先生所言："与桓公之攘夷，而犹伤周室之不振，是孙氏之论攘夷仍不外尊王。"②

因此，在"尊王"的旗帜下，孙复认为即使霸主有攘夷之功，但仍"不能恕其臣节之亏"，例如城濮之战后，"晋人执卫侯，归之于京师"，孙复对此论道："晋人执卫侯，归之于京师者，元咺故也。晋文既胜强楚，不能招携抚贰，以崇大德，助其臣而执其君，非所以宗诸侯也，故曰晋人以疾之。"于此条，《穀梁传》只解释"复归"之义，无讥贬之意。《公羊传》虽认为晋文公酿成"卫之祸"，但还没有升华到"不能招携抚贰，以崇大德"的尊王高度。因此，孙复认为《春秋》书"晋人"，就是斥责晋文公虽有攘夷之功，却无尊王之意。又如僖公二十八年，"城濮之战，楚师败绩"，孙复对于霸主的功业评价道：

---

① 《公羊传》僖公四年。

② 牟润孙：《注史斋丛稿》，中华书局2009年版，第144页。

> 晋文始见于经，孔子遽书爵者，与其攘夷狄、救中国之功，不旋踵建也。昔者齐桓既殁，楚人复猖狂不道，欲宗诸侯，与宋并争，会盟战泓，以窘宋者数矣。今又围之逾年，天下诸侯莫有能与伉者。晋文奋起，春征曹、卫，夏服强楚，讨逆诛乱，以绍威烈。自是楚人远屏不犯中国者十五年。此攘夷狄、救中国之功，可谓不旋踵而建矣。①

孙复认为孔子亦十分肯定晋文公攘夷之功。自齐桓公殁后，楚国欲盟中原诸侯，曾与宋数次交战并占据上风，中原诸侯束手无策。文公奋起，先后讨伐附楚的曹、卫两国，逼楚决战，“自是楚人远屏不犯中国者十五年”。正是因为晋文攘夷之功，孔子于文公始见于经时便书其爵，也由于齐桓、晋文攘夷之功，才能使得“中夏”一度获得安宁，当“威（齐桓公）、文（晋文公）既死，诸夏不振，丧乱日甚，幅裂横溃，制在荆蛮故也。自是天下之政，中国之事，皆荆蛮迭制之”②。即桓、文死后诸夏政局就由荆楚宰制，这些论述对桓、文功业的肯定是十分明显的。

在刘敞看来，《春秋》以“尊天子，正君臣”为“霸主之义”，此为其辨析王霸之准的。例如，庄公三十年“齐人伐山戎”，刘敞解云：

> 桓公之威，行乎天下，天子不能制矣。如是而又越境

① （宋）孙复：《春秋尊王发微》卷五。

② （宋）孙复：《春秋尊王发微》卷十。

> 以伐山戎，诸侯震恐。其重过于万乘，乃沛然自得，矜功而语受命，此君子所恶也，故贬而人之……今以桓公之内行不修而多大功，将有非望之图，何若哉?①

于此，《穀梁传》以为“贡职不至，山戎为之伐”，由此而善桓公救燕。《公羊传》则以为齐人伐山戎乃操之过急之举，故贬“齐侯”而称“齐人”。而刘敞却认为霸主“沛然自得，矜功而语受命”，且“内行不修而多大功，将有非望之图”，此皆为“君子所恶”，对于这点，他在解宣公十一年“楚子入陈。纳公孙宁、仪行父于陈”时进行了补充：

> 齐桓公内行不治，以淫骄闻于天下，而孔子称之曰：正而不谲，微管仲，吾其被发左衽矣。为其尊天子、正君臣也。功烈若此盛矣，乃至序大道，犹不免于贬，谓为三王之罪人，能各有所施也。②

在刘敞看来，孔子所称赞的齐桓、晋文之功，主要在于霸主能“尊天子、正君臣”。但若“序大道”，霸主则“内行不治，以骄淫闻天下”，由是又沦为“三王之罪人”。可见，刘敞评价霸主“能各有所施”，正是对霸主功业一体两面的完整认识。又如僖公二年“城楚丘”，刘敞解云：“言齐桓者以桓公之封卫，德莫大焉。虽卫人亦自以谓桓公之于我，德莫大焉。《春秋》书之，曾无以异于常诸侯尔。彼卫已灭矣，无王命而擅封之，是擅王命也，擅王命，诸侯之大罪也。故以小惠

① （宋）刘敞：《春秋意林》卷上。

② （宋）刘敞：《春秋意林》卷下。

评之，则桓公为有德；以大法论之，则诸侯无专封。孟子曰：五伯，三王之罪人，此之谓也。"[①] 此处，刘敞再次以"小惠"、"大法"区分霸主功业，以此理解《春秋》论齐桓、晋文"未异之常人"[②]。

作为一位博学通识的大儒，当宋室偏安之际，吕祖谦也希望有攘外患的"霸主"平定海内，使宋室再次振兴。因此，吕氏首先对何为"霸主"进行了解释，他认为霸之始在"与诸侯会盟、征伐"，周末东迁之前，就已经出现了方伯连帅之职，只不过"当时尚禀王命，所以不谓之霸"。东迁后王室统属人心的威信逐渐丧失，诸侯中有野心的人都出来盟会，这时才是"霸之名所以立"。对于王、霸关系，吕祖谦的分析也十分具有辩证意味："王道霸业相为消长，到得桓公，所以大国言齐、宋，远国言江、黄，其余莫不至。霸业盛处，便是王道消亡。"[③] 即便吕祖谦十分不愿见到"王道消亡"的现象，但当这一事实发生后，他还是相当肯定霸主在历史上所起的作用的，其言曰：

> 当霸者未兴之前，若鲁、卫、宋、郑，更相侵伐，无所顾忌。自齐桓一霸，晋文继兴，方有所统属。百余年间，败王法，灭小国，虽日侵天子之权，搂诸侯以伐诸侯，其罪固多，然一时维持中夏，使诸侯有所畏惧，遵守王度，亦不为无助。及霸权既失之后……齐之伐徐，楚之取蛮，肆行无惮。甚至于吴、越入中国会之，有成而还，

① （宋）刘敞：《春秋意林》卷上。
② 同上。
③ （宋）吕祖谦：《吕祖谦全集》第七册，第2—3页。

莫之亢也。当时诸侯大夫慨然反思有霸之时。自此后，夷、夏无辨，胡、越、蛮兵交中夏，陵夷至于战国之际，终至强弱相吞。成周所封千七百国，所存仅七八，皆为强大诸侯之所有。若论败王法，灭小国，搂诸侯以伐诸侯，其罪固多。追夫先王之政扫地无余。争地以战，杀人盈野。争城以战，杀人盈城。到此之时，反观霸者维持之功，虽一时上借王法，然止霸者一国而已，天下诸侯不敢自肆，不至如战国之甚。霸者之功不可厚诬。故夫子称管仲曰："微管仲，吾其被发左衽矣。"分明是如此。当时管仲虽有此功，非夫子不能知也。自后世观之，以为戎狄自强弱如此，后来如五胡乱华，怀、愍至于中国天子反为狄驱之青衣行酒。使当时有管仲，决不至此。以此知孔子之称美管仲，是灼知管仲之功如此也。①

吕氏此处比较了霸主兴盛前后的变化：霸主未兴之前，鲁、卫、宋、郑等诸侯国更相侵伐而无所顾忌；霸主兴盛之后，"虽一时上僭王法，然止霸者一国而已，天下诸侯不敢自肆"。吕氏进而认为"后来如五胡乱华，怀愍至于中国天子反为狄驱之青衣行酒。使当时有管仲，决不至此。"当齐桓、晋文相继衰败之后，社会秩序重新陷入混乱，以至于吴、越等"蛮兵"侵陵无已，使中原重新陷入战乱之中。由此可见，吕氏充分肯定了霸主内安诸侯、外攘夷狄而维持王道秩序的功绩。

当然，吕祖谦对霸主功业的肯定同前人一样，仍然是以"尊王"为前提，他说："孔子出来多说尊王，至作《春秋》

---

① （宋）吕祖谦：《吕祖谦全集》第七册，第146—147页。

以尊王为本。"[①]"攘夷"之最终目的亦为"尊王"，因此，对于霸主功业的兴盛妨碍了尊王之义，吕祖谦也发出了感叹：

> 然看得桓公之有大功，又须看得他有可憾者……盖五霸未出，先王之遗风余泽犹有存者，天下之人犹有可见者；霸主一出，则天下之人见霸者之功，而无复见先王之泽矣。[②]

可见，霸主有安定社稷之功，却又妨碍尊王之义，此为霸业之憾。同时，吕祖谦较先儒更清醒地认识到，夷狄之强弱全视中国之盛衰而定，即中国盛则夷狄衰，中国消则夷狄长，因此，夷狄之祸在中国而非蛮夷，其云："天下统一，为之君者，当抚循其民。君不拯救抚循，非所以为君。及至天下分裂，抚循其民者，当在霸主。霸主不能抚循，其势自然归蛮夷。"[③] 不但如此，吕祖谦还明确以攘夷之功作为诸侯确立霸业的标准："齐、晋所以霸，皆先弱楚。盖楚于中国，其势不两立。惟齐、晋能攘戎狄、尊中国，此所以成霸业，桓公有葵丘之会以弱楚，晋文有城濮之战以服楚，所以子子孙孙服晋。"[④] 齐桓、晋文之所以成霸业，都在于其能先"弱楚"抑或"服楚"，而相较之下：

> 宋襄本不足预五霸之列，人见他亦曾盟会诸侯，故列之于五霸。夫宋襄尚且不识霸者题目。霸者欲尊周，会诸

---

① （宋）吕祖谦：《吕祖谦全集》第七册，第 175 页。

② 同上书，第 14 页。

③ 同上书，第 184 页。

④ 同上书，第 37 页。

侯，大要在摈楚，盖楚与中国相为消长。宋襄欲成霸业，反求诸侯于楚，便不能攘戎狄，尊中国，与齐、晋皆异。此霸业所以不成，宜其见辱于楚也。①

虽然宋襄公位列五霸，只不过是后人见他亦曾会盟诸侯，而实际上宋襄公不但不懂得霸主之职首在尊王攘夷，而且“欲成霸业反求诸侯于楚”，最终霸业不成反而“见辱于楚”。吕氏所言之“霸者欲尊周会诸侯，大要在摈楚”，可谓其所期待之霸主功业的总概括。

至此，吕氏仍意犹未尽，进而提出依据霸主的兴衰作为阅读《左传》的线索：“《左传》须分三节看：五霸未兴以前是一节，五霸迭兴之际是一节，五霸既衰之后是一节。”② 这实际上是以霸主兴衰史，来作为《左传》所载的历史时段的划分依据，吕氏对霸主的肯定在宋代《春秋》学中可谓无出其右者。

从孙复、刘敞至吕祖谦等人，或尊王而贱霸或欲尊霸而又有所保留，这种欲说还休、掩面又半露的姿态也正体现了宋代《春秋》学者对霸主的矛盾心态，当然宋人也非全然如此，黄震、赵鹏飞与家铉翁等人便扯下了这层虚伪的面纱起而奖霸，他们完全肯定霸主尊王攘夷之功。黄震虽然感叹春秋之世王道衰微，但对成就霸业的诸侯则备加赞赏，认为他们有济世之功，他说：“世乱而赖王者兴，王迹熄而赖霸者兴。”因此，“霸”与“王”皆“有为之称”③。在“霸”的评判标准和对

---

① （宋）吕祖谦：《吕祖谦全集》第七册，第37页。

② 同上书，第14页。

③ 钟肇鹏选编：《读书记四种·黄氏日抄》，第61页。

“霸业”的看法上，黄震亦有异于诸儒。他认为：“霸之为言，王室既衰，方伯出而攘夷狄以安中国。”在这个标准下，他不赞同流行于世的“五霸”之说，以为终春秋之世，真正能称上霸的只有齐桓公、晋文公，宋襄公“戕中国而结夷狄，霸之反也”，秦穆公、楚庄王“以夷狄而胁中国，霸之变也”，他们均不可称为“霸”，他盛赞齐桓、晋文的霸业：“后之读《春秋》者弗察也，凡威、文之功，皆指以为威、文之罪。呜呼！独不观威公未霸，天下之乱为如何？威公霸而天下定矣；威公甫没，天下之乱为如何？文公霸而天下又定矣。此春秋之世，生民倚之为司命，周之宗社恃以不泯不灭，而顾以为罪，可乎？”[①] 同样，以城濮之战为例，赵鹏飞论道：

> 晋文以五年之间，突起而攻之，一战而霸，可谓一时之伟绩矣。使齐桓之兴，五年而遽伐楚，则未必胜，用是知晋文之功为难也。故圣人于威之兴，书“人”，书“师”，而后爵之。而于文则一出而书“侯”，侵曹伐卫，执曹伯、败楚师，皆举而爵之，而城濮之战，三国书“师”，而晋独称“侯”，其予之也至矣。盖不如是无以显其一时之儁功，以为天下万世之劝也。[②]

对于此条，《左传》只叙述了城濮之战的经过，《穀梁传》则无传，《公羊传》言：“此大战也，曷为使微者？子玉得臣也。子玉得臣，则其称人何？贬。曷为贬？大夫不敌君也。”《公羊传》此处论《春秋》以书法凸显尊王之意，可见，三传

① 钟肇鹏选编：《读书记四种·黄氏日抄》，第761页。

② （宋）赵鹏飞：《春秋经筌》卷七。

均未论及齐桓、晋文攘夷之功。而赵氏论齐桓、晋文二霸，虽有以威服柔、以文服刚之别，但对二霸攘夷狄、存中国的功劳却都是肯定的。故文公七年“狄侵我西鄙”，赵氏解云：“商臣不君，不能深为中国患，诸侯亦少纾矣。而内有狄之横，诸侯何以安之？君子于此，不能无念于威、文也。我思古人，实获我心。”① 可见其奖霸之心拳拳。家铉翁也认为城濮之战是“为救宋而战也。岂惟救宋，尊天子、安诸侯、却戎狄，在此一举。是以圣人爵晋侯，序于齐、秦之上……贵之也”②。可见，对于《春秋》以书法凸显晋文之功，家氏认为乃“贵之”之意。因此，他对宋代诸儒以董仲舒“正其谊不谋其利，明其道不计其功”的观点贬斥霸主深表不满：

> 《春秋》命德讨罪，赏善伐恶，尊中国，正诸夏，攘夷狄，皆道义中所当为之事。诸侯有功有善者，褒之录之。有罪者讨之。夷狄之凭陵诸夏者，攘而却之。如元气之行乎四时，春生秋杀，各中其度，而不忒者，《春秋》之教也。夫岂曰：我为道义是谋，置刑赏功罪于不言乎？盖仲尼之门，主于明王道，故羞称五霸。《春秋》之教，主于垂王法，诸侯有能以职分自见者，固在所与。道即法也，法即道也。非道之所弃，法之所取也。③

至此可知，家铉翁与孙复、胡安国诸家只知尊王而不知霸主亦有可法者有所差别。

---

① （宋）赵鹏飞：《春秋经筌》卷八。

② （宋）家铉翁：《春秋详说》卷十二，文渊阁《四库全书》本。

③ 同上。

虽然霸主有尊王攘夷之大功，但并不等于霸主可以并列于王。因此，宋儒在肯定霸主尊王攘夷之功的同时，仍然十分在意霸主与王的“名位”之别。因为即使在周平王东迁以后王权衰落，诸侯也不能明目张胆地僭越。在当时的学者看来，“冠虽敝，宜加其上；履虽新，宜居其下。周室虽微，诸侯未之能易也”[①]，周室这顶帽子虽破旧，始终还是要戴在头上的。因此，在一千多年后的宋代，司马光在总结春秋这段历史时还评论说：“以周之地，则不大于曹、滕，以周之民，则不众于邾、莒，然历数百年，宗主天下，虽以晋、楚、齐、秦之强不敢加者，何哉？徒以名分尚存故也。”[②] 周朝虽然实力弱小，但各个诸侯国都不敢兼并它，原因就在于周王室名分尚存，周天子依然是公认的天命所在。因此，宋儒认为维系春秋时代社会秩序的主体还是周王，霸主尊王攘夷之功无论如何卓著，亦不过是屏障王室的手段。因此，宋儒十分注重发挥《春秋》中的“正名”思想[③]，严辨王、霸不同列。

实际上，此处所言之《春秋》“名位”，意即天子之职当具天子之实，一切典章制度的施行必须出自天子，国家的政治才不会混乱，在诸侯越权发号施令的时候，政权的稳定状态容易破坏，这种学说实暗含浓厚的“正名”意识，而此种思想表现在实际的政治中，即为“尊王室，抑诸侯”；表现在宋代

---

① （汉）刘向：《说苑》，上海古籍出版社 1990 年版，第 301—302 页。

② （宋）司马光：《资治通鉴》，中华书局 1956 年版，第 3 页。

③ 汉代董仲舒阐述《春秋》慎辞，“谨于名伦等物者也……是故大小不逾等，贵贱如其伦，义之正也。”（汉）董仲舒：《春秋繁露》，第 95—96 页。“《春秋》辨物之理，以正其名，名物如其真，不失秋毫之末。”（同前书，第 362—363 页）又曰：“《春秋》大元，故谨于正名”，“《春秋》别物之理，以正其名，名物必各因其真，真其义也，真其情也，乃以为名。”（同前书，第 376 页）

《春秋》学中，则为尊王而抑霸。正如萧楚所言："夫上下有常势，尊卑有等衰，不可逾也。上之所为下者，不得而擅卑之，所事尊者不得而亲，易此，乱之道也，是以《春秋》尤谨于名分。"[①] 王皙在肯定了齐桓公、晋文公会盟天下之功时，也批判他们"不能推至公血诚力遵王道之正，征伐自出，赋贡自专，则其罪尔"[②]，指出其在"周室虽衰，天命未改"的情况下，却"执中国之权，制天下之命"，这种做法有悖于为臣之道，是"强僭之臣"的行为[③]。又如鲁庄公十六年"冬十有二月，会齐侯、宋公、陈侯、卫侯、郑伯、许男、滑伯、滕子同盟于幽"。叶梦得认为："齐侯将帅诸侯以奖王室，故假天子十有二年之礼而共受命焉，齐侯于是始霸，天子命之也。然则《春秋》与之欤？实与而文不与，所以没公也，以为齐侯欲以奖王室则可以诸侯共行天子之礼，而听于齐侯则不可，公不可见则诸侯亦不可见矣。"[④] 齐桓公虽然有帅诸侯奖王室之功，但不予诸侯听齐侯之命，因为齐侯亦是受天子之命，因此，《春秋》只书庄公会齐侯、宋公、陈侯、卫侯等人，而不予齐侯为诸侯之尊，此为《春秋》实与而文不与之法。

南宋《春秋》学名家胡安国以"名分"释《春秋》中的王霸之异，并对君臣关系作了更加严格的界定。胡安国引用庄子之言："《春秋》以道名分。"[⑤] 所谓"名分"，在胡安国那里主要就是君臣、父子之名分，如他在给秦桧的信中说：

---

① （宋）萧楚：《春秋辨疑·及不出内名辨》，文渊阁《四库全书》本。

② （宋）王皙：《春秋皇纲论》卷一。

③ 同上。

④ （宋）叶梦得：《叶氏春秋传》卷六。

⑤ （宋）胡安国：《胡氏春秋传·纲领》，第9页。

"《春秋》大一统，遵王命，恶臣下分权，讳贱人犯上，历纪王正而不私朔，使举上客而不称介副，微者名姓不登于史册，所以严分正名也。"[①] 又说"为天下主者天也，继天者君也"[②]，故天子王天下，诸侯享国，大夫称家，这种秩序是不能轻易被搅乱的。由是言之，天子为天下共主，率土之滨莫非王臣，非诸侯可得专擅。故《春秋》以尊王为义，便是立天下之防，抑天人之欲。君行臣从，乃所谓君臣有义者也。故人臣之行，须本诸王命。因此，人臣以王命而行之于事者，《春秋》必褒之。例如，仲子乃惠公之妾，而当时，周王"以天王之尊下赗诸侯之妾，是加冠于履，人道之大经拂矣。天王纪法之宗也，六卿纪法之守也。议纪法而修诸朝廷之上，则与闻其谋；颁纪法而行诸邦国之间，则专掌其事。而承命以赗诸侯之妾，是坏法乱纪自王朝始也"[③]。天王也是纪法之所由出，而自行乱法使六卿诸侯效于下，实在是坏法乱纪之根源。即便如此，胡安国仍然不忘维护周室尊严，故在解庄公六年"王人子突救卫"时，胡安国云：

> 朔陷其兄，使至于死，罪固大矣。然其父所立，诸侯莫得而治也，王治其旧恶而废之可也。又籍诸侯之力，抗王命以入国，是故四国之君，贬而称"人"，王人之微嘉而书字。[④]

周之王人，职位在内臣中虽仅为最低的下士；而方伯为外

① （宋）胡寅：《斐然集》，第 536 页。

② （宋）胡安国：《胡氏春秋传》，第 287 页。

③ 同上书，第 4 页。

④ 同上书，第 92 页。

臣中地位最尊贵的公侯。但是《春秋》序王人于方伯、公侯之上，就是因为王人以“王命行”，“不以其贱故轻之也”。即以王命行者，虽下士之微亦序方伯之上，所以尊君命也。“班列之高下，不在乎内外，特系乎王命尔。圣人之情见矣，尊君之义明矣。由是言之，方伯、公侯之靖乱、勤王，亦必请王命而后行。”诸侯若不以王命而恣意妄为，即使“如齐桓、晋文之攘楚，《春秋》尤以擅合诸侯而诛之”。可见，“《春秋》抑强臣，扶弱主，故诸侯有敢上与天王伉者必抑之，以正君臣上下之义也”。[①]

长于《左传》学研究的吕祖谦，常以兼善天下为理想。当朱熹与陈亮展开王霸论辨时，吕祖谦虽未直接参与，但其对王霸亦有所主张。他认为霸主之出，乃应运而起，周室强大，自然能驾驭四海。但面临“中国”历代之外患内忧，辄并时而生，多缘君臣名分不正，则天下岂有不乱之理？君臣乃天下之大名，而名分之维系，乃君主为政之大本，君臣名分之正与不正，影响天下之动乱与平治，故吕氏读《春秋》，特重正君臣之名分，每每提要钩玄，有所阐发[②]。尝以为孔子之作《春秋》以及《春秋》始自平王者，乃孔子重君臣名分之故，其言曰：“戎狄不知有王，未足忧也；盗贼不知有王，未足忧也；诸侯不知有王，未足忧也；至于名为君子者，亦不知有王，则普天之下知有王室者其谁乎！此孔子所以忧也，此《春秋》所以作也，此《春秋》所以始于平王也。”[③]

吕祖谦认为，天子之视诸侯，犹诸侯之视大夫。他十分称

---

① （宋）胡安国：《胡氏春秋传》，第154页。

② 吕祖谦《左氏博议》载《左传》中晋国乱分以致乱国就有二十一篇。

③ （宋）吕祖谦：《吕祖谦全集》第六册，第8—9页。

赞管仲相桓公之功，并对管仲谨守臣节给予褒奖：“王以上卿之礼享管仲，则对以‘有天子二守国、高在’，而不敢越周室班爵之制。”① 季氏之于鲁，陈氏之于齐，皆如二君，而世不并称“鲁季”、“齐陈”，故不可以君臣并列而乱其分；唯周为天子，而郑为诸侯，但是《左传》始以谓“周、郑交质”，终以谓“周、郑交恶”，最终则以“周郑”并称，无尊卑之辨，未谴责郑之叛周，反责周之欺郑，君臣之分乱，乃《左氏》之大罪②。此为吕祖谦于君臣名分之论的卓见。齐桓公之霸，本以尊王；晋文河阳之狩，虽有以臣召君之罪，然尚有依傍王室之名，皆能尊王以维持君臣名分，故为吕祖谦所称道，而晋平公凭陵王室，则为其所深恶痛绝③。不但当时“中国”之乱多由君臣名分淆乱引起，即使霸业盛衰也多缘“君臣之名分不明，不知尊卑，只问强弱；不问邪正，只计利害”④。吕氏以为欲正君臣名分，不可离事理，君臣皆须依理行之，否则名分仅有虚名而已，不足以束缚乱臣贼子⑤。具体而言，君臣名分之维持，君须守道，臣须尽责。君道在掌握君权，威福二柄是也，使礼乐征伐皆自天子出。吕祖谦指出，鲁隐公末年之有钟巫之变及晋襄公时六卿之分晋，皆缘隐公及襄公未能正君位、收君权之故，故可加以深责，而于齐桓公、晋文公之上僭王法，反未加斥责，又以“乱臣贼子多以小惠取其民。如公子鲍以粟救饥取宋，公子商人以赈施取齐，陈氏亦以赈施取齐”之类，以为“大抵为人君者，不逃其责。君职不尽，荒

① （宋）吕祖谦：《吕祖谦全集》第七册，第 30 页。

② （宋）吕祖谦：《吕祖谦全集》第六册，第 7—8 页。

③ （宋）吕祖谦：《吕祖谦全集》第七册，第 133—144 页。

④ 同上书，第 144 页。

⑤ （宋）吕祖谦：《吕祖谦全集》第六册，第 84 页。

政不举，不当专责乱臣贼子侵上之权”①。只有君臣各有所司，各尽其职，天下方能进于治，则霸主亦将无由而生。

还有，霸主即使有尊王攘夷之功，不但不能与君王在名位上并列，而且不能逃避圣人的贬责。宋儒对霸主的态度主要取决于霸主是否“务德”，吕祖谦更是明言“德与力是王霸所由分处”②，若霸主能不战而屈人之兵则值得称道。在《春秋》经解中，苏辙认为周王室虽已衰微“然周礼犹在”，“要之以盟会，威之以征伐，小国恃焉，大国畏焉，犹可以少安也”。因此，“《春秋》因其礼俗而正其得失，未尝不予也”③。苏辙是肯定霸主之功的，“霸者之师求以服人而已，非若后世必以战胜为功也”④。所以，霸主若能“以义服人”，使得“政在大夫”的“周礼”秩序可以延续，亦为《春秋》所许⑤。又如庄公二十八年“秋，荆伐郑。公会齐人、宋人救郑”。胡安国解此条云：“郑人将以奔桐丘，诸侯救之，楚师夜遁，是得救急恤邻之义也，故书‘救郑’，善之也。齐、宋称‘人’，将卑师少。桓公主兵，攘夷狄、安中国之事见矣。”⑥《春秋》于一国之后系“人”者，多为贬义，此处，胡安国认为《春秋》称齐、宋为“人”，是因为齐、宋两国在救助郑国、击败楚国时“将卑师少”，胡氏为奖励霸主之功而不惜曲解《春秋》常例由此可见。而在庄公三十年“齐人伐山戎”这条经文中，“齐”又被称“人”，胡安国此处却说：

---

① （宋）吕祖谦：《吕祖谦全集》第七册，第61页。

② 同上书，第139页。吕祖谦还以齐桓、晋文霸业相较，得出维持天下，不可“去德”的结论。

③ （宋）苏辙：《春秋集解》卷五。

④ （宋）苏辙：《春秋集解》卷一。

⑤ （宋）苏辙：《春秋集解》卷九。

⑥ （宋）胡安国：《胡氏春秋传》，第128页。

> 齐人者，齐侯也，其称人，讥伐戎也……夫北戎病燕，职贡不至，桓公内无因国，外无从诸侯，越千里之险为燕辟地，可谓能修方伯连帅之职，何以讥之乎？桓不务德，勤兵远伐，不正王法，以讥其罪，则将开后世之君，劳中国而事外夷，舍近政而贵远略，困吾民之力，争不毛之地，其患有不胜言者。故特贬而称“人”，以为好武功而不修文德者之戒也。然则伐楚之役，何以美之？其谓退师召陵，责以大义，不务交兵，而强楚自服乎？观此可以见圣人强本治内，柔服远人之意矣。[①]

胡氏对《春秋》之例的前后矛盾解释此处勿论，单从其矛盾的缘由上看便可一目了然。《公羊传》、《穀梁传》二传皆以“齐人”为“齐侯”，《左传》以为齐侯伐山戎，是因山戎困扰燕国，阻碍燕国与天子交通之道，这是在说明齐国讨伐山戎的动机。胡安国则不纠缠于齐侯讨山戎的动机，而是认为齐国首先应做的是修文德以为戒，强本治内，柔服远人[②]，所以，齐侯之举不足称道。

胡安国之后的黄仲炎也认为霸主只求霸业速成，“国无善治，民不见德”[③]，所以才会遭至圣人贬责。如庄公十有五年“春，齐侯、宋公、陈侯、卫侯、郑伯会于鄄”，此次盟会以齐侯为主，由于庄公十四年夏、冬两次盟会均为宋事，而以周王卿士单伯为首，所以《左传》认为“齐始霸也。”黄仲炎

---

① （宋）胡安国：《胡氏春秋传》，第131—132页。

② 胡安国的观点当有继承孔子“远人不服，则修文德以来之”（《论语·季氏》）之意。

③ （宋）黄仲炎：《春秋通说》卷三，文渊阁《四库全书》本。

论道：

> 夫王者之得天下也，盖久而后得之也。周自后稷、公刘、太王、王季，世修其德，以至文王，其道益光，而后有二分天下之势，然犹退而事殷，至武王迫于群后之归，乃始剪商之乱以王天下。此岂一岁月之功哉！今齐桓之于诸侯皆列国尔，地丑德齐莫能相尚，一旦起而号令之，使前日匹敌之人而为今日之听命，如北杏之初会，鄄之再会，不数年而事业成，其名虽霸，而所以奔走天下者，犹王者之势也，课其速效似若可喜，然非由积德累仁以听天下之自至，迫而后动，不得已而后应也。苟可以得志于天下者无不为之，虽损德害人而不暇恤焉，作内政以强兵，设轻重以富国，灭小弱以广地，结强大以植援，威声震耆之下，是以诸侯惧而从之，如此其易也。故曰以德行仁者王，以力假仁者霸，王不求速，惧损德也。霸不暇德，为求速也。由此观之，凡后世之取天下、治人民、理财用，功成于旦暮者，皆霸者之余术，王者之罪人也。①

黄仲炎指出，即使圣德如后稷、公刘、太王、王季等，亦须世代修德，至文王之世，亦仍臣事殷商，至武王才被迫平定天下。而齐桓、晋文不数年而霸业成，挟王者之势以结强并弱，诸侯不得已而从之。这种只求霸业速成的做法终有显现弊端的时候，如解“僖公十八年，秋八月丁亥，葬齐桓公”时，黄氏认为齐桓公虽然称霸诸侯将近四十年，在世时声威显赫，但尸骨未寒之时，国内已发生五公子争立的内乱，同盟之国也

① （宋）黄仲炎：《春秋通说》卷三。

背而伐之，霸业便难以为继了。所以，《春秋》详载齐桓公卒后历数年才得以安葬等史事，就是要以桓公身后之祸警戒后人："古之王者，由修身齐家而推之治国平天下，盖其立治有本而施诸外者皆其余功也，是以享国长远而无患。若夫霸者，惟区区用力于其外，而所以立其本者不暇讲矣。故齐桓内行不修，嬖宠如夫人者六人，多爱牵之，嗣不早定，末年荒怠，狎近群小，寺貂易牙之徒弄权挠政而身殁之祸有必至者矣。"①

小结　往故与将来：王霸之辨的意义与局限

孟子为匡时救弊，指引政治理想的价值取向而尊王黜霸，其对王道理想的建树是源于其性善的理念及古来圣王所垂立的典范。两宋儒者由于身处不同的时代，其于《春秋》学中辨王霸之时亦各有基准。王安石发挥孟学中的"心性"之论，于王霸中首倡"心术"论，此论伴随其变法而进而衍化为义利之辨，加之宋代特殊的时代背景下对尊王攘夷的强调②，一起构成了宋代《春秋》学中王霸之辨的主要特征。

透视这些论辨可以发现，宋儒的观点或有异同，但在强调君权的至高无上，以及希冀君主施行仁政、巩固国家政权的愿

---

① （宋）黄仲炎：《春秋通说》卷六。

② 由本章第三节可以看出，宋代《春秋》学中以讨论霸主的尊王攘夷之功，其本质仍然是围绕"心术"展开，对此，黄宗羲在《孟子师说》中也说道："王霸之分，不在事功，而在心术。事功本之心术者，所谓'由仁行义'，王道也。只从迹上模仿，虽件件是王者之事，所谓'行仁义'者，霸也。"（清）黄宗羲：《黄宗羲全集》，浙江古籍出版社1985年版，第51页。

望这点上则是一致的[1]。无论是王安石奠定的“心术”论，抑或是王霸之名分，霸主的尊王攘夷之功等，其实最后都落实到君主之“为政”上，因为历来只有施行仁政以实现大治的君主才能列于圣贤的“道统”谱系，历代假仁义之名行暴力之实的霸主，即使如齐桓公、晋文公之类最终或成为持道而革先朝之命者，借道之名而篡权夺位者，以仁义之名而分裂割据……由此沦为“三王之罪人”。因此，这些论辩表明对于仁义、道德的追求，对于“力功争强、胜者为右”等政治乱象的拒斥是宋代《春秋》学思想的主导思想。宋代思想家从多个层面来论述王霸的真实目的，是试图使政治生活最大限度地与高尚的王道理想相吻合，单从这一点上来说，其积极意义是十分明显的。

但是，宋代《春秋》学所倡导的“王道”是被充分理想化了的君主统治，崇王黜霸的最终结果，依然是向现实的专制统治回归——依靠专制统治的不断完善，而这一“伟大”使命最终需要由君主来完成，由是，君主的个人品格便成了能否实现王道的关键因素[2]。因此，宋儒于《春秋》学中探讨王霸之辨，虽然角度众多，但其核心仍然始终围绕“心术”而展开，这便是宋儒致意于君主的原因所在。但是，只要看宋代及其以后的封建王朝依然不可避免地覆亡这一现实就可以得知，这一完美的愿望无法实现。个中原因众多，但最主要的一点就

---

① 就宋儒所强调的“王”、“霸”分别而言，大致仍未出孟子所限定的王道范围，如君为仁君，政为仁政，战争中以有道诛无道，邦交上依时势而行等（这一概括来自周淑萍《两宋孟学研究》，人民出版社 2007 年版，第 126—127 页）。

② 程颐曾论道：“自三代而后，本朝有超越古今者五事：如百年无内乱；四圣百年；受命之日，市不易肆；百年未尝诛杀大臣；至诚以待夷狄。”这是在强调宋朝立国之本便在于“忠厚廉耻为之纲纪”，而非务“力”。《二程集》，第 159 页。

是宋儒在将先秦时期流传下来的“王道”理想不断放大以至臻于完美，而这一完美理想要建立在帝制时代专制统治之上，则显然是幻想成分多于可操作成分，执着地要求专制君主“正心诚意”、“穷理尽性”、去私欲而存天理等道德自律①，又缺乏外在的保障与制约体系，这表明他们据斥强权的霸主产生；而同时又忽视了春秋时期霸主迭兴、王权衰微的重要起因，恰恰就是周朝藩属之国缺少外在强力约束，这些诸侯国不再遵奉周礼也即道德自觉式微，于是霸主产生。因此，可以说，王道政治的理想只会徘徊于往故与将来，而不在当世，断不能解决宋代“拨乱反正”的燃眉之急②。

---

① 对于这一点，黄俊杰曾论道：在中国古代，“理想的社会乃是合乎伦理原则的人际秩序（以生活丰足为前提），此一理想的完成端赖政治领导者个人底资质，他具有影响整个政治、社会系统的功能”。黄俊杰：《内圣外王——儒家传统中道德政治观念的形成与发展》，载黄俊杰主编《天道与人道》，台北联经出版事业公司1982年版，第250页。

② 对于这种“理想”，余英时曾有过精辟的论述，他以王安石变法失败为例，说明儒家知识分子的价值理念最终难以逃避的一个历史命运：“理想一落到权力世界，很快便会发生种种难以预测的变化。惟一可以断定的是权力的比重必将压倒理想。”余英时：《朱熹的历史世界：宋代士大夫政治文化的研究》，第239页。这虽然是针对王安石变法而论，但也是皇权社会士大夫在面对强势权力时“受委屈”（牟宗三语）且处于无奈的集体写照，他们至多也只能成为影响和干预社会政治生活的一支力量，而无法成为支配性的角色。

第四章　宋代《春秋》经解的基本方法

在经学学术史上，大凡有创见的学者多能抛开传统陈说，善于结合自身的生命体验以重新解读经典。宋代学者对《春秋》的阐发同样遵循了这一路径，宋人治《春秋》重义理，四库馆臣曾说："孙复、刘敞之流，名为弃传从经，所弃者特《左氏》事迹，《公羊传》、《穀梁传》月日例耳。其推阐讥贬，少可多否，实阴本《公羊传》、《穀梁传》法。"① 用《公羊》、《穀梁》重义理的精神治《春秋》，的确道出了宋代《春秋》学解经的总体特征。黄震也曾论道："自褒贬凡例之说兴，读《春秋》者往往穿凿圣经，以求合其所谓凡例……及有不合，则又为之遁其辞。是则非以义理求圣经，反以圣经释凡例也。"黄震之论可谓概括了"《春秋》学"的主体特征，即以"例"解经②。虽有研究者概括宋儒解经具有"依经废传"、"舍传求经"、"会通三传"等特征，但是，宋代《春秋》学的解经方法绝非仅限于此。如果后来的研究者仅仅局限于成说就会产生一个误导：汉、唐时期众多的解经传统至宋

---

① （清）纪昀等：《钦定四库全书总目》，第 328 页。

② 对于《春秋》及其三传的以"例"解经，赵友林《〈春秋〉三传书法义例研究》（人民出版社 2010 年版）是目前最为系统的研究著作。

代全都断裂无续了，宋儒走上了完全不同于前人的解经“新路”。这种理解显然是十分片面的。

造成上述偏颇之见的原因有很多，在笔者看来最主要的一点是后人未能发现宋人经解中的细微用心，即宋儒在“自骋新意”、“己意解经”的过程中，依然或多或少地在遵循《春秋》学的传统。欧阳修曾云：“《春秋》辞有同异，尤谨严而简约，所以别嫌明微，慎重而取信。其于是非善恶难明之际，圣人所尽心也。”① 关于三传对《春秋》所作的注解，存在诸多明显违背圣人原旨之处，欧阳修这段概括应该可以基本代表宋儒的想法。但通常容易被人忽略的就是《春秋》“别嫌明微”、“是非善恶难明之际”以及“圣人所尽心”之处，那么，宋儒如何发现以及阐发出圣人所“尽心”之处呢？当然，以今天的眼光来看，与其说是圣人所“尽心”之处，莫如说是宋人自己所“尽心”之处，但无论是哪一种并不重要，关键在于我们是否能于宋代《春秋》经解的行文中发现宋儒是如何抉发圣人“尽心”所在的。略举数例言之：依据《春秋》经，鲁隐公实为鲁君，而三传皆云其“摄位”；经曰“晋赵盾弑其君夷皋”，三传却说弑君者非赵盾也，实为赵穿；经曰“许世子止弑其君买”，三传却言非弑也，罪在父病进药，许世子不知尝药而已。如果三传上述所解乃孔子本意，则《春秋》书鲁隐曰“公”，即“诬以虚名而没其实善”；书“弑”于盾、止，则是诬陷忠臣孝子以大恶之名。而孔子作《春秋》旨在以“别是非，明善恶”，岂会“不求其情，不责其实，而善恶不明如此”？其他的，例如《春秋》正名定分、别嫌明微的用心，反经行权的思量等，都是《春秋》学独特的解经方

① （宋）欧阳修：《欧阳修全集》，第132页。

法，这些都是当今的研究者所无法回避的宋代《春秋》经解问题。

第一节 求情责实、原心定罪：经解的内在依据

《太平御览》卷六四〇引用了《董仲舒春秋决狱》的案例：

> 甲父乙与丙争言相斗，丙以佩刀刺乙，甲即以杖击丙，误伤乙，甲当何论？或曰殴父也，当枭首。
>
> 论曰：臣愚以父子至亲也，闻其斗，莫不有怵怅之心，扶杖而救之，非所以欲诟父也。《春秋》之义，许止父病，进药于其父而卒，君子原心，赦而不诛。甲非律所谓殴父，不当坐。①

董氏所引《春秋》大义见于《公羊传》昭公十九年，经书“夏五月戊辰，许世子止弑其君买”，“冬，葬许悼公”。董仲舒从这条经例引申出“君子原心，赦而不诛”的观念，并以之作为《春秋决狱》的基本原则。所谓“原心定罪”，即于判案时以犯罪者的主观动机来考量。只要动机正确，即使造成了严重后果也不予追究或谴责。反之，只要有犯罪的动机，即使未曾实施犯罪，也该追究责任。在《春秋繁露·精华》篇中，董氏简要地论述了决狱原则：“《春秋》之听狱也，必本

① （宋）李昉：《太平御览》卷六四〇，《四部丛刊》本。

其事而原其志。志邪者不待成，首恶者罪特重，本直者其论轻。”① 这就是说，必须分清犯罪的动机和后果，动机恶劣的犯罪虽未达目的也要从重治罪；造成严重后果的犯罪，如果动机善良，可以从轻论处。有人将这种做法称为“原情定罪”。这既将《春秋》视为一部可以决狱的法典，又视为是一位善于权衡原委的法官，从而将《春秋》人格化。此处，对于《春秋》是否人格化的论题暂置勿论，我们权且沿着董仲舒从《公羊传》义中引申出“求情责实”、“原心定罪”的思考路径，并以董仲舒所引赵盾弑君、许止尝药之事为例，将其置于宋代《春秋》学的视域中进行探讨。

一 赵盾弑君例

就孔子而言，“求情责实”所要辨明的乃当时乱臣贼子文过饰非、强词夺理之言。但在经解上需要“求情责实”的问题②，

---

① 对于所谓《春秋》之“志”，《春秋繁露·仁义法》解释为：“然则观物之动，而先觉其萌，绝乱塞害于将然而未形之时，春秋之志也。”故隐不书正（隐公十四年，除元年发正月之义外，其余皆不书“正”字），桓不书王（鲁桓公在位十八年中有十四年不书“王”），《公羊传》以“成其意”，于桓书“如其意”，凡此皆为孔子假《春秋》治人之志也。参见刘异《孟子春秋说微》，《武汉大学文哲季刊》第四卷三号。

② 实际上，“求情责实”、“原心定罪”在董仲舒与宋儒之间仍有传承，历代的“《春秋》决狱”自不必说，郑玄《起废疾》中就曾说道：“何休曰：‘四年，夫人风氏薨。九年，秦人来归僖公成风之襚，最晚矣，何以言来？’释曰：‘秦自败于殽之后，与晋为仇，兵无休时，乃加免缪公之丧而来，君子原情不责晚。”中唐啖助也说道：“正以忠道，原情为本，不拘浮名，不尚狷介。”（唐）陆淳：《春秋集传纂例》卷一。这是将“原情”作为《春秋》褒贬的依据。因为在啖助看来，当时世衰道微，形式上的礼制名位，已经不足以作为道德价值的最后判准，此时唯有“原其情”，探究人心之本意，才能做为善恶褒贬的依据。孔子以“原情定罪”的方式来扬善惩恶，所以要探究《春秋》本旨，必得透过原其情的方式。可见，这一解经思想也得到了后起宋儒的继续发扬。

则发生在经传异同之辞上。经传不合之处甚多，但论代表性莫过于宣公二年，《春秋》所书“赵盾弑其君夷皋”这一例，此为历代《春秋》学热门话题：弑君之真凶为赵穿，《左传》、《穀梁传》皆有明文。问题的焦点诚如《穀梁传》所云：“穿弑也，盾不弑，而曰盾弑，何也?”

对此条经文，《左传》曾详述其事道：

> 晋灵公不君，厚敛以雕墙，从台上弹人，而观其辟丸也。宰夫胹熊蹯不熟，杀之，置诸畚，使妇人载以过朝。赵盾、士季见其手。问其故，而患之。将谏，士季曰：“谏而不入，则莫之继也。会（士季名）请先，不入，则子继之。”三进及溜，而后视之，曰：“吾知所过矣，将改之。”稽首而对曰：“人谁无过?过而能改，善莫大焉。”……犹不改。宣子（赵盾）骤谏，公患之，使鉏麑贼之。晨往，寝门辟矣，盛服将朝。尚早，坐而假寐。麑退，叹而言曰：“不忘恭敬，民之主也。贼民之主，不忠；弃君之命，不信。有一于此，不如死也!”触槐而死。秋九月，晋侯饮赵盾酒，伏甲，将攻之。其右提弥明知之，趋登，曰：“臣侍君宴，过三爵，非礼也。”遂扶以下。公嗾夫獒焉。明搏而杀之。盾曰：“弃人用犬，虽猛何为!”斗且出。提弥明死之……乙丑，赵穿攻灵于桃园。宣子未出山而复。大史书曰：“赵盾弑其君”，以示于朝。宣子曰：“不然。”对曰：“子为正卿，亡不越境，反不讨贼，非子而谁?”宣子曰：“呜呼!‘我之怀矣，自诒伊戚’，其我之谓矣。”孔子曰：“董狐，古之良史也，书法不隐。赵宣子，古之良大夫也，为法受恶。惜也，越竟乃免。

此时是晋灵公十四年，晋灵公大概十五六岁。从《左传》所列举之事看，晋灵公是个典型的纨绔少年：加重百姓税收，在墙上作画，用弹弓打人以欣赏被打者逃跑的窘境，因熊掌未煮烂便杀死厨师，听到批评进谏后，却还是一如既往，甚至听厌了劝告便派人暗杀赵盾，放恶犬咬它等。如此恶君，实在可逐、可杀。《左传》中的赵盾则尊敬君主，忠于职守，是一位贤臣。《左传》并未记载赵盾是否预知赵穿弑君，但作为晋国正卿在君主被弑时出走，也很难洗脱弑君嫌疑。因此，太史董狐认为赵盾是弑君者，他摆出了两条证据：一是“亡不越境”，身为正卿，在君主被害之时仍在境内则必须对此事负责。二是“反不讨贼”，赵盾返回后竟然不追究弑君者赵穿的责任，还让他去周王室迎接公子黑臀来做晋国的新君。正是这两条证据，让赵盾不得不承担责任。孔子读史至此，一方面赞赏董狐书法不隐，一方面也感叹赵盾不愧为古代的良大夫，可以“为法受恶”，甚至对赵盾未逃亡出境而感到惋惜，可见，《左传》认可孔子对赵盾为古之良大夫的赞赏。

《左传》所表达的对赵盾的同情之义，在后世遭到了许多批评。其实这也十分容易理解，历代《春秋》学者基本上都是君主专制制度的卫道士，不可能同情进而宽恕弑君之贼。《公羊传》虽然对此无解，公羊学者董仲舒却对此例作了详细分析：

> 夫名为弑父而实免罪者，已有之矣；亦有名为弑君，而罪不诛者。逆而拒之，不若徐而味之。且吾语盾有本，《诗》云：“他人有心，予忖度之。”此言物莫无邻，察视其外，可以见其内也。今案盾事而观其心，愿而不刑，合

而信之，非篡弑之邻也。按盾辞号乎天，苟内不诚，安能如是？是故训其终始无弑之志，挂恶谋者，过在不遂去，罪在不讨贼而已。[①]

董仲舒本着“察视其外，可以知其内”的原则，认为赵盾“终始无弑之志”，因为《左传》记载赵盾平时“愿而不刑，合而信之，非篡弑之邻也”。所以，当“晋史书贼曰：‘晋赵盾弑其君夷皋’”时，赵盾曰：“天乎无辜！吾不弑君，谁谓吾弑君者乎？”[②] 董仲舒据此论道：“按盾辞号乎天，苟内部不诚，安能如是？”所以“盾不宜诛”。有问者曰：“人弑其君，重卿在而不能讨者，非一国也。灵公弑，赵盾不在。不在之与在，恶有厚薄。《春秋》责在而不讨贼者，弗系臣子尔也。责不在而不讨贼者，乃加弑焉，何其责厚恶之薄、薄恶之厚也？”[③] 意思是，弑君之贼未得到惩罚并非一国独有的现象，为何有重臣在者不加责，而赵盾不在却要背负弑君恶名？董仲舒答道：“今赵盾贤而不遂于理，皆见其善，莫见其罪，故因其所贤而加之大恶，系之重责，使人湛思而自省悟以反道”，如此才能“矫者不过其正，弗能直。知此而义毕矣”。这也就是“《春秋》常于其嫌得者，见其不得也”。可见董仲舒解经重“志”之用意！

董仲舒重“志”以推原经文本义的方法在宋代亦有响应。宋儒就本着求情责实、原心定罪的立场，循着经文背后的具体

① （汉）董仲舒：《春秋繁露》，第35页。

② 《公羊传》宣公六年。

③ （汉）董仲舒：《春秋繁露》，第41页。

史实来推断赵盾弑君的罪责。例如，欧阳修也持类似看法[①]，其论曰：

> 弑逆，大恶也……法施于人，虽小必慎，况举大法而加大恶乎？既辄加之，又辄赦之，则自侮其法而人不畏。《春秋》用法，不如是之轻易也。三子说《春秋》书赵盾以讨贼，故加之大恶；既而以盾非实弑，则又复见于经，以明盾之无罪，是辄加之而辄赦之尔。以盾为无弑心乎？其可轻以大恶加之。以盾不讨贼，情可责而宜加之乎？则其后顽然未尝讨贼。既不改过以自赎，何为遽赦，使同无罪之人？其于进退皆不可，此非《春秋》意也……《春秋》之法，使为恶者不得幸免，疑似者有所辨明，所谓是非之公也。据三子之说：初，灵公欲杀盾，盾走而免。穿，盾族也，遂弑而盾不讨，其迹涉于与弑矣。此疑似难明之事，圣人尤当求情责实以明白之。使盾果有弑心乎，则自然罪在盾矣，不得曰"为法受恶"而称其贤也。使无弑心乎，则当为之辨明，必先正穿之恶，使罪有所归，然后责盾纵贼，则穿之大恶，不可幸而免；盾之疑似之迹获辨，而不讨之责亦不得辞。如此，则是非善恶明矣。今为恶者获免而疑似之人陷于大恶，此决知其不然也……孔子患旧史是非错乱而善恶不明，所以修《春秋》。就令旧史如此，其肯从而不正之乎？其肯从而称美，又教人以越

① 欧阳修《春秋论》上篇云："孔子之于经，三子之于传，由所不同，则学者宁舍经而从传，不信孔子而信三子，甚哉其惑也……使学者必信乎三子，予不能夺也；使其惟是之求，则予不得不为之辨。"而其意见即《春秋论》中篇开宗明义所云："正名以定分，求情而责实，别是非，明善恶，此《春秋》之所以作也。"《欧阳修全集》，第131—132页。

境逃恶乎？此可知其缪传也。[①]

此处的议论，欧阳修着眼于“是非之理”，他认为赵盾有无弑君之心，“此疑似难明之事，圣人尤当求情责实”。事实上，《春秋》举“赵盾”之名而言其“弑”，就已说明了此事的情实。因此，欧阳修一方面辩驳《公羊传》、《穀梁传》义例，一方面分析三传叙事中为赵盾开脱之辞。他指出，《春秋》施法于人虽小必慎，这法则便是“使为恶者不得幸免，疑似者有所辨明，所谓是非之公也”，此论对后说影响极大，之后所谓圣人笔削在宋儒言之往往便等同于“是非之理”。如若赵盾确实未弑君且无弑君的动机，则《春秋》不应放纵弑君之赵穿，而以此弑君大罪加诸赵盾；如果赵盾果有弑君之意，当然罪在赵盾，则《春秋》不应“辄加之，又辄赦之”。如此，“则是非善恶明矣”[②]。

孙觉对此事则论曰：“若盾者，盖阴弑其君而阳逃，其迹实行其计，而穿受其名者也。盾执政之久，其贤闻于国人，而灵公无道兹欲杀之，盾出奔未远而其族人乘国人之不悦而弑之，盾反讨贼犹未免也，况不讨乎！”[③] 可以说，孙觉揭示的“阴弑其君而阳逃”是对赵盾弑君动机的一个总体描述，也是赵盾难以推脱弑君之罪的主因。另外，孙觉还提醒人们注意弑君者的“阴险”，即那些“不必其身弑之，他人弑之而已受其

① （宋）欧阳修：《欧阳修全集》，第133页。

② 欧阳修曾就此问题与刘敞进行交流，他说：“赵盾弑其君，加之弑乎，诚弑之乎？”刘子曰：“加之尔。”“何以加之也？”曰：“不知贼之为谁，而不得讨，可也；知贼之起也，而力不能讨，可也；知贼矣，力足以讨矣，缘其亲与党而免之，是以谓之弑君也。”（宋）刘敞：《公是先生弟子记》，第61页。

③ （宋）孙觉：《春秋经解》卷八。

福者”，孔子于此类人“皆以杀贼诛之，不论其同谋不同谋也。”例如弑隐公的是公子翚，而桓公被罪；杀子赤者乃公子遂，而宣公被君。因此，孙觉总结道“必待亲弑然后罪之，则奸臣贼子得以计免，而庸愚无知者常当其实……不知孔子原情定罪而罪当其人尔。”①王晳则认为，晋灵公不君，赵盾也非实弑君而《春秋》犹书盾弑君，是因为“《春秋》假行事以示教，原情意以明微。盾为正卿，亡不出竟，则君臣之义未绝也。君臣之义未绝，而族人弑其君，盾于是而复且不讨贼，则是不能以大义灭亲而同乎赵穿之意也。故圣人特以弑君之罪加之尔，意者，惧后世有奸杰之臣为阴谋狡计之事，故明微以示教，此圣人之变例也”②。赵盾虽未亲手弑君，但出亡未越境而返，这表明君臣之义犹在，则赵盾必须讨伐弑君的族人赵穿，但赵盾并没有这样做，这就显示了赵盾本人已经有弑君之意。故圣人特以弑君之罪加之，以此惩戒后世奸杰之臣为阴谋狡计之事。此外，北宋萧楚还特意撰《不书弑君之贼辨》一文，以辨别弑君者之动机：

> 《春秋》之文，有罪众人之所不罪者，有疑众人之所共疑者。罪众人之所不罪，不予奸人之幸免也；疑众人之所共疑，虑无辜之滥及也……是故许止之进药、赵盾之出奔……皆非亲剸刃于君者，而仲尼一一以弑君加之，不予奸臣之幸免也……若包藏祸心以为国患，使得幸免，则大伪大奸者获逞矣。若迹涉暗昧必加之刑，则良善稚弱有以

① （宋）孙觉：《春秋经解》卷八。

② （宋）王晳：《春秋皇纲论·罪弑》卷五。

诬罔而受大恶矣，此《春秋》之训也。[①]

萧楚认为《春秋》明察秋毫，就是为了使奸人不得幸免，无辜者不至滥及。许止进药、赵盾弑君，虽然均非亲刃其君，但《春秋》仍书其为“弑”，便是不予奸人以侥幸之机。

实际上，欧阳修、王晳、萧楚等人于《春秋》所载之“事”中探求《春秋》之义，即所谓的“求情责实”的解经方法，正是主《左传》以解经者的常用之法。如对于“赵盾弑其君”之事，苏辙就说：

> 晋灵不君，赵盾骤谏，公欲杀之。盾将出奔，而赵穿弑公于桃园，盾未出山而复。晋史书曰“赵盾弑其君”，史曰：“子为正卿，亡不越境，反不讨贼，非子而谁?”盾曰：“于乎！‘我之怀矣，自伊贻感’，其我之谓矣。”孔子闻之曰：“惜也，越境则免。”或曰：“弑君，大恶也。不越境，微过也。盾不弑君，而以不越境加之弑君之名，可乎?”曰：“亡而越境，则盾诚亡也。反而讨贼，则盾诚亡也。反而讨贼，则盾诚不知谋也。今亡而不越境，反而不讨贼，孰知非盾之伪亡而使穿弑君者。如是而以穿居弑君之名，则盾计得矣。弑君之罪，而容以计免乎?”故曰：“于晋赵盾，见忠臣之至。于许世子止，见孝子之至。”此二者，所以为教也，非以为法也。[②]

苏辙解经，自“晋灵不君”以下至“惜也！越境则免”

---

① （宋）萧楚：《春秋辨疑》卷二。

② （宋）苏辙：《春秋集解》卷七。

属于以史传经，是根据《左传》的历史叙事作为解经佐证，足见其解经特色。苏辙此处议论虽较长，但实际上是在回答议论起始的两个问题：其一，董狐辩护之言“子为正卿，亡不越境，反不讨贼”；其二，孔子微婉之叹“惜也！越境则免”。若概括言之，问题之焦点诚如刘敞所言，只在讨不讨贼，而不在越不越境[①]。循《左传》所载史实，当“赵穿攻灵公于桃园”之事发生时，身为执政正卿之赵盾“未出山而复”，此即史官所谓“亡不越境”。董狐所责备之处是因“责其迁延留宿，潜有所待，以为与谋职证耳”；否则，赵盾身为正卿，亡不越境，义当讨伐弑君之贼，而盾“反不讨贼”，则是不能以大义灭亲，而与赵穿为同谋共犯[②]。若依苏辙所假设“亡而越境，则盾诚亡也。反而讨贼，则盾诚不知谋也”，则可赦免赵盾之罪，而事实正相反，则谁又能知赵盾非“伪亡而使穿弑君”的呢？现辨析《左传》叙事再考察《春秋》属辞比事之法，均发现赵盾未出山而复之后，不但“反不讨贼”，竟然“使赵穿逆公子黑臀于周而立之”，则穿与盾同被弑君之名并不为过。

同苏辙一样，吕祖谦亦长于《左传》之学，善于从《左传》所载之事中申述己见，对于“赵盾弑君”吕祖谦论道：

> 左氏载赵盾之弑君，讬为仲尼之言，曰：“为法受恶。”吾窃意非仲尼之言也。盾果有恶，岂容其辞？盾果无恶，岂容其受？操赏罚之柄者，但当核其有无耳，岂论

---

① （宋）刘敞：《春秋权衡》卷五“宣公二年”条：“君臣之际当以义为断……然则盾之免与不免，在乎讨与不讨，而不在越与不越也。”

② （宋）吕祖谦：《吕祖谦全集》第六册，第536—537页。

辞受之地哉！今言“为法受恶”，是盾本无弑君之恶，作史者为法而强加之，盾亦为法而勉受之耳。宁有圣人肯许秉笔者辄加之以恶乎？圣人果许秉笔者加人以恶，则万世是非之衡至是而挠矣。法，为罪设者也，无疾则无方，无罪则无法。若谓盾非弑君，特为法而受恶，则罪与法岂两物耶？自斯言既出，而赵盾之事始为后世所疑矣。盾之弑君本无可疑。灵公之殒，虽假手于赵穿，然桃园之难不作于盾未出奔之前，而作于盾方出奔之后：盾身朝出，穿变夕兴；盾若不奔，穿亦不弑。是弑君之由实起于盾，穿特为盾役耳。①

吕氏认为《左传》书赵盾“为法受恶”是假托孔子之言，因为赵盾若有罪则其无可推卸；若无罪，《春秋》亦不会使其蒙受恶名。如果真如《左传》所言赵盾乃“为法受恶”，这等于承认了赵盾本无弑君之罪，而是史官强加给赵盾罪名，这是圣人所不能容许的。吕氏进而分析了赵盾之“罪”，他认为晋灵公虽然是为赵穿所杀，但这场灾难不是在赵盾出奔前，而是发生在其出奔后，赵盾早上出奔，赵穿晚上就弑君，很显然，弑君之由实起于赵盾，赵穿无非听从于赵盾的使唤而已。

吕祖谦进而分析道：一方面，“使穿专弑君之谋，则事捷之后，当席其威而窃国灵，何有于一亡大夫，复推之秉大柄乎？则穿之弑，为盾而不为己，明矣。”如果赵穿是独自谋划弑君之事，则事成之后应当是自己窃取国柄，但事实上，他反而让逃亡而归的赵盾秉持大权，个中缘由就显而易见了。另一方面，“盾闻君弑而亟反，不惟不能讨穿，又遣迎新君以固其

① （宋）吕祖谦：《吕祖谦全集》第六册，第539—540页。

宠，是得其为己用而阴报之也”。赵盾听到国君被弑而急忙返回，不但未能复君仇而且还迎接新君以固恩宠。吕氏在此特地作了一个比喻：“卒为将犯阵，及其成功，必曰将破敌；奴为主推刃，及其论罪，必曰主杀人，而不曰奴杀人。”即使奴隶为了主子而杀人，但论罪定刑，依然会说凶手是主子。因此，“穿既为盾弑君，盾虽欲辞弑君之名，得乎？既不可辞，何名为‘受’？董狐书之，仲尼因之，皆以正法而治盾之实恶，不闻有所谓‘为法受恶’者也。”① 赵穿既然是为了赵盾而弑君，则赵盾即使想推辞弑君之恶也是不可能了，这也是董狐、孔子因袭不改而直书其恶的原因。

欧阳修、苏辙、吕祖谦之解经，处处本着“求情责实”的原则，即基本依照《左传》所叙之事以原情定罪。前文已介绍《左传》、《公羊》对“赵盾弑君”的解释，此处亦不可略过《穀梁》。三传中，《穀梁》较之《左传》更注重阐发经典大义，故此处亦有其特殊见解，其云：

> 穿弑也，盾不弑，而曰盾弑何也？以罪盾也。其以罪盾何也？曰：灵公朝诸大夫而暴弹之，观其辟丸也。赵盾入谏，不听。出亡，至于郊。赵穿弑公而后反赵盾。史狐书贼曰：“赵盾弑公。”盾曰：“天乎！天乎！予无罪。孰为盾而忍弑其君者乎？”史狐曰：“子为正卿，入谏不听，出亡不远；君弑，反不讨贼则志同，志同则书重。非子而谁？”故书之曰“晋赵盾弑其君夷皋”者，过在下也。曰：于盾也，见忠臣之至；于许世子止，见孝子之至。

① （宋）吕祖谦：《吕祖谦全集》第六册，第540页。

《穀梁》不主以事解经，因此，此处较之《左传》对晋灵公的劣迹少了许多记载，但在对晋灵公为昏君的认识上两传是相同的。但我们细细比较则可发现，《左传》细述灵公无道与赵盾之贤良，至少暗示了赵盾枉被弑君之名。而《穀梁》则重点评价赵盾，认为其负有不可推卸的责任。特别是书中刻意点出的“反不讨贼则志同，志同则书重”原则，更是后世“《春秋》决狱”中原心定罪的主要基准之一。

如北宋张大亨就是此一解经方法的使用者，他说：“《春秋》书弑君之贼，虽其人不自为，必以祸所从发为主，所以诛其意也……故《春秋》别嫌明微，不以其迹似而同其诛，非天下至公，孰能与于此？”① 张大亨的解释十分明白，《春秋》对于弑君之贼是“以祸所从发为主”，以此杜绝后世乱臣贼子弑君之意图，他认为，只有《春秋》才能做到如此公正的审判。叶梦得于其经解之中也贯彻了“原心定罪”这一原则，其对赵盾弑君之事论曰：

> 此弑者，赵穿也。曷以为盾主弑？盾，正卿也。臣弑君，在官者杀无赦。盾有憾于灵公，而出。闻灵公弑，未越境，非君命而自复，不讨穿，反与之并列于朝，君子以为此同乎欲弑灵公者，特假手于穿尔。是以探其恶而诛也。叶子曰：左氏记盾事，载孔子之言称盾能为法受恶，为良大夫而许之，以越竟乃免。此非孔子之言也。弑君，天下之大恶也。有为，不为尔，使与闻乎弑，虽在四海之外，无所逃，则安取于越竟？使不与闻，虽在朝，如晏子，其谁敢责之？而况已出？《春秋》书盾，非以其实弑

① （宋）张大亨：《春秋通训》卷六，文渊阁《四库全书》本。

也。穀梁氏载董狐之言曰："子为正卿，入谏不听，出亡不远，反不讨贼，则志同。志同则书重，非子而谁？"是盖推盾之志而加之弑者也。左氏传史不传经，故虽得于三言，而莫知《春秋》之义，正在于志同则书重，乃略而不言，则盾为实弑矣。安有实弑君而为法受恶？是区区何足言者，犹得为良大夫乎？亲弑其君者，其恶易见；假手以弑其君者，其恶难察。使盾而得免，则乱臣贼子，皆将假诸人以肆其恶，甚乎亲弑君者矣。故以赵盾一见法焉。①

叶梦得认为杀害晋君的人其实是赵穿，但是《春秋》故意标举"赵盾弑其君"，目的就在于为后世设立一条君臣"大法"。依据《左传》所载史实，尽管真正弑君之人为赵穿，晋史董狐却认为赵盾身为正卿，执政大夫，在事发时"亡不越境"、"反不讨贼"，这意味着赵盾其实默许弑君事实的发生，因此董狐刻意书赵盾弑君，使其背负主要责任。叶氏进一步认为："亲弑其君者，其恶易见；假手以弑其君者，其恶难察。"即真正的弑君凶手容易发现，而借刀杀人的奸臣不易察觉。《春秋》特别以赵盾作为凶手，即在于谴责赵盾默许弑君事实发生的动机，并避免姑息后来的乱臣贼子假借他人以弑君的罪恶。叶梦得特别注意到《左传》所省略的"志同则书重"这句话，他认为这是理解此条经义的关键文字，所谓"志同"即与凶手同有弑君的动机，《春秋》正是依照这条准则才不记载"实弑君"的赵穿，而是记载当时职责更为重大的晋国正卿赵盾，责备赵盾姑息凶手、默许弑君的企图，并以此警诫后

① （宋）叶梦得：《叶氏春秋传》卷十二。

世假诸他人以肆其恶的乱臣贼子。

二 许止弑君例

与“赵盾弑君”类似的还有另一例，昭公十九年“夏五月戊辰，许世子弑其君买”。《左传》同样记叙了此事经过：许悼公生疟疾。五月戊辰，喝了太子止送上的药，因药力无效而去世。《左传》还借“君子”之口道：“尽心力以事君，舍药物可也。”只要忠心事君，即使不进汤药亦可；进奉汤药，则反而易招致弑君嫌疑。《穀梁传》则仍然沿用日月时例解经，认为此处标明具体的“日”是因为：“日弑，正卒也。正卒，则止不弑也。不弑而曰弑，责止也。止曰：‘我与夫弑者。’不立乎其位，以与其弟虺，哭泣，歠飦粥，嗌不容粒，未踰年而死。故君子即止自责而责之也。”《穀梁传》进一步补充了史实，让我们知道许止在其君亡故后，主动承担责任，并让位于其弟，甚至到了“哭泣，歠飦粥，嗌不容粒，未踰年而死”的地步。因此，《穀梁传》亦即其自责而止，并未深究。

《公羊传》解释道：

> 贼未讨，何以书葬？不成于弑也。曷为不成于弑？止进药而药杀也。止进药而药杀，则曷为加弑焉尔？讥子道之不尽也。其讥子道之不尽奈何？曰：“乐正子春之视疾也，复加一饭则脱然愈，复损一饭则脱然愈；复加一衣则脱然愈，复损一衣则脱然愈。止进药而药杀，是以君子加弑焉尔。”曰：“许世子止弑其君买”，是君子之听止也；“葬许悼公”，是君子之赦止也。赦止者，免止之罪辞也。

在《公羊传》看来，为人子女侍奉亲疾总是希望父母之病能够迅速痊愈，因此，一饭一衣的添减都需要小心翼翼。而许世子因为不懂尝药的重要性，进药而害死了国君，所以《春秋》加“弑”字，以示许止事君不周之过。但是因为许世子是无心之过，《春秋》书“葬许悼公”，表示赦免了许世子之罪。《公羊传》将此例说得大义凛然，因为《春秋》既书许止弑其君买，之后又书许悼公之葬，不合“君弑贼不讨不书葬”之例，这就表示许止“不成于弑”，即无心弑君，因此《春秋》赦免其所涉之罪。假如《春秋》诛讨乱贼乃谨严慎重，名正实严，则必不至于加以弑逆大恶，又从而赦之，如此轻易地自毁原则。诸如此类穿凿害经的传例，在宋代以后饱受批评，显然其来有自，绝非无的放矢。

许世子止进药于父而己不先尝，父饮药以死，由此可知药不可以妄进。在欧阳修看来，圣人将此事书于《春秋》绝非告诫后人许止当先尝药。他说：“许世子止实不尝药，则孔子决不书曰‘弑’，孔子书为弑君，则止决非不尝药。”为此，当难者曰：“圣人借止以垂教尔。”欧阳修辩解道：

> 不然，夫所谓借止以垂教者，不过欲人之尝药耳。圣人一言明以告人，则万世法也，何必加孝子以大恶之名，而尝药之事卒不见于文，使后世但知止为弑君，而莫知药之当尝也。教未可垂而已陷大恶矣，圣人垂教，不如是之迂也。果曰责止，不如是之刻也。①

圣人用心深刻，绝非“难者”所能知晓。虽然也有人认

---

① （宋）欧阳修：《欧阳修全集》，第134页。

为许止“不讨贼、不尝药，其罪轻于弑君。孔子不应以不讨贼、不尝药之人而加之弑君之罪”，但孙觉对此驳斥道：“止以药弑其父，安知止心不欲弑也。”或者许止本人以只背负“不尝药之名”而侥幸时，孔子却看出其弑君之心，故书“止弑其君矣”。因此，这是常人“不知孔子原心定罪，而罪当其人尔”①。对于孙觉猜度许止弑君自立之意，胡安国并不同意，他认为“止无此心”，这从《穀梁传》所叙述的许止自责的言行，以及最终抑郁而终的事实便能看出。许止无此心而被以大恶之名，主要是因为“止不尝药，是忽君父之尊而不慎也”。这种忽视君父之尊的行为如果不慎重对待，则会成为“篡弑之萌，坚冰之渐”②，而杜绝奸臣贼子忤逆君父的言行，这正是《春秋》原心定罪的本意所在。只要为人臣子“有此心，故加以大恶而不得辞”，所以，《春秋》“书‘许世子止弑君’，乃除恶于微之意也”③。

由上述可知，孙觉与胡安国解经的重点在许止该不该先尝药一事，刘敞则从《春秋》书法来为《公羊传》“圆场”：

> 贼未讨，何以书葬？讨之矣。此未有言讨之者，其曰讨之，何以？止之自讨为讨之，止之自讨，奈何？许悼公疟，太子止进药焉，悼公饮之以卒，止曰：“是我弑吾君也，不立乎其位。”“以与其弟虺。哭泣，歠飦粥，嗌不容粒。未逾年而死。”此止之自讨也，君子以为尽矣。臣弑君，凡在官者，杀无赦。子弑父，凡在官者，杀无赦。

---

① （宋）孙觉：《春秋经解》卷八。

② 胡安国此论当秉自陆淳，陆淳曾于《春秋微旨》卷下云：“世子，君之贰也，许其进药，则乱臣贼子得容其奸矣。故圣人罪止一人，以绝万世之祸也。”

③ （宋）胡安国：《胡氏春秋传》，第425页。

> 止弑其君而莫之讨，其谓之尽何?《春秋》原情，止之情以忠信为之也，止之情以忠信为之，则曷为加弑焉尔?古者医不三世不服其药，君有疾饮药，臣先尝之；亲有疾饮药，子先尝之。许世子止不知世医、不知尝药以陷于大故，是以君子加弑焉尔。曰“许世子止弑其君买”，是君子之听止也。“葬许悼公”，是君子之赦止也。赦止者，免止之罪辞也，以其义为已讨矣。[①]

刘敞认为弑君之贼已讨，只不过讨伐的方式是许止“自讨”，许止在其父死后陷入了深深的自责之中，未逾年而死，这便是其“自讨”。而且，依照《春秋》“原情”的惯例，许止可以算作忠信之人。既然如此，《春秋》还是要加弑君之罪于许止，就是责备他“不知世医、不知尝药以陷于大故”，所以《春秋》先加“弑”于许止，又书“葬许悼公”以赦其罪。

叶梦得依然循着赵盾弑君的思路来探究许止之“志”：“止非弑而言弑……是以因其志而正之也。”虽然许止实际没有弑君，但《春秋》为正其“志”而书“弑”，何以知之?许止自言“与夫弑者”，即实际参与了弑君，因此，《春秋》“从而加之弑者，使天下后世知有如止者，亦不敢自逃乎弑，故曰所以劝也。此悼公所以得葬于后，如是而为人子之道尽矣。故以许止一见法焉”[②]。这即是《春秋》所谓“弑君者，无所逃于天地之间”，弑君之贼侥幸未遇到讨伐之人，也不敢“自逃乎弑”，这是《春秋》尊君之大法。

---

① （宋）刘敞：《春秋传》卷十三。

② （宋）叶梦得：《叶氏春秋传》卷十八。

小结 原事与逆志：求情责实的尴尬

宋代《春秋》学虽屡遭后儒加以“驰骋议论”、“己意解经”的罪名，但其经解中仍然对前代《春秋》解经方法有所继承，本节所论之“求情责实”、“原心定罪”即为其解经原则之一。而且，本节所选两个“弑君”实例，都是为了“示天下废臣子之节，其恶之大若此也”①。三传“君子”为了维护“臣节”而载述赵盾、许止“弑君”之事，使二人皆“蒙冤”。此后，三传又能解释二人非实弑君又“赦而不诛”。宋儒在解经过程中也注重从形之于外的事件，来分析人内在的思想意念，从而产生所谓“志邪者不待成”、“本直者其论轻”的两种结论。“志”和“本”都是指称人的心思而言，人由心志意念而发诸行为事迹，故心志可以说是行事之“本”，所以说“《春秋》之听狱也，必本其事而原其志”。

平心而论，“求情责实”、“原心定罪”的解经原则确实具有其合理性。这如同现代人判案一般，去考察别人的作案动机，以此来酌量定罪。“由此看来，‘原心’的完整含义包括对大义的维护，也包括对当事者动机的体谅，要在‘大义’和个人动机之间寻找某种程度的平衡。”② 以本节所举之赵盾、许止弑君二事言之，宋儒对许止尚有赦免之辞，而对赵盾几乎无一予以宽恕。大多数宋儒所依据的，正是许止初无弑君之意，事变发生后自责至死；而赵盾则于逃逸后君被弑，君被弑

① （汉）董仲舒：《春秋繁露》，第39页。

② 过常宝：《春秋决狱：汉儒话语权力的构成和实践》，《北京师范大学学报》（社会科学版）2010年第1期。

后重回执政等史实。因此，在上述诸多议论中，“原情定罪”是有其存在的合理性的。但同时，“《春秋》之论事，莫重于志”[①]，是说《春秋》褒贬是非重视推原其“志”，然而，心志无形，难以凭空捉摸，如何才能“原其志”呢？即使如苏舆所认为的“事之委曲未悉，则志不可得而见，故《春秋》贵志，必先本事。”苏舆主张“事之委曲”，无非就是寻绎人物的行为之迹，详悉其原委。但这样就一定能得出一致的结论吗？即使从许止进药一事也可看出，事件虽只有一个，不同的分析却可以得出不同的结论。如孙觉猜度许止弑君自立之意，胡安国认为这是《春秋》提醒人君警觉“篡弑之萌，坚冰之渐”，而杜绝奸臣贼子忤逆君父的言行，刘敞则为《公羊传》“圆场”，吕祖谦则认为许止并非“为法受恶”[②]，如此众口异辞，可见即使众人所本之事、情为一，最后得出的“实”、“罪”仍然有较大差异。可见，宋儒为了维护“《春秋》大义”的绝对性，使得解经过程中“原心”之法产生随意性和不确定性。因此，前人所重视的《春秋》“决狱”之法，并非完美无缺，而宋儒用之无疑，在解经中便不可避免地流于主观随意性，随心所欲地解释律法，以己之好恶“原”事之“委曲”，进而褒贬诛赦[③]。这正如《盐铁论·刑德》所说：“《春秋》之治狱，论心定罪。志善而违于法者免，志恶而合于法

① （汉）董仲舒：《春秋繁露》，第25页。

② （宋）吕祖谦：《吕祖谦全集》第六册，第540页。

③ 这就是董仲舒所说的《春秋》有“变辞”、“常辞”，胡安国也说：“《春秋》之文，有事同则词同者，后人因谓之例。然有事同而词异，则其例变矣。是故正例非圣人莫能立，变例非圣人莫能裁。”（宋）胡安国：《胡氏春秋传》，第11页。这些看似论述《春秋》之例，实质都是为了强经文以就己意的狡辩之辞。

者诛。”①

第二节 别嫌明微、正名定分：经解的诠释方向

宋代学者综考三传，商榷得失，进而就经解疑难提出新义，都基于名实相须、理事相得的原则。这与前述“求情责实、原心定罪”一样，也是《春秋》经解的方法之一。宋儒于《春秋》经文的众多细节之处体察圣人用意，对春秋时期的事件梳理线索，对其时的人物品评功过。如果说“原心定罪”是从人物内心来确定褒贬标准，那么，别嫌明微、正名定分的解经原则是从事件发生的过程与结果中来确定善恶。因此，从整个《春秋》经解的传统看，别嫌明微、正名定分的诠释方向十分重视事件发生的原委，这也是对向来批评宋儒解经“驰骋议论”、喜出“新意”的学者的反击。对此，现以僖公三十年“秋，卫杀其大夫元咺及公子瑕”、哀公二年“晋赵鞅帅师纳卫世子蒯聩于戚”两事为例，从宋儒对两条经文的讨论中，寻觅宋儒《春秋》经解的诠释方向。

一 卫杀其大夫元咺及公子瑕例

僖公三十年“秋，卫杀其大夫元咺及公子瑕”，这条经文涉及了众多事件。卫侯郑在晋军大败楚军之后，担心晋文公前

① 马端临在《文献通考·春秋决事比》中曾说：“汉人专务以春秋决狱，陋儒酷吏遂得因缘假饰。往往见二传（按：公羊、穀梁）中所谓‘责备’之说、‘诛心’之说、‘无将’之说，与其所谓巧诋深文者相类耳。圣贤之意岂有是哉！”汉儒开启的“诛心”之说，之所以在宋代《春秋》学中仍有回响，当与理学讲究个人心性修养、格物致知的治学路径默识相通。

来复仇，于是逃至楚国避难[①]。在避难期间，卫侯郑命大夫元咺奉卫侯郑之弟叔武守国，叔武还参加了晋文公主持的践土之盟[②]。卫侯郑后来自楚国返回卫国后[③]，疑叔武欲自立为君，于是杀掉叔武。元咺对此深为不满不得已出奔晋国[④]，在晋文公面前为叔武诉冤。晋文公于是让卫侯郑与元咺对质，结果卫侯败诉。晋文公将卫侯与诉状一起送交周天子，由天子做出最后的裁决[⑤]。元咺在晋文公的支持下胜诉后回到国内[⑥]。因为卫侯郑被囚禁在京师，于是元咺立公子瑕为国君。晋文公暗中命医衍用毒酒毒死卫侯郑，不过大夫宁俞向医衍行贿，医衍将毒酒稀释，卫侯郑饮酒后未死，鲁僖公遂请求周天子，让卫侯郑向周王室与晋文公奉上精美的玉器。周天子同意，于是在秋季释放卫侯郑[⑦]。等到卫侯回到卫国，向卫国的大夫行贿，于是杀掉元咺和公子瑕。《春秋》因此书“秋，卫杀其大夫元咺及公子瑕”。

这一复杂的事件涉及了众多人物的功罪，按照叶梦得的概括：“卫之事，当议罪者四人焉，晋侯也、卫侯也、元咺也、公子瑕也。”[⑧] 这四个人都没有尽到自己该承担的责任，共同参与、造成了卫国一连串悲剧的发生。现分别析之如下：

对于晋文公，孙觉认为霸主当如齐桓公一般大会诸侯，合

---

① 《春秋》于僖公二十八年书“卫侯出奔楚”。

② 《春秋》于僖公二十八年书“五月癸丑，公会晋侯、齐侯、宋公、蔡侯、郑伯、卫子、莒子盟于践土”。其中的卫子其实是叔武。

③ 《春秋》于僖公二十八年书“六月，卫侯郑自楚复归于卫”。

④ 《春秋》于僖公二十八年书“卫元咺出奔卫”。

⑤ 《春秋》于僖公二十八年书“晋人执卫侯，归之于京师”。

⑥ 《春秋》于僖公二十八年书“卫元咺自晋复归于卫”。

⑦ 《左传》曰：“晋侯使医衍鸩卫侯，宁俞货医，使薄其鸩，不死。公为之请，纳玉于王与晋侯，皆十瑴，王许之。秋，乃释卫侯。”

⑧ （宋）叶梦得：《叶氏春秋传》卷十。

心并力以攘夷狄奖王室为义，诸侯有不从者然后以师征之，使得夷狄不敢陵犯中国。而晋文为霸，“于兹五年未尝见其行事，一朝以强兵侵曹伐卫，而执卫侯、执曹伯”①，且“外不攘戎狄以怀诸侯”，这与霸主之“义”背道而驰。僖公二十八年“卫侯出奔楚”，孙觉认为，此处《春秋》虽书“卫侯”，实则贬斥晋文公。因为晋侯伐卫而楚人救之，卫不得已叛中国而附夷狄。当晋侯败楚师后，卫侯则不安其国而出奔，对于此事孙觉论道：

> 《春秋》之法，诸侯失地则名，卫侯奔楚独得不名者，非赦之也，以晋侯之迫出奔，其重者晋也。《春秋》之义，有罪在可贬而不贬者，皆有所见也。灭而出奔者，法当书名也，随军以归者罪又重焉，不得不杀出奔者之名以为以归者之重也，诸侯失地则生名矣，卫侯之奔也，晋人迫之。春秋欲重迫者之罪也，不得不杀卫侯之名以见之焉。若卫侯者，圣人非不欲名之，名之则不见晋侯之罪，圣人是以不名焉，非赦之也。②

孙觉并非认为晋文公不当讨伐依靠夷狄之国，而是主张身为霸主“当大会诸侯合心并力以攘夷狄、尊王室为义，诸侯有不从者，然后以师征之”可也；然而，“晋文未尝会盟而号令之，而遽以兵侵伐”，直接导致卫国寻求夷狄之国保护，也因此使得卫国国君出走他国而产生继起的内乱。

对于卫国继起的内乱，用叶梦得的话来说就是晋文公

---

① （宋）孙觉：《春秋经解》卷六。

② 同上。

“以霸主逐人之兄，而立其弟，使骨肉更相残”，以霸主身份驱逐卫侯郑，扶立卫侯弟叔武，促成了日后卫侯郑杀掉弟弟叔武的悲剧。如果说孙觉对晋文公过错的分析还围绕在霸主的职责方面，胡安国的议论则更贴近事件本身。首先，胡安国也认为“卫之祸，文公为之也”。其次，胡氏分析了卫国内乱的根本原因：“初，齐、晋盟于敛盂，卫侯请盟，晋人不许，是塞其向善之心，虽欲自新改辙而其道无由也……使文公释怨，许卫结盟，南向诸侯，弃楚而归晋矣，忿不思难，惟怨是图，必使卫侯窜身无所，奔于荆蛮，归于京师，兄弟相残，君臣交讼，谁之咎也？”[①]可见，由于晋人“失霸主宽洪之德”，“怀报怨之意，不听卫侯之改过自新”[②]，才使得卫侯窜身无所，终至兄弟相残、君臣交讼的悲剧境地。因此，晋文公才是卫国祸乱的罪魁祸首。

因此，《春秋》于僖公二十八年书“晋人执卫侯，归之于京师”，捉拿卫侯不书“晋伯”而书“晋人”，以为非“伯讨”[③]。书“晋人”，是在指责晋文公并没有尽到方伯应尽的责任，表示晋文公只是为自身利益而捉拿卫侯郑。《春秋》藉由这一书法确定晋侯的罪行。对此，孙觉认为：“晋执卫侯，晋之执之以何罪欤？受臣之谗而执人之君，虽归之京师不得以为伯讨。”[④] 刘敞也说：“称人以执者，非伯讨也，卫侯杀叔武，何以不得为伯讨，卫之祸，文公为之也。文公为之，奈何？文公逐卫侯而立叔武，使人兄弟相疑。放乎杀母弟者，文公为之

① （宋）胡安国：《胡氏春秋传》，第194—195页。

② （宋）张洽：《春秋集注》卷四。

③ 所谓“伯讨”，见《公羊传·僖公四年》传：“执者曷为或称诸侯？或称人？称侯而执者，伯讨也。称人而执者，非伯讨也。”

④ （宋）孙觉：《春秋经解》卷六。

也，然后治之晚矣。”[①]可见，宋儒都认为《春秋》书“晋人”是谴责晋侯轻信谗言，执他国之君，以启其内乱的罪责，因此，不能称“执卫侯”为“伯讨”。

关于卫侯之罪，见《春秋》于僖公二十八年书“六月，卫侯郑自楚复归于卫”。刘敞认为，《春秋》于鲁僖公三十年书“卫侯郑归于卫”时，特意写出卫侯之名是为了表达讥贬之意。“曷为贬？其始复也，杀叔武矣；其又复也，杀元咺及公子瑕，是暴戾而无亲也。”[②] 胡安国对卫侯自楚归卫而称名解释道：“卫侯出奔于楚则不名，见执于晋则不名”，现在复归得国复有其土地，何以反名之？“不名者，责晋文公之以小怨妨大德”；“何以名？杀叔武也。叔武者，卫侯之弟也”。卫侯之弟叔武本有让国之意，但卫侯不信元咺之言终杀叔武，对此，胡安国认为卫侯“是不念鞠子哀，而以争国为心，乱民彝，灭天理，其为罪大矣，此其所以名也”[③]。叶梦得与刘敞、胡安国的意见相近，也认为卫侯郑之罪在于“始如则杀叔武，再入则杀公子瑕，暴戾而贼其亲”[④]。卫侯郑为了巩固自身权力，不顾血缘亲情，先是除去弟弟叔武，后又杀死公子瑕，可谓“暴戾而贼其亲”。叶梦得也使用了“名”例解经：

> 卫侯何以复名？成叔武为君，以恶卫侯也。卫侯既命元咺奉叔武以受盟，或诉元咺曰：“立叔武矣”，遂杀元咺之子。及其归也，盟国人曰：“既盟之后，行者无保其力，居者无惧其罪。”卫侯先期入，叔武闻君至，喜而走

① （宋）刘敞：《春秋传》卷六。
② 同上。
③ （宋）胡安国：《胡氏春秋传》，第 196 页。
④ （宋）叶梦得：《叶氏春秋传》卷十。

> 出。前驱公子歂犬、华仲射而杀之。故进叔武以为君，而名卫侯。①

在叶氏对于诸侯名称的讨论中，他确定“反诸侯奔而名者，皆以别二君”，又说：“内亦一君也，外亦一君也。不名，何以别乎?”换言之，如果诸侯出奔，在国内没有竞争者，《春秋》依惯例并不书名。这是叶氏对《春秋》经文中关于诸侯称名例的看法。但是关于“六月，卫侯郑自楚复归于卫”这条经文，卫侯郑因为疑心错杀了弟弟叔武，叶氏认为《春秋》透过“成叔武为君”，对卫侯郑称名以违背“凡诸侯奔而名者，皆以别二君”这条义例，表示对卫侯郑的贬斥。因此，从《春秋》对卫侯称名，即可确定卫侯之罪。

至于元咺之罪，见于僖公二十八年“卫元咺自晋复归于卫”。在“尊君卑臣”的《春秋》大义下，元咺逐君、讼君、立君等行为受到了宋儒的一致声讨。孙觉认为元咺“奉叔武为君而逐卫侯，经书咺出入之迹，卫侯归则咺奔，咺复归则卫侯出”，在这种情况下，即使元咺所立的叔武为贤君，元咺身为臣子而逐走其君，这种做法仍然“不可训”。不但如此，元咺还讼其君，并在晋侯的帮助下立公子瑕为君，“故《春秋》书咺之出入最为详备，若咺者，圣人所深诛者欤”②。叶梦得也认为元咺之罪在于“以臣讼君，君入则己出，己入则君出”，其言：“古者君臣无狱，元咺讼卫侯，晋侯宥元咺，而刖卫大夫针庄子，杀士荣。归卫侯于京师。”③ 古代，君臣间

---

① （宋）叶梦得：《叶氏春秋传》卷十。

② （宋）孙觉：《春秋经解》卷六。

③ （宋）叶梦得：《叶氏春秋传》卷十。

不会有诉讼纠纷，而元咺以臣讼君违背了君臣之间应有的分别。元咺并还攀附霸主，藉霸主的威势制裁卫侯郑，并以臣子身份擅立公子瑕。如同对晋侯的“伯讨”书法产生讨论一样，胡安国除了对元咺“讼君”之恶进行批判外，也具体分析了经文“称国以杀”的书法：“称国以杀，而不去其官，何也？《春秋》之法，躬自厚而薄责于人，君子之道，譬诸射，诸正鹄，反求诸己。卫侯之躬，无乃有阙，盍亦省德而内自讼乎？夫称国以杀者，君与大夫专杀之也……卫侯未入，称国以杀，此《春秋》诛意之效也。然则大臣何与焉？从君于恶而不能止，故并罪之也。”①

张洽除了对元咺“讼君”之恶进行批判外，还说：“叔武虽死，而非成公实杀之，元咺岂得以此讼其君而致之缧绁？元咺归卫，异于蔡季华元之归，特书复者，著其假霸主之力，遂其无君之心也。”② 元咺之过还在于假霸主之力，其无君之心更甚，使得“三纲五常之理熄矣”③。同时，张洽的解释中涉及“归入例”的运用。对于此例，刘敞曾解云：

> 曷为或言归于？或言归之于？归于者，正也；归之于者，不正也。此其为不正……卫元咺自晋复归于卫，其言复归何？大夫无复，复者位已绝也，已绝而复，恶也，恶则其言归何？易也。其易奈何？以文公为之主也。④

刘敞认为大夫不言“复”，言“复”表明其位已绝，《春

---

① （宋）胡安国：《胡氏春秋传》，第199—200页。

② （宋）张洽：《春秋集注》卷四。

③ （宋）黄仲炎：《春秋通说》卷六。

④ （宋）刘敞：《春秋传》卷六。

秋》书大夫已绝再复之例，是讥讽之意。言元咺复卫，实则讥讽元咺以霸主为靠山而归国。

至于公子瑕之罪，《春秋》于僖公三十年书“秋，卫杀其大夫元咺及公子瑕”。在整个事件中，公子瑕是被拥立为君后又被杀的，即便如此，在宋儒看来，公子瑕依然难逃罪责。这是因为公子瑕被拥立是当“卫侯在，不命于天子而受国于元咺”，当时，卫侯在外，元咺执行卫国的大权，如不立新君，便有篡弑窃位之嫌。但是，公子瑕在没有得到周天子的任命且卫侯仍在的情况下，贸然接受元咺的拥立，结果被卫侯郑所杀。叶梦得对此论道：“瑕，逾年之君也。其曰‘公子瑕’何？瑕，元咺之所立，不与瑕之得成君，则是犹公子也。元咺立之，则何以及公子瑕？瑕不当受也。”[①] 以为公子瑕“立逾年不称君”，违背了诸侯一般称名的惯例。其例见《公羊·庄公三十二年》：“君存称世子，君薨称子某，既葬称子，逾年称公。”公子瑕接受元咺拥立在僖公二十八年，至僖公三十年即位已逾年，应依此例称公。但是《春秋》仍书“公子瑕”，表示对其罪行的确定。对于此条，《榖梁传》认为：“称国以杀，罪累上也，以是为讼君也。卫侯在外，其以累上之辞言之何也？待其杀而后入也。公子瑕累也，以尊及卑也。”这是说公子瑕被弑，完全是受元咺所累，因为公子瑕受立逾年，未能以君称者，一则无天子之命，二则未参与诸侯同盟，像叔武在践土之盟得以“子”称，是有据之辞。因此，可以说公子瑕是受虚名而被实祸，这些都是为元咺所累。孙觉、胡安国等都赞同《榖梁传》之说，如胡安国云：“公子瑕未闻有罪，而杀之，何也？元咺立以为君，故卫侯忌而杀之也。然不与卫剽同

① （宋）叶梦得：《叶氏春秋传》卷十。

者，是瑕能拒晅，辞其位而不立也；不与陈佗同者，是瑕能守节，不为国人之所恶也。故经以‘公子’冠瑕而称‘及’，见瑕无罪，事起元晅。以晅之故，延及于瑕，而卫侯忌克专杀滥刑之恶着矣。”[①] 胡安国认为“以晅之故，延及于瑕”，所以《春秋》才书“及”。

二 卫世子蒯聩出奔宋例

再以哀公二年“晋赵鞅帅师纳卫世子蒯聩于戚”一事为例，此事缘起于定公十四年“卫世子蒯聩出奔宋”[②]。按《左传》所载，当时卫侯夫人南子在宋境内与一个叫宋朝的人私通，南子归卫后还是一直思念宋朝，卫灵公竟然召宋朝来卫以慰南子，世子蒯聩深以为耻，于是令其家臣戏阳速一起朝见其母南子，要求戏阳速按照他的要求杀死南子。由于戏阳速犹豫不进，被南子发觉而告知灵公，世子被迫奔宋。卫灵公死后，由于蒯聩在外，蒯聩之子辄得以继位，是为卫出公。蒯聩此时又想藉晋国之力回国继位，但为其子辄所拒，只能暂居卫的一个城邑戚。因此，哀公三年“春，齐国夏、卫石曼姑帅师围戚”，便是蒯聩父子为了国君之位而不惜兵戈相见。

---

① （宋）胡安国：《胡氏春秋传》，第 200 页。对胡安国对经文“及”的解释，详见本章第三节。

② 《左传》记载事件经过：“卫侯为夫人南子召宋朝，会于洮。大子蒯聩献盂于齐，过宋野。野人歌之曰：‘既定尔娄猪，盍归吾艾豭。’大子羞之，谓戏阳速曰：‘从我而朝少君，少君见我，我顾，乃杀之。’速曰：‘诺。’乃朝夫人。夫人见大子，大子三顾，速不进。夫人见其色，啼而走，曰：‘蒯聩将杀余。’公执其手以登台。大子奔宋。尽逐其党，故公孟驱出奔郑，自郑奔齐。大子告人曰：‘戏阳速祸余。’戏阳速告人曰：‘大子则祸余。大子无道，使余杀其母。余不许，将戕于余；若杀夫人，将以余说。余是故许而弗为，以纾余死。’”

对出公辄以子拒父，孔子并不支持①，但《公羊传》的意见与之相反：首先，“蒯聩为无道，灵公逐蒯聩而立辄”，辄于“义”可立，这样，辄可以拒绝蒯聩归国继位。其次，由于“辄”乃灵公遗命所立，不能“以父命辞王父命”，君父可以废立世子，为子者不能不遵守君父之命，所以蒯聩虽为世子，也必须遵守灵公立辄之命。可见，辄受灵公之命即位，则蒯聩“世子”之位已然被废，而经文仍于定公十四年、哀公二年书“卫世子”，很明显《春秋》书此条有深意存焉，这亦即通常所谓的“《春秋》笔法”——以书或不书“名”来彰显褒贬善恶②。三传中，《公羊传》、《穀梁传》主义例和褒贬解经，但两传此处意见相同，《左传》与两传相异之处在于认为蒯聩谋杀未遂而走，非两传所言之无道见逐，但是，《左传》叙述蒯聩“弑母”于先，“出奔”于后，这与《公羊传》、《穀梁》所讥蒯聩“无道”不谋而合。因此，三传对此条经文的解释均无突破。显然，这是认为《春秋》褒贬可从其书名位之例上得知，何休的解释是：“主书者，子虽见逐，无去父之义。”这是指《春秋》书法意在讥蒯聩不孝，失为子之义，又为其“无道”增添一条罪名③。《公羊》家所留下的问题是关于两种相反意见的考虑：假使蒯聩仍为“世子”，于

---

① 见于《论语·述而》：“冉有曰：‘夫子为卫君乎？’子贡曰：‘诺，吾将问之。’入，曰：‘伯夷叔齐何人也？’曰：‘古之贤人也。’曰：‘怨乎？’曰：‘求仁而得仁，又何怨？’出，曰：‘夫子不为也。’”

② 《春秋》中的“名”一般有以下几种情况。如以定公十四年，“卫世子蒯聩出奔宋”为例，第一种是名字之名，如经文中的“蒯聩”。第二种是身份或爵位之名，如“世子”、“大子”之类。第三种为价值判断之名，如卫司寇齐豹，《春秋》书以“盗”名，因为“齐豹为卫司寇，守嗣大夫，作而不义，其书为‘盗’。”

③ 李学勤主编：《十三经注疏·春秋公羊传注疏》，第583页。

义，辄就不应据国争位；假使辄于义可继立为君，则蒯聩就没有以“世子”之名与子争位的凭据。

因此，后世注家尽管不再采信辄可以子拒父之说，但仍沿用“蒯聩为无道”、“无去父之义”之说解释经文。例如胡安国就是代表之一，他认为定公十四年经书“卫世子蒯聩”，其曰“世子”之义为：“世子，国本也……至于出奔，是轻宗庙社稷之所托付，而恣行矣。《春秋》……著其罪，故特书‘世子’，其义不系于与蒯聩之世其国也。”这种解释强调了“正国本”之重要性[①]。此外，胡安国还认为此处书“世子”于蒯聩之前，主要是讥讽其“轻宗庙社稷之所托付”的行为，而非赞同应由蒯聩继位。至于辄是否应该以子拒父？胡氏认为哀公二年再书“卫世子蒯聩”是“罪卫人之拒之也”，明言“世子，正也……位其所固有，国其所宜君，谓之储副”，因此，辄不可以子拒父。胡安国主张：“辄辞其位以避父，则卫之臣子拒蒯聩而辅之，可也；辄利其位以拒父，则卫之臣子舍爵禄而去之，可也。”[②] 由以上解释可见，以《春秋》书法中的褒贬之例解经，使得经文大义支离破碎：忽而认为“蒯聩无道，为国人所不受也”[③]；忽而又认为辄不能以子拒父，而需“辞其位以避父，则卫之臣子拒蒯聩而辅之可也”。更让人费解的是，胡氏还认为非辄拒蒯聩，乃“国人不受”，因此，书“世子”者为“罪卫人之拒之也”，这种说法更是遍检三传而无其踪迹。所以，这种自相矛盾、歧义纷出的解经方向，根本无助于探索经文意旨。

---

① 胡氏于哀公二年又曰：“灵公与卫国大臣不能早正国家之本以致祸乱，其罪皆见矣。”（宋）胡安国：《胡氏春秋传》，第 484 页。

② （宋）胡安国：《胡氏春秋传》，第 485 页。

③ 同上书，第 484 页。

从解经方式来看这些解释的歧义之处可知，《公羊》家和胡氏显然都将《春秋》书“世子”看成一种褒贬之例，而不考虑“卫世子”之称就此事而言是否有其实际的意义，而且《公羊》家和胡氏所说的褒贬，都有违孔子“不为卫君”之意。经解的最终目的乃是辨明卫君父子争国的是非，究竟上述哪一方意见才能厘清此事的是非，并能禁得起事理上的考验呢？

其实，在北宋初期，上述经文便已经进入《春秋》学者的视野，只不过此时的《春秋》经解之风尚处于“新旧”杂糅时期，这表现在：一方面，学者对三传旧说特别是三传以例解经深表不满；另一方面，新的解经方向仍未明晰[①]。这些特征表现在经解上便是既欲突破三传束缚，而又仍囿于其中的尴尬。例如孙复对上述经文的理解是：“灵公既卒，辄又已立，犹称曩日之世子，蒯聩当嗣。恶辄贪国叛父，逆乱人理以灭天性，孔子正其名而书之。”[②] 此处明言孔子书蒯聩为“世子”乃因为“蒯聩当嗣”，“孔子正其名而书之”，此种解说已经脱离了旧例的褒贬之说，但其文集中收录的《世子蒯聩论》则又出现了矛盾之处，其云：

> 正名者，传嗣立嫡之谓也。为国之道，莫大于传嗣；传嗣之道，莫大于立嫡，所以防僭乱而杜篡夺也。用能尊统传绪，承承而不绝……按《春秋》，定十四年，卫世子蒯聩出奔宋；哀二年，晋赵鞅帅师纳卫世子蒯聩于戚。蒯聩出奔宋者，蒯聩有杀母之罪，惧而奔宋也。纳卫世子蒯聩于戚者，灵公既死，蒯聩为辄所拒，不得入卫也。且蒯

---

① 相关论述可参阅本书第一章第一节。

② （宋）孙复：《春秋尊王发微》卷十二。

聩有杀母之罪，惧而奔宋，灵公固宜即而废之，择其次当立者，以定嗣子之位也。灵公不能先定嗣子之位，故使公子郢得立辄于后，以乱于卫。夫蒯聩者，灵公之子也，辄者，蒯聩之子也，辄既立，则蒯聩无以立矣。蒯聩无以立，则必反而争其国。既反而争其国，则辄必拒之。辄既拒之，是弃其父而立其子，教其子以拒其父也。噫，君君、臣臣、父父、子子，邦国之大经也。彼则弃其父而立其子，教其子以拒其父，君不君，臣不臣，父不父，子不子，禽兽之道也，人理灭矣。是故蒯聩出奔宋，纳于戚，《春秋》皆正其世子之名而书之者，恶灵公而不与辄也。恶灵公者，恶其不能正厥嗣以靖其国；不与辄者，不与其为人子而拒其父也。或曰若蒯聩者，独无恶乎？曰：蒯聩有杀母之罪，当绝反而争其国，是为簒国，故经书纳焉。纳者，簒辞也，孰谓蒯聩独无恶哉！然则蒯聩之簒国，辄之拒父，皆灵公为之也。皆灵公为之者，灵公生不能治其室，死不能正其嗣也，故《春秋》参讥之，此乃圣人正君臣、明父子、救昏乱、厚人伦之深旨也。而世之说者以为正百世之名者，失之疏矣。①

这是孙复撰写的一条史论，叙述了蒯聩出奔以及辄以子拒父的经过，相当完整，虽然孙复从中解读出“传嗣立嫡”的含义，但主体仍侧重于“正名”之说。但于文末却又说道：“是故蒯聩出奔宋，纳于戚，《春秋》皆正其世子之名而书之者，恶灵公而不与辄也。恶灵公者，恶其不能正厥嗣以靖其国；不与辄者，不与其为人子而拒其父也。”又“蒯聩有杀母

① （宋）孙复：《孙明复小集·世子蒯聩论》。

之罪，当绝反而争其国，是为篡国，故经书纳焉。纳者，篡辞也，孰谓蒯聩独无恶哉！然则蒯聩之篡国，辄之拒父，皆灵公为之也。皆灵公为之者，灵公生不能治其室，死不能正其嗣也，故《春秋》参讥之”，这两句解说又回归了《春秋》书“世子”、“纳”等语寓有圣人褒贬之意，这意味着重新陷入以例解经的窠臼。

真正对《公羊》学家提出有力质疑者应属刘敞[①]。他说：“何休曰：‘子虽见逐，无去父之义。’此不达于变也。诸侯以国为家，四境之内，力能专制之。若蒯聩不去，为灵公所杀，则陷父于大恶。今奉身逃窜者，收小恶于己也。以小易大，其情甚顺，此非《春秋》所恶也。”[②]是说蒯聩出奔还在情理范围之内，绝非《春秋》褒贬所在。既然有此质疑，则经书“卫世子”，其义就必须重新理解。刘氏认为：“称‘世子’者，正疑乎不正，君子与之继世焉，世子犹世世子也。”[③]“诸侯不得世其子，誓于天子然后称‘世子’。世子之贵达于王室，然则诸侯虽欲以爱易世子，犹不得也。”[④]刘敞撇开了孙复说经的含糊之处，直论“卫世子”之称所代表的继位正当性。刘敞还具体分析了蒯聩在先君死后仍称“世子”的原因：“蒯聩知以礼事其亲而不知几谏，见志之顺而无隙也。使其母恶

---

① 在刘敞之前，杜预注《左传》已质疑《公羊》义，其注鲁哀三年经文“齐国夏、卫石曼姑帅师围戚”，曰：“曼姑为子围父，知其不义，故推齐使为兵首。戚不称卫，非叛人。”（《十三经注疏·春秋左传正义》，第1624页。）范宁《注》也质疑《穀梁》义，其引江熙曰：“齐景公废世子，世子还国书篡。若灵公废蒯聩而立辄，则蒯聩不得复称曩日称世子也。称蒯聩为世子，则灵公不命辄审矣。”因此范氏认为：“从王父之言，传似失矣。”李学勤主编：《十三经注疏·春秋穀梁传注疏》，第338页。

② （宋）刘敞：《春秋权衡》卷十三。

③ （宋）刘敞：《春秋传》卷十五。

④ （宋）刘敞：《春秋意林》卷下。

而逐之，羁旅于外，《春秋》为人之不知权乃反责蒯聩之出走，而不计申生之死为非孝也。故君虽没犹谓蒯聩‘世子’……皆别嫌明疑，予正而夺不义者也。”① 从这个角度看，《春秋》书“卫世子”，并不是先有褒贬之书例，而是就事论事，指出此事争议的焦点，并为议论此事的是非提供有决定性的依据。

哀公二年，晋赵鞅帅师纳卫世子蒯聩于戚。以史实推之，晋赵鞅因齐、卫两国救范氏、中行氏，而与两国为敌，于是乘卫灵公之丧，助蒯聩而兴兵乱卫，并用阳虎之计诈入戚而据之。于此可见，赵鞅入卫只想报复卫国，蒯聩只是他利用的一个工具而已。《公羊》、《榖梁》二传却在“入”、“纳”上下工夫。而宋儒仍然将此事与前述蒯聩出奔、出公即位联系在一起，讨论蒯聩“世子”之名。如叶梦得解云：

> 君薨矣，蒯聩何以称“世子”？明正也。辄不得受命于王父，则蒯聩之世其国者正也……《公羊》不知其事而妄意之，乃以辄为受命于灵公而为，不以父命辞王父命之说……从《公羊》之说固不可以为训，以《左氏》为正则辄非灵公之所立，亦安得为受命于王父乎？②

叶梦得的解释十分明确，认为蒯聩出奔至灵公去世，卫国都没有确定世子人选，所以《公羊传》认为“辄为受命于灵公而为，不以父命辞王父命之说”是荒谬的，既然卫国一直没有新的世子出现，所以蒯聩仍称“世子”也就十分正常了。胡安国也解释道：

---

① （宋）刘敞：《春秋意林》卷下。

② （宋）叶梦得：《叶氏春秋传》卷二十。

> 今赵鞅帅师以蒯聩复国，而书“纳”者，见蒯聩无道，为国人之所不受也。国人不受而称“世子”者，罪卫人之拒之也。所以然者，缘蒯聩出奔，灵公未尝有命废之而立他子；及公之卒，大臣又未尝谋于国人数聩之罪，选公子之贤者以主其国，乃从辄之所欲而君之。以子拒父，此其所以称“世子”也……蒯聩之于天理逆矣，何疑于废黜？然父虽不父，子不可以不子，辄乃据国而与之争，可乎？故特系“纳卫世子蒯聩于戚”于“赵鞅帅师”之下。而鞅不知义，灵公与卫国大臣不能早正国家之本以致祸乱，其罪皆见矣。①

对于此条，胡安国的经解并不一味讲究一字褒贬，而是具体解释了经书蒯聩为“世子”的原因：蒯聩虽然出奔在外，但卫灵公并未立其他世子；灵公卒后，大臣也未深究蒯聩之罪并选贤以代。辄即位后，却拒迎其父归国。胡氏按照“父虽不父，子不可以不子”的原则推论，《春秋》称蒯聩为“世子”是恰当的②。

小结　正名与褒贬：以经义诉诸秩序的努力

其实，在上述诸儒的众多论述中，除了少数是为了辨明事

---

① （宋）胡安国：《胡氏春秋传》，第483—484页。

② 卫辄之拒父，二传以为“以王父命辞父命”。胡安国不从旧说，考《左传》，卫灵公游于郊，有立子郢之言，故知辄非有灵公之命，此以《左传》为案，以正二传之非者。又孔子以伯夷、叔齐为求仁得仁为无怨，以对子贡之问者，盖伯夷尊父命，而叔齐重天伦故也。然兄弟尚且互让，况父子；岂可相争乎？胡安国的辩解，可谓名教功臣了。

迹外，大多围绕着一个核心的议题——“正名”[①]。《孔子世家》说：“是时，卫君辄父不得立，在外，诸侯数以为让。而孔子弟子多仕于鲁，卫君欲得孔子为政。”[②] 由上文叙述可知，当时的卫侯出公辄与其父蒯聩争国，父子纷争，虽未至于臣弑其君、子弑其父，却同样违逆伦常。由于这一事件，《论语·子路》篇中才记载子路之疑问：“卫君待子谓政，子将奚先？”孔子答曰：“必也正名乎！……名不正则言不顺，言不顺则事不成……故君子名之必可言也，言之必可行也。”至董仲舒，于《春秋繁露》中也专作《深察名号》以析之。可见，“名分”观念在《春秋》学的初始阶段便已具有重要地位。孔子提出的“正名”，即“正”君臣父子之“名”，这既是春秋时期政治生活的一个概括，也是对周礼“损益”后所提炼出的核心内容，体现在其所纂修的《春秋》中，即要通过正名以维护周天子的尊严和等级制度下的统治秩序，这一秩序的合理呈现便是“礼”[③]。可见，这种“正名”是以导正礼乐、刑

---

① 由于孙复的《世子蒯聩论》中已有相关引用，因此，为避免重复以及为此处议论铺垫，宋儒于其议论中所引的孔子与子路的问答内容均被省略，特此说明。

② ［日］泷川鬼太郎考证：《史记会注考证》卷四七，日本东方文化学院东京研究所，1933年，第64页。

③ 这一含义早在《左传》昭公二十六年晏子对齐侯之语中已经表露：“礼之可以为国也久矣，与天地并。君令，臣共，父慈、子孝，兄爱、弟敬、夫和、妻柔、姑慈、妇听，礼也。君令而不违，臣共而不贰，父慈而教，子孝而箴；兄爱而友，弟敬而顺；夫和而义，妻柔而正；姑慈而从，妇听而婉；礼之善物也。”晏子之意是要齐侯推行礼治，以制止陈氏篡位的可能。汉代贾谊改造了晏子之言，并针对汉初政局的特殊状况而提出了更为精辟的论断：“主主臣臣，礼之正也；威德在君，礼之分也；尊卑大小，强弱有位，礼之数也。礼，天子爱天下，诸侯爱境内，大夫爱官属，士庶各爱其家，失爱不仁，过爱不义，故礼为守尊卑之经、强弱之称者也。”（汉）贾谊：《新书校注》，中华书局2000年版，第214页。贾谊主张君主应当充分注意运用权势，而且君臣对权势的拥有是礼本身所规定的，无可僭越。

罚，用以保民、安民，它主要指涉政治伦理，最终以正国家、臻至治为目标。

《春秋》“正名”之旨至宋代再次得到提倡，胡安国曾言：“正名，经世之本，名正而天下定矣。”① “及春秋时，礼制既亡，霸者以意之向背为升降，诸国以势之强弱相上下……《春秋》防微杜渐，尤谨于名分。”② 而这里的“正名”内涵，宋儒有了两种解说，一种是程颐从“名实相须”③ 角度所作的理解，如孙复所言：

> 孔子曰：“天下有道，则礼乐征伐自天子出”……夫礼乐征伐者，天下国家之大经也，天子尸之，非诸侯可得专也。诸侯专之，犹曰不可，况大夫乎！吾观隐、桓之际，诸侯无大小皆专而行之，宣、成而下，大夫无内外皆专而行之，其无王也甚矣！故孔子从而录之，正以王法，凡侵、伐、围、入、取、灭，皆诛罪也。④

诸侯大夫无小大、无内外之分“专而行之”才会导致名分错位、权力倒置。另一种是朱熹引谢良佐之说：“正名虽为卫君而言，然为政之道，皆以此为先。”⑤ 此处的“正名”更接近于《论语·颜渊》篇中的“君君、臣臣、父父、子子”之论，即一种传统政治、伦理秩序。从这个角度看，上述孙

---

① （宋）胡安国：《胡氏春秋传》，第 58 页。

② 同上书，第 78 页。

③ 朱熹引程颐曰：“名实相须。一事苟，则其余皆苟矣。”朱熹：《四书章句集注》，第 142 页。

④ （宋）孙复：《春秋尊王发微》卷一。

⑤ （宋）朱熹：《四书章句集注》，第 142 页。

复、孙觉的解说就不只是一种含糊之论，因为他们明确反对卫灵公及蒯聩父子的“僭乱名分”行为，因此，其解经方向仍可归为褒贬之属。而刘敞等人的论述则明显符合程子所论，抛弃了义例褒贬之说，只就“事”论“世子”及“世子之子”的继位正当性，因此，最终蒯聩“世子”之名，乃是为了弄清事件的真相，而非先入为主地褒贬一方。

至于儒家所强调的“君君、臣臣、父父、子子”，更是对所指称的言行必须符合相关标准的责求。因此，这里所指称的就不单单是辨上下之等，也可以表示层级差别的标准。宋儒通过对经文的细致比较，或通过传统的《春秋》书法，或通过经文所载事实，或藉三传以说明人物善恶、事件本末，但最终方向仍是“别嫌明微、正名定分”。但是，经文的诠释只是表达政治见解的途径，其最终目的仍然是通过经解以昭示君臣间应有的分别，方伯、诸侯应有的责任，使“君臣之义，方伯、诸侯之职，无不各得其正”①，这既是宋儒所理解的《春秋》经义的要求，也是他们所“体贴”而得的“天理”的要求。在这种辨上下之等的森严秩序下，汉代揭橥的《春秋》“贬天子、退诸侯、讨大夫”的积极精神，最终蜕化为防微杜渐的保守与自卫意识。宋人在守土护国上孱弱无力，只能退而寻求巩固国家统治的精神支柱，无疑，《春秋》学中被解析出来的“名分”观念，诸如杜绝君臣僭越、父子仇雠等，都是为了以理想之“名”纠眼前之“实”，这一观念还可以被引申为各种位置上的人各安其责，这样自然内无纷争而外无侵扰。这种理论可以安抚在内忧外患中疲惫不堪的宋朝君臣，让他们于自身的精神世界上“享受”一种各安其分的理

① （宋）叶梦得：《叶氏春秋传》卷十。

想秩序。事实上，终赵宋一朝，这种“享受”也只存在于君臣的精神世界中[①]。

第三节　权者反经、有善乃为：经解中的经权关系

经权观念是中国传统伦理思想中一个相当重要的观念。所谓“经”，指通常情况下人们必须遵守的原则，这些原则一般具有不可更易的特征，而“权”指随机应变、因地、因事制宜的灵活性[②]。在《春秋》学中，“经”与“权”分别指人们遵守《春秋》大义的规范，以及在特殊情况下灵活应对[③]。宋儒于《春秋》学中也探讨经、权关系，如萧楚云：“圣人之于臣子，有责其守经事者，有予其适变事者，责其守经事者，严上下之分也；予其适变事者，通一时之权也。”[④] 赵鹏飞也曾言：“权正不并用，仁义不两立，权足以济时，君子舍其正，

① 对于汉、宋之儒喜援“名分”以解经，熊十力曾进行了尖锐的批评，他认为：“夫名分者，当群品未进，而统治阶层以是整肃众志，使其安于处卑，而无出位之思也。故名分为封建社会思想之中坚、一切文为、制度，（文者文章，为者为作，如典法之类。）无一不与名分攸关。乃至心有所思，口有所议，罕有超于其时众所共守之名分而脱然独往者。吾侪读汉宋群儒之经注或文集及其立朝章奏，随在可见名分二字，为其思想之根底。汉以来二千数百年，社会之停滞不进，帝制之强固不摇，虽原因不一，而名分之束缚吾人，未始非主因也……汉以后奴儒，媚事皇帝，其释《春秋》及群经，乃盛张名分以推抑群黎。遗毒既深。而《春秋》本旨遂长晦。”熊十力将“名分”视为“封建社会思想之中坚”，把“名分”视为思想的“束缚”，都显示出他的卓见。熊十力：《论六经：中国历史讲话》，中国人民大学出版社 2006 年版，第 14—15 页。

② 吴付来：《试论儒学经权论的逻辑走向》（《安徽师大学报》（哲学社会科学版）1996 年第 1 期）对儒家经、权观念的演变作了较为详细的论述。

③ 这一观念在春秋末期开始萌芽，经过战国时期的发展，到西汉景帝初年《公羊传》的写定后才完全成形。张端穗：《〈春秋公羊传〉经权观念的缘起》，《东海中文学报》第 10 期，1992 年 8 月。

④ （宋）萧楚：《春秋辨疑》卷三，文渊阁《四库全书》本。

仁足以安天下，君子不责其义。”[①] 所谓“严上下之分”者，依循伦常规范，适于平时，守经也；“通一时之权”者，反于经而合于道也，适于非常之时，通变也。可见，萧楚与赵鹏飞都是主张君子是可以行权的，但理论上的主张与现实中的运用却有着巨大差距，因为经权问题本身非常复杂，涉及面十分广泛，不少问题并非可以单纯地以经或权的含义来断定。本节以“宋人执祭仲”与“宋督弑其君与夷及其大夫孔父”等事迹为例，来具体分析宋儒于《春秋》学中对经权关系的阐发。

一 宋人执祭仲例

《公羊传》中有关“权”的看法，是藉由桓公十一年“九月，宋人执祭仲”这条经文时提出的。关于此条经文，《公羊传》认为：“权者何？权者反于经，然后有善者也。权之所设，舍死亡无所设。行权有道，自贬损以行权，不害人以行权。杀人以自生，亡人以自存，君子不为也。”这段话的大意是：权是违反常经的，但行权的结果必须是善的。权只有在君主生死、国家存亡的关键时刻才能实行，除此之外，不能随便行权。行权还有一个重要的原则，那就是要损己利人，而不是害人利己。可见，《公羊传》之论权，以生死为判，以义为断。若为“义”则杀人以自生，亡人以自存等行为亦无不可；苟不义，虽有善，得以使亡者存，死者生，亦不可为。对于经文所书祭仲之事，《公羊传》评论道：

> 祭仲者何？郑相也。何以不名？贤也。何贤乎祭仲？

---

① （宋）赵鹏飞：《春秋经筌》卷十二。

以为知权也。其为知权奈何？古者郑国处于留。先郑伯有善于郐公者，通乎夫人，以取其国而迁郑焉，而野留。庄公死已葬，祭仲将往省于留，涂出于宋，宋人执之。谓之曰："为我出忽而立突。"祭仲不从其言，则君必死，国必亡。从其言，则君可以生易死，国可以存易亡。少辽缓之，则突可故出，而忽可故反，是不可得则病，然后有郑国。古人之有权者，祭仲之权是也。①

《公羊传》通过对《春秋》大义的分析，高度评价了祭仲"逐君存郑"的"知权"行为，指出《春秋》经载此事时之所以称祭仲之字而不称其名，是因为祭仲"贤"，他能通权达变。因为在《公羊传》看来，若当时祭仲不听从宋人的意见，国君必定会死，郑国亦将面临危机；若听从宋人的意见，国君与国家均可保存。而且暂时答应宋人的意见，可以作为缓兵之计，等形势稍定后再把所立的雍姞子突逐出国，而忽可以依旧回来复位。因此，《春秋》并不以废嫡立庶、专废置君的罪名责备祭仲。郑国在祭仲的权宜处置下获得保存，很显然，《公羊传》肯定祭仲的行为，认为祭仲可以作为施行权道的典范。

《左传》则叙述了该事件原委：

初，祭封人仲足有宠于庄公，庄公使为卿。为公娶邓曼，生昭公，故祭仲立之。宋雍氏女于郑庄公，曰雍姞，生厉公。雍氏宗，有宠于宋庄公，故诱祭仲而执之，曰："不立突，将死。"亦执厉公而求赂焉。祭仲与宋人盟，

① 李学勤主编：《十三经注疏·春秋公羊传注疏》，第96—98页。

以厉公归而立之。秋九月丁亥，昭公奔卫。己亥，厉公立。

从《左传》的叙述可知，郑祭仲于国丧未久，出境经过宋地。宋人因与郑庄公夫人雍姞有故遂执祭仲，要求祭仲驱逐太子忽而立雍姞子突，并以其性命相威胁。《左传》本身并未对该事件及祭仲等作出评价[①]，后起的《左传》学者杜预却评论道：祭仲“不称行人，听迫胁以逐君，罪之也”，又云：“祭仲之如宋，非会非聘，见诱而以行人应命。”孔颖达疏称：祭仲“不能死节，挟伪以篡其君，故经不称行人以罪之”[②]。总之，《左传》学者认为祭仲见诱至宋，听迫逐君，废长立少，不能死节，挟伪篡权，罪大恶极。

另外，就《左传》记事来看还有另一种可能，就是祭仲之所以逐公子忽而立公子突，其实是出于顾及个人安危，违背君臣之义而专废置君。家铉翁就认为《公羊传》之论乃附会之说：“宋非方伯连帅而擅执郑之为执政者，郑之执政非其臣属，而甘于受其执而不以为怒，盖相与为盗奸，外示执而中则同也……窃以为仲与庄内外合谋而为此，本非执也。仲为郑卿，柄其国者也，岂得一旦轻行为宋所执，又与突俱归而遂立之。当是时，立而弗立，其权在仲。彼迫胁而为之盟，又何足以要我。而仲也出君纳君若是之易耶？盖忽者，郑庄公嫡子，有功于齐，刚傲自大，祭仲忌之，故与宋庄合

① 从《左传》所记来看，郑昭公（忽）曾率兵大败北戎，还坚拒大国的婚姻，是一个有作为的君主。而郑厉公（突）则较为平庸。而祭仲既是郑庄公的宠臣，又劝郑昭公（忽）联姻于齐，以求大国外援，接着又接受宋国的诱迫而更立国君，以致使郑昭公出亡在外，可以看出，祭仲的才能、品德亦实在值得商榷。

② 李学勤主编：《十三经注疏·春秋左传正义》，第193页。

谋更立弱君，为固位之计。突既篡兄，复不假仲以权，仲又出之而复以忽归。若先书宋人执郑祭仲，继书突入忽出，著祭仲谓首恶也。突非祭仲无以遂其篡夺之谋，仲非首恶而何？……有权者，反经合道之说，误天下后世岂不甚哉！”[①]依照家铉翁的分析，祭仲假行权以存废立君主而保存国家之名，实际上是出于固位之私欲而与宋合谋，此说亦值得深究。

无论是上述哪一种可能，《左传》的看法都与《公羊传》的解释相反[②]，且无论是依据《左传》所述的事实，还是后人自身时代的伦理观，《公羊传》所主张的“祭仲行权”说都遭到了普遍的反对。《穀梁传》也根据君臣名分对祭仲提出严厉的批评：“祭仲易其事，权在祭仲也，死君难，臣道也，今立恶而黜正，恶祭仲也。”汉代贾逵于《长义》中论难祭仲之事道：“若令臣子得行，则闭君臣之道，启篡弑之路。”[③] 贾逵认为君臣纲纪是社稷安定之根本，若臣以行权而废立国君则乱臣贼子滋起，天下神器可得而窥也[④]。杜预也说：“伯仲叔季，固人字之常，然古今亦有意为名者，而《公羊》守株，专谓祭氏以仲为字。既谓之字，无辞可以善之，因托以行权。人臣而善其行权逐君，是乱人伦、坏大教也。”[⑤] 杜预之论乃承贾

---

① （宋）家铉翁：《春秋集传详说》卷四。

② 两传的解释不同，原因众多，古文经学家贾逵认为，对于君臣关系，关于祭仲等人的评价，“《左氏》义深于君父，《公羊》多任于权变，其相殊绝，固以甚远，而冤抑积久，莫肯分明。”（南朝宋）范晔：《后汉书》，中华书局 1997 年版，第 1236 页。

③ 李学勤主编：《十三经注疏·春秋公羊注疏》，第 98 页。

④ 范宁之论与贾逵相同，他在《穀梁传序》中说：“《公羊》以祭仲废君为行权……以废君位行权，是神器可得而窥也。”李学勤主编：《十三经注疏·春秋穀梁传注疏》，第 9—10 页。

⑤ （晋）杜预：《春秋释例》卷四。

逵而发挥。几位《春秋》学名家都对祭仲行权之事，从君臣之义的角度提出了攻击，这不能不使人怀疑《公羊传》有关“权”的理论。

至宋代，《春秋》学者几乎一致反对《公羊传》的“祭仲行权”说，而极力声讨祭仲之罪。孙复首开其端，他认为祭仲“为郑大臣，不能死难，听宋威胁，逐忽立突，恶之大者。况是时忽位既定，以郑之众，宋虽无道，亦未能毕制命于郑。仲能竭其志力于宋，则忽安有见逐失国之事哉!”①孙复的批判实际集中于一点，就是祭仲若能内辅国政，外拒诸侯，则根本不用受制于别国。刘敞亦曰：

> 若祭仲知权者，宜效死勿听，使宋人知虽杀祭仲，犹不得郑国，乃可矣。且祭仲谓宋诚能以力杀郑忽而灭郑国乎？则必不待执祭仲而劫之矣；如力不能，而夸为大言，何故听之？且祭仲死焉足矣，又不能，是则若强许焉，还至其国而背之，执突而杀之可矣，何故黜正而立不正以为行权，乱臣贼子孰不能为此者乎……若仲之为者，《春秋》之乱臣也。②

刘敞也是责备祭仲未尽力事君，事后又不能死君之难。祭仲既屈以从宋，力足以为后日逐突而立忽乎？此则未必。因此，其假权之名以为僭越之实，是刘敞所谓乱臣贼子。

黄仲炎与赵鹏飞主要从君臣关系方面反驳《公羊传》的“祭仲行权”说。黄仲炎认为“《公羊》之最谬者”之一，便

---

① （宋）孙复：《春秋尊王发微》卷二。

② （宋）刘敞：《春秋权衡》卷九。

是“以祭仲为行权”，因为：

> 祭仲执国之政，受命以奉其嫡子。忽为君，有死无贰，仲之职也。一旦见执于宋，贪生苟免，遽立突而黜忽，视变易其君不啻如弁髦，虽斧钺刀锯犹恐不足以痛惩之，况可许以权乎！以祭仲为权，是使世之奸臣卖君卖国以自为利者，皆借权以自解，则天下国家之祸安有已哉！①

如果承认祭仲之举为行权，就会给后世“卖君卖国以自利者”肆其所欲的借口，如此则天下国家的祸乱就没有停息之日了，字里行间透露出作者对祭仲毫无余地的批判，黄仲炎由此下结论，《公羊传》之论“其误天下后世不浅矣”②。赵鹏飞十分注重守节之臣对国家的重要性，他认为：“节义之臣，国之治乱系之。”对于祭仲之事，他认为祭仲是郑国的重臣，郑国之治乱系于祭仲。即使当“宋庄不义，以突之母为己出，诱祭仲执之，求出忽而纳突。仲于此以义拒之可也，拒而不从死之可也。”但祭仲既寡谋浅虑又被宋国所诱，懦弱不能拒，它是导致郑国数世之乱的罪魁祸首。因此，“圣人尤仲不死，故诛其魂于千百载之后以息郑乱”③。赵氏对祭仲的所谓“行权”非常愤慨。

对于《公羊传》认为《春秋》称祭仲字而不名为褒意，宋儒也给予了反击，崔子方之论较为典型：

---

① （宋）黄仲炎：《春秋通说》卷二。

② 同上。

③ （宋）黄仲炎：《春秋通说》卷二。

传者谓《春秋》书字以为褒，误矣。彼独不因其事以观之乎？夫突，宋出也。宋人之所欲立，宋以为不得祭仲则忽不可出而突不得立，故执祭仲以要之，仲不能以己殉国守节而死难，于是废正立庶，徇人之私，彼其得罪宜矣。①

崔子方认为以祭仲之行事，获罪尚且不暇，《春秋》怎么还会给予褒奖。这些疑问也是经权问题中所涉及的重要部分。胡安国则认为：

祭仲何以不名？命大夫也。命大夫而称字，非贤之也。乃尊王命，贵正卿，大祭仲之罪以深责之也。其意若曰：以天子命大夫为诸侯相而执其政柄，事权重矣。固将下庇其身，而上使其君保安富尊荣之位也。今乃至于见执，废绌其君而立其非所立者，不亦甚乎。任之重者责之深。祭仲无所逃其罪矣。《春秋》美恶不嫌同辞，突之书名，则本非有，国由祭仲立之也。若忽则以世嫡之正至于见逐不能立乎其位，贵贱之分亡矣。凡此类抑扬其词，皆仲尼亲笔，非国史所能与，而先儒或以从赴告而书者，殊误矣。②

胡安国否定了《公羊传》“贤”祭仲的解释，认为《春秋》不书祭仲之名，正是要彰显祭仲之罪以深责之。因为祭仲身居显要之职，当辅佐君主安居其位，今逐君、立君咸由己意，其罪在所难逃。张洽不但批评祭仲，他还注意到了《春秋》记“宋公不书爵而称人”的书法，张洽认为这是“以其徇大夫之私意，干诸侯之正统，使之黜适立庶，贬之也。死

① （宋）崔子方：《春秋经解》卷二，文渊阁《四库全书》本。
② （宋）胡安国：《胡氏春秋传》，第69页。

难，臣道也。祭仲贪生畏死，为郑正卿，背先君之命而立庶孽，故穀梁子曰：‘恶祭仲也。’”《春秋》不书宋公之爵而称“人”，主要是指责宋公肆意干涉别国君位的传承，使之废嫡立庶，乱别国之政。而祭仲身为正卿，不知为国死节，背弃先君之命而立庶，“观比事属辞之旨，则宋与祭仲之罪不可胜诛固已甚明。而天子方伯之职不修，以致奸狡强横肆行而无所忌之实皆可见矣”①。

尽管宋儒从诸多方面反对《公羊传》对祭仲的“行权”解释，但是，早在《论语》、《孟子》的相关内容中已开始有了对“权”的讨论②。这就不禁令人怀疑，是否圣人也肯定通权达变，所以《公羊传》才于经解中体现圣人之旨呢？在叶梦得看来，这不足以作为可以“行权”的理由，他说：

> 其说盖起《公羊》，以祭仲出郑忽为知权，而《春秋》贤之者也。故谓：“权者反于经，而后有善。”学者虽知其失而斥之，然终不能不以吾圣人言之近似者而惑之也。夫“可与适道，未可与立。可与立，未可与权”，孔子固言之矣。此岂舍常而用权者哉？孟子曰：“子莫执中，执中为近之。执中无权，犹执一也。所恶执一者，为其贼道也，举一而废百也。”夫道固有常、变。惟明道者，虽守其常，而变自存乎其间。此君子之所谓权者也。世之知常而不知变，知变而不知常者，皆分乎道，而各蔽于一偏，则孟子所谓

---

① （宋）张洽：《春秋集注》卷二。

② 如孔子在《论语·子罕》中说：“可与共学，未可与适道，未可与立；可以立，未可以权。”又如《子罕》篇载：“子绝四：毋意，毋必，毋固，毋我。”此“四毋”即为权，即是孟子“执中无权犹执一”之意。

执一而贼道者是也。恶睹夫权而议之哉?[①]

这是《论语》、《孟子》中和经权问题最相近的资料，也对“权”作了初步的讨论。在《论语·子罕》中，孔子提到了“权”字，取其“权衡轻重”的用意。但孔子并不像《公羊传》那样以“反经合道”来界定“权”。经过叶梦得的解释，孟子所谓“执一而贼道者”，其实是指责“知常而不知变”、“知变而不知常”这两种人，从而突出自己所强调的持守常道的重要性。应当注意的是，叶梦得强调的“守其常，而变自存乎其间”，即是说如果可以“守经”就能应变、“通权”。如此一来，“通权”无异于“守经”了[②]。

---

① (宋)叶梦得:《春秋考》卷一。

② 从以上分析可以看出，叶梦得反对“权”变，认为如果假人以通权之便，便会以乱济乱，这种观点十分近似程颐“经只是权”的说法。程颐强调“权”只是经所不及的部分，“权”的最终目的还是合义，合义也就是“经”了。可是，如正文所述，孔、孟皆言经、权，很明显经、权非一，不然圣人又何必分而言之呢?朱熹便不同意程颐之说而提出经权非一的看法:“经者，道之常也;权者，道之变也。道是个统体，贯乎经与权。如程先生之说，则鹘突了。所谓经，众人与学者皆能循之;至于权，则非圣贤不能行也。”《朱子语类》，第989页。在朱子的分析上，“经”与“权”在概念上应该划分，而不该依照程颐的说法，将“经”与“权”等同起来，不作分别，同时，朱子认为不能一味否定“反经”的概念、作法。如果反经，却合乎道理，这仍是正确的。本杰明·艾尔曼对程颐和朱熹的经、权观也作了区分，对于程颐的观点，艾尔曼说:“虽然宋代学者尚未标明其为‘今文’观点，但令程颐等人困扰的，是汉代对《公羊传》更为自主式的主张，以及董仲舒在《春秋繁露》中所说的‘反经合道为权’。程颐视此为道德原则之颠覆，于是将‘权’与‘经’等同(‘权即经也’)，而将‘权’亦纳入道德范围内。若准许‘权’背离道德，便是质疑天地间恒常不易的标准(‘天地之常经不可易者’)。”“而朱熹不同，他对于人们面对的道德两难，有更多同情的了解。朱熹试图调和程颐与董仲舒，因此承认‘权’在道德标准无效且别无他途时，是可以肯定的(‘经是万世常行之道，权不得已而用之’)。”但同时，朱熹也申明，并非所有人都可以行权，而是“唯有圣贤能够运用‘道德权衡’，而即使圣贤亦须明白其行为合乎‘义’，而在互斥的两种要求下，取得适时的均衡(‘时中’、‘当守经则守经义，当用权则用权，所以谓义可以总括得经权’)。”[美]本杰明·艾尔曼:《经学·科举·文化史》，中华书局2010年版，第30—31页。

因此，叶氏强调《论语》此章尽管提到权，却不教人舍弃常道[1]。在这一认识下，叶梦得认为君臣之义不可动摇，如果承认《公羊传》允许行权的作法，则是“以乱济乱”，他说：

> 《春秋》立天下之常道，以垂万世者也。或者以为亦有从权者焉，非也。今天下之所以能立者，为其有君君、臣臣、父父、子子、兄兄、弟弟、夫夫、妇妇，而行之以礼乐政刑，持之以纲纪文章者也。汤武非不仁也，孔子曰：“武尽美矣，未尽善也。韶尽美矣，又尽善也。”终不以桀纣而易天下之君臣也。卫辄受命于灵公，而有其国者也……终不以辄而乱天下之父子也。何者？权者，有时而行；而常者，万世不可改者也。虽大圣人，岂以一时之宜而废万世之正乎？春秋之时，三纲亡，五常绝，凡天下之所以立者，无一而不坏矣。上无道揆，下无法守。明王不作，既无与出而治之者。孔子方将以空言，拨其乱而反其正，举其所谓常而不可改者，揭而示之天下。使昭然如日月之不可掩其明，屹然如山岳之不可易其位。几何而不正乎？若是而通其权，是以乱济乱也……以祭仲出郑忽为知权，而《春秋》贤之者也，故谓：“权者反于经，而后有善。”学者虽知其失而斥之，然终不能不以吾圣人言之

① 学者钱穆，解此章的“权”字说：“称物之锤名权。权然后知轻重。《孟子》曰：‘男女授受不亲，礼也。嫂溺援之以手者，权也。’《论语》曰：‘立于礼’，然处非常变局，则待权其事之轻重，而后始得道义之正。但非义精仁熟者，亦不能权。”钱氏强调“必能立乃始能权”，确为本章之善解。钱穆：《论语新解》，三联书店2002年版，第245—246页。

近似者而惑之也。[1]

这是叶氏对经权问题最基本的看法。叶氏认为《春秋》是要"立天下之常道"，这个"常道"，就是礼乐政行纲纪下的君臣、夫子、兄弟、夫妇等诸种关系。叶氏还引用《论语·八佾》[2] 与《论语·子路》[3] 中的说法，证明君臣、父子、兄弟、夫妇间的伦常关系是不可动摇的。在这个前提下，叶氏界定经权关系为"权者，有时而行；而常者，万世不可改者也"。圣人不可能因"一时之宜，而废万世之正"，那样只会造成"上无道揆，下无法守"的混乱局面，从而动摇君臣、父子间的伦理关系。换言之，若是允许反经从权，即是"以乱济乱"。

因此，孔子为求拨乱反正，"举其所谓常而不可改者，揭而示之天下"。藉由树立常道来挽回世道人心，而不谈从权。鉴于五代伦常败坏，纲纪荡然，叶氏刻意强调孔子树立常道的用心，表现出一定的时代色彩。

二　孔父、仇牧、荀息死君难例

相对于宋儒集中批判背负忘记臣职、擅废君主、贪生怕死等众多罪名的祭仲，对于可以忠君之事，甚至死君之难的大臣，宋儒则不遗余力地予以褒奖。其中，最为典型的，莫过于

① （宋）叶梦得：《春秋考》卷一。

② 《论语·八佾》曰："子谓韶：'尽美矣，又尽善也。'谓武：'尽美矣，未尽善也。'"

③ 《论语·子路》曰："子路曰：'卫君待子而为政，子将奚先？'子曰：'必也正名乎！'子路曰：'有是哉，子之迂也！奚其正？'子曰：'野哉，由也！君子于其所不知，盖阙如也。名不正，则言不顺；言不顺，则事不成；事不成，则礼乐不兴；礼乐不兴，则刑罚不中；刑罚不中，则民无所措手足矣！'"

孔父、仇牧与荀息三人。

此三人的事迹，分别见于：桓公二年，春，王正月，戊申，宋督弑其君与夷及其大夫孔父。（宋华父督将弑殇公，但他知道只要孔父还活着，他的心愿就不可能达成。因此，他先攻孔父。殇公知道孔父一死，自己性命也不保，因此亲自去营救孔父。结果两人同为宋督所杀。《公羊传》认为《春秋》所以记载孔父之名，是赞扬孔父有贤德[①]。）庄公十有二年，秋，八月甲午，宋万弑其君接及其大夫仇牧。（宋国大夫南宫长万曾被鲁庄公俘虏而后获释，宋闵公曾讥讽他是庄公的俘虏。宋万一怒之下扭断了闵公的脖子。仇牧一听到君王被杀，就持剑赶来，遇到宋万，也不逃避，反而怒斥宋万。结果被杀，死状甚惨。《公羊传》认为经文所以记载仇牧之名，是因为仇牧有"贤"德："何贤乎仇牧，仇牧可谓不畏强御矣。"[②]）僖公十年，春，王正月……里克弑其君卓及其大夫荀息。（晋献公爱宠妃骊姬，欲立她所生的儿子奚齐为太子，因而杀了世子申生。申生的老师是里克。献公病危之际，问荀息说："士何如则可谓之信矣。"荀息回答："使死者反生，生者不愧乎其言，则可谓信矣。"献公死后，奚齐即位。里克认为献公"杀正而立不正……废长而立幼"，要求荀息表态。荀息以他许诺献公的话作答。里克知道荀息不会与他同谋，于是就杀了奚齐。荀息又立骊姬的另一儿子卓子为君，里克又杀了卓子。荀息因此

① 《公羊传》桓公二年："何贤乎孔父？孔父可谓义形於色矣。其义形於色奈何？督将弑殇公，孔父生而存，则殇公不可得而弑也，故于是先攻孔父之间。殇公知孔父死，已必死，趋而救之，皆死焉。孔父正色而立于朝，则人莫敢过而致难于其君者，孔父可谓义形于色矣。"

② 《公羊传》："仇牧闻君弑，趋而至，遇之于门，手剑而叱之。万臂摋仇牧，碎其首，齿着乎门阖。仇牧可谓不畏强御矣。"

自杀殉国。《公羊传》描述荀息的事迹，认为《春秋》有赞许他为贤臣之意在：“何贤乎荀息？荀息可谓不食其言矣。其不食其言奈何？……荀息可谓不食其言矣。”①《公羊传》认为荀息之贤在于“不食其言”。）

这三段经文中都有一个“及”字，《公羊传》每次解释时都说：“及者何？累也。”意指他们之中的每一个人都是受到弑君行动的牵累而死的，并且传文在提及每次事件受到牵累的人时，还连带到另外两人，如：“及者何？累也。弑君多矣，舍此无累者乎？孔父、荀息皆累也。”② 遭到弑君行为连累而死的大夫很多，为什么只有他们三人被经文提出呢？传文的解释也都是相同的——因为他们有贤德。例如桓公二年的传文就说：“舍仇牧、荀息无累者乎？曰：有。有则此何以书？贤也。”他们三人都有贤德，但三人贤德的内容却不一样。孔父是“义形于色”，仇牧是“不畏强御”，荀息是“不食其言”。《公羊传》认为这三人虽贤德不同，但都是忠君爱国之士，所以为“乱党”疾恨，都在弑君行动中遭到牵累而死。《公羊传》的称许侧重为臣事君之道，褒扬的是贤臣以生命护卫君主乃至以身殉难的忠诚节义。

宋儒基本赞同《公羊传》对“及”的解释，如高闶就认为“人臣死君难故书‘及’，以著其节，称大夫以明不失其官也。夫死者，人之所甚难。而忠臣义士慷慨发难，虽不救而以身死之，世人见其事之不成，从而咎之者众矣。圣人特著其节，又称其官以勉进忠义之士，使为于不可为之时，救于无可

---

① 《公羊传》僖公十年。

② 《公羊传》庄公十二年。

奈何之际。”① 这段话，可以看作宋儒对《春秋》书“及”最为详细的解释。受《公羊传》的影响，宋儒在评价三人中的某一位时，也常常将三人放在一起评论。如孙觉就说：

> 春秋死难之臣，三人而已，孔子书之，无异文也。夫以春秋之时，臣事君不以其道者多也。至逐君以求利，卖君以全身。三人者，立人之朝，食君之禄，君存与之存，君死与之俱死，春秋弑君二十有四，而死君之难者三人而已。若三人者，投万死以赴君之难，难不果救，以身死之，而又在春秋之时，盖贤者不可议矣。②

春秋之时，“逐君以求利，卖君以全身”之人比比皆是，如孔父、仇牧、荀息三人可以死君之难者实在稀少，因此，孔子书之“无异文”。现以宋督弑宋万一事为重点旁及仇牧、荀息之事，来分析宋儒对“死君之难”大臣的态度。

还以上述孙觉之论为起始。孙觉认为在《春秋》的记录中，为臣而能与君俱亡者仅有孔父、仇牧、荀息三人。而这三人又有些许差异：“三人之中，其节最高而不可拟者，孔父也。孔父正色立朝，奸臣逆子，威慑而不敢致难于其君。必先杀孔父，而后敢行弑逆，是孔父以一人之身，而捍一国之难。孔子贤之，而特书其字，以别仇牧、荀息徒能死君之难。”③很明显，孙觉赞许孔父为“三人之中，其节最高而不可拟者”，是因为仇牧和荀息虽能死君之难，却于国无益。而孔父

---

① （宋）高闶：《春秋集注》卷四。

② （宋）孙觉：《春秋经解》卷三。

③ （宋）孙觉：《春秋经解》卷二。

却能因“正色而立于朝”，使乱臣贼子有顾忌之心，是“以一人之身，而捍一国之难”，因此，孔子“书其字”以表彰①。

刘敞则嘉奖孔父“处命不渝”的精神：“孔父之智则众，孔父之忠则尽矣。托六尺之孤，寄百里之命，知必死而不避，孔父可谓处命不渝矣。”② 胡安国继之，认为孔父“君弑死于其难，处命不渝，亦可以无愧矣。”有人问：“孔父贤而书名，则曰礼之大节也。今此则名其君于下而字其臣于上，何以异乎？”孔父“贤”，《春秋》书其名，祭仲“诡”，《春秋》却不书其名，这中间的差异何在？胡安国回答道：“《春秋》者，轻重之权衡也。变而不失其正之谓权，常而不过于中之谓正。宋殇、孔父道其常，祭仲、昭公语其变，惟可与权者其知之矣。”③ 意即《春秋》本为权衡轻重之书，只要其判断是非的标准没有失去，书例是可以做些许变化的。胡安国乐道孔父之难主要还是为了引申己意：“凡乱臣贼子畜无君之心者，必先翦其所忌而后动于恶，不能翦其所忌则有终其身而不敢动也。华督欲弑君而惮孔父，刘安欲叛汉而惮汲直，曹操欲禅位而惮孔融，此数君子者，义形于色皆足以卫宗社而忤邪心，奸臣之所以惮也。不有君子其能国乎？《春秋》贤孔父，示后世人主崇奖节义之臣乃天下之大贤、有国之急务也。”④ 胡安国藉孔父之例告诫君主务必崇奖节义之臣，只要忠义之臣立于朝，“畜无君之心者”自然有所忌惮。

---

① 孙觉言孔父“正色立朝”之说，实依《穀梁》。《公羊》则谓“孔”是氏、“父”是字也是谥号，书字书谥是因为孔父为孔子之祖。孙觉认为书字实因孔父可褒，而非孔子之祖。

② （宋）刘敞：《春秋传》卷二。

③ （宋）胡安国：《胡氏春秋传》，第69页。

④ 同上书，第45页。

小结　反经与行权：变相的褒贬书例

孔子曰："可与共学，未可与适道；可与适道，未可与立；可与立，未可与权。"在孔子看来，实行权比坚持道还要困难。朱熹注引"洪氏曰"："权者，圣人之大用。未能立而言权，犹人未能立而欲行，鲜不仆矣。"不能坚持正道，就谈不上行权。臣忠君是常经。君不贤，臣子放之，也是权。但是，如果不能坚持正道，放君就变成了篡位，所以，孟子说："有伊尹之志，则可；无伊尹之志，则篡也。"① 由于社会生活中各种事件发生、发展的复杂性和不可预测性，上述诸位儒家代表人物的经权关系理论正好为主体处于道德选择困境时提供了取舍原则②，具体到《春秋》学中，由于经文过于简略，诸多学者所归纳的褒贬之例又多有不可圆通之处，因此，经权关系更是被广泛地运用于经解之中。只不过，通过上述简略的梳理可以发现，经过孟、荀以至董仲舒，基本完成了经权理论与《春秋》经解的融合，其逻辑合理性的论证也臻于完善，虽至宋儒这里也很难有新的突破。

由上述所举祭仲、孔父等人的事例可以看出，宋儒于《公羊传》的经权问题上，出现了两种看似完全对立实则殊途同归的观点，仍以孙觉对孔父、仇牧、荀息三人的评论来作为引子：

---

① （宋）朱熹：《四书章句集注》，第358页。

② 通过本节的论述可以发现，经、权问题的难点实际是面临道德困境时的选择，本杰明·艾尔曼对《公羊传》称赞祭仲行权的观点的评论，也揭示了这一点，他说："《公羊传》对盲从道德绝对性的谴责，更强调了遵从'权'指示的自主性方面。此种今文政治观把道德冲突带进对过去事件的评断上。"《经学·科举·文化史》，第24页。

> 孔子皇皇乎七十余国，孟子奔走齐梁之郊，既未尝遇，亦未尝死也。然孔子亦不贬此三人者，以为不得不少进三人者，以激时人之不死者也。然亦不遂褒之者，非吾道之极致。若遂褒之，则若圣人之道，至是而止矣……逐君以求利，卖君以全身，则三人者必不为，而《春秋》之所善也。“以道事君，不可则止。”则三人者不能也。“既明且哲，以保其身。”又三人者不至也。故取之以《春秋》之时，则三人在可褒之域，格之以圣人之道，则三人犹未备焉。此《春秋》所以进之而无褒，书之而未善也。[①]

孔孟主张人臣“以道事君，不可则止”，是源自先秦社稷之臣的传统。孔子、孟子都曾周游列国，但也没有为哪个国君尽过死节，最主要的原因是：“既未尝遇，亦未尝死也。”由于国君不可能完全信任臣下，臣子就要相时而动，不能为功名利禄所绊。这种君臣关系不是单向的臣事君以忠，还要加上君待臣以信、以礼，这样自然也不会有尽忠而死的现象出现。孙觉此论已经完全突破了三传及众多前贤的说法，在宋代确实少见。在这种主张的观照下，孙觉认为虽然春秋之时孔父、仇牧、荀息三人死君之难十分罕见，但却仍非孔子“圣人之道”所真正赞许的行为，所以《春秋》于行文中才会“进之而无褒，书之而未善也”。可惜的是，在宋代《春秋》学者中，孙觉这种主张“尊王”并非盲目遵从、效死事君的观点几乎及身而止。在《公羊传》中，祭仲、孔父等人都是受到称赞的，孙觉之后的宋儒几乎用一边倒的方式严责祭仲、褒奖孔父等人。而这正如前述，他们对待祭仲、孔父等人的态度看似不

① （宋）孙觉：《春秋经解》卷三。

同，实则一致，就是以事君的态度为唯一标准。

实际上，如果我们细加检视便会发现，宋儒尽管没有批判《公羊传》对孔父等三人的评价，但赞扬孔父、仇牧、荀息事迹的立足点却与《公羊传》不同。《公羊传》称赞他们三人各自体现了一项普遍的社会伦理：义形于色（孔父）、不畏强御（仇牧）、不食其言（荀息）[①]。宋儒却称赞他们共同体现了特殊的君臣伦理——这一伦理的核心便是“君臣之义”[②]。宋儒之所以要用这样的权道观来诠释祭仲、孔父等人的事迹另有其用意，那就是凸显大一统体制下人臣对君王应尽的终极义务——效死。如果用西汉董仲舒的话来概括最为恰当，董仲舒认为人臣的主要职责是“其法取象于地……委身致命，事无专制，所以为忠也……伏节死难，不惜其命，所以救穷也”[③]。董仲舒要求人臣“委身致命”、“伏节死难”的观点，恰好迎合了宋代理学背景下士大夫的君臣伦理观，这如同胡安国所说：“不避其难，义也……惟此义不行，然后有视弃其君犹土梗，弁髦曾莫之省而三纲绝矣。”[④] 因此，宋代《春秋》学中的经权之争，是变相的褒贬书例，权变的本质在于“善”与“义”，这种“善”与“义”的范围便是“礼”，仍然是出于善善恶恶的目的。实际上，早在唐代，大儒柳宗元便已经揭示

① 简松兴说：“《公羊》家曾标示了贤臣的典型：孔父的义形于色、仇牧的不畏强御、荀息的不食其言……从表面视之，似乎只对国君一个人效命，其实若深一层的考究，我们不难了解，与其说他们在为国君一人效力，倒不如说他们在为一个抽象意义的整体——国家——效命。”转引自刘德明《孙觉〈春秋经解〉方法探究》，花木兰文化出版社 2008 年版。

② 宋儒通过对荀息等三人事迹的讨论，引申出的“君臣之义”中又侧重于为臣之道，侧重于为贤臣之道。

③ （汉）董仲舒：《春秋繁露》，第 587—588 页。

④ （宋）胡安国：《胡氏春秋传》，第 106 页。

了这一点：

> 经也者，常也；权也者，达经者也……经非权则泥，权非经则悖。是二者强名也。曰当，斯尽之矣。当也者，大中之道也。离而为名者，大中之器用也。知经而不知权，不知经者也；知权而不知经，不知权者也……知经者不以异物害吾道，知权者不以常人怫吾虑。合之于一者，信于道而已者也。①

可见，柳宗元以“大中”为最高原则将经权统一起来，这表明权的概念作为经学的研究对象已经被认同，如此，则自由解经的空间大大拓宽，学者以自己的理性去解经，从而可以在《春秋》书例允许的范围内游刃有余，这自然为宋代学者所普遍继承和发挥，体现在《春秋》经解中便是人人将“正例”、“变例”对应于经、权，这与汉代公羊学的经、权理论虽时隔千年仍如出一辙②。

---

① （唐）柳宗元：《柳宗元集》卷三《断刑论》下，中华书局1979年版，第891页。

② 徐复观对董仲舒治公羊学的方法总结说，董仲舒“强调权变的观念而把古与今连上；强调微、微眇的观念，把史与天连上。这不仅是把《公羊传》当作构成自己哲学的一种材料，而是把《公羊传》当作是进入到自己哲学系统中的一块踏脚石”。徐复观：《西汉思想史》（第二卷），华东师范大学出版社2004年版，第206页。宋代《春秋》学中的经、权理论，无非也是为了学者阐发天理观念的踏脚石而已。

第五章 始隐与获麟：宋代《春秋》学的问题意识

古代经学家研究《春秋》一般都有一个共同的前提，即承认孔子作《春秋》。孔子为儒家始祖有“圣人”之誉，《春秋》中因含有圣人垂教后世之义，才值得后人不断抉发其深刻含义。且《春秋》内涵的丰富性，不但表现在传统经学家所谓“一字褒贬”的《春秋》笔法上，而且连《春秋》的起始与断限都被后人赋予了特殊的意义。《史记·十二诸侯年表》载：“孔子明王道，干七十余君，莫能用，故西观周室，论史记旧闻，兴于鲁而次《春秋》，上记隐，下至哀之获麟。”《春秋》于鲁隐公元年开端，终于哀公十四年，《春秋》终结之年既非鲁国某公的始年，亦非末年。在汉代，公羊学者将“西狩获麟”与孔子受命联系在一起，进而发展出孔子素王、以“《春秋》当新王”、“黜周王鲁”等理论，这一理论经由东汉谶纬之学的发挥，使得《春秋》学多有“非常异义可怪之论”。还有，“感麟而作”与“文成致麟”的争论都掩盖不了一个事实，那就是《春秋》是始于鲁隐公而非始于获麟，这其中又包含了圣人哪些特殊的用心呢？这样，关于《春秋》起止的诸多问题，在整个《春秋》学史上就没有停息过，成为汉晋之后《春秋》学需要回应的重大问题。

第一节 感麟而作与文成致麟：绝笔的意义追寻

在《春秋》学史上，《春秋》断限与“西狩获麟”为人所熟知，《春秋》为何断限于此也是《春秋》学史上的一个重要问题，这种争论自西汉发端，到宋代仍未能获得一致见解。难怪连朱熹也说：“《春秋》获麟，某不敢指定是书成感麟，亦不敢指定是感麟作，大概出非其时，被人杀了，是不祥。”[①] 由于历来的传、注、疏作者都乐于阐发《春秋》中的微言大义，因此非常重视《春秋》的一字一句，《春秋》的断限自然也被纳入学者的审视视野中。他们思考的是，倘使西狩获麟为孔子有意的“结束”，则其意义何在？此一结束又与传统以来被认为是太平之瑞的“麟”有着什么样的关系？这些都是值得我们关注的问题。

一 西狩获麟与黜周王鲁

鲁哀公十四年，“春，西狩获麟”。《左传》叙其事曰：“十四年春，西狩于大野，舒孙氏之车子鉏商获麟，以为不祥，以赐虞人。仲尼观之，曰：‘麟也。’然后取之。”三传中，只有《左传》未止于“西狩获麟”[②]，但是，左氏只是记载了获麟经过，并未对此条经文作出任何评论，显然，

---

① （宋）黎靖德编：《朱子语类》，第 2172 页。当然，朱熹之后此一争论仍然未能停息，黄震就说：“大意谓麟祥物也，但出非其时，人不谓之祥，盖以自况而不直说，遂成文法之妙。”钟肇鹏选编：《读书记四种·黄氏日抄》（第 17 册），第 27—28 页。清儒仍然对此问题较为关注，可参阅胡楚生《试论〈春秋〉之文化史义涵——以俞樾之说为探索中心》，载《经学研究续集》，台湾学生书局 2007 年版。

② 《左传》止于鲁哀公二十七年。

《左传》作者并不认为此处有特殊意义。《公羊传》则解曰：

> 何以书？记异也，何异尔？非中国之兽也，然则孰为狩之？薪采者也，薪采者，则微者也，曷为以狩言之？大之也，曷为大之？为获麟大之也，曷为获麟大之？麟者仁兽也，有王者则至，无王者则不至。有以告者曰："有麕而角者。"孔子曰："孰为来哉！孰为来哉！"反袂拭面涕沾袍。颜渊死，子曰："噫！天丧予。'子路死，子曰：'噫！天祝予。"西狩获麟，孔子曰："吾道穷矣。"

春秋之世诸侯僭越，周室名存而实亡，故《公羊传》屡书"上无天子"①。麟至，而天下无王者，嘉瑞无应，故孔子伤道穷而泣，制《春秋》明拨乱反正之义，俟后圣以行道。《春秋》为何绝笔于此？《公羊传》引述孔子之语曰："备矣。"何休注此句曰："人道浃，王道备。"据传文"有王者则至，无王者则不至"一语，可知《公羊传》以麟来为征，象征新王者至，此"《春秋》当新王"义之所出。王者至，则《春秋》一书拨乱反正之使命自然宣告终结，何休即以此推断人道浃，王道备。

如所周知，麟在古代被视为仁兽，是圣王之嘉瑞，只有当太平之世圣王出现或喜庆之时才现于世②。故帝尧时麒麟游于

---

① 见《公羊传》庄公四年夏、僖公元年春、僖公二年春正月、僖公十四年春、宣公十一年冬十月。

② 如《礼记·礼运》篇云："麟、凤、龟、龙谓之四灵。"《诗经·麟趾》篇也有所歌咏。《汉书·武帝纪》载："元狩元年冬十月，行幸雍，祠五畤。获白麟，作《白麟之歌》。"《后汉书·明帝纪》也载："是岁，濮湖出黄金，庐江太守以献。时麒麟、白雉、醴泉、嘉禾所在出焉。"可见，在当时，"麟"仍然被视为祥瑞之兆。

郊外，万民知其为祥不忍伤其生；周将兴，凤鸣于岐山，百姓以为瑞，争图其形，麒麟也曾现于野。自尧至今麒麟两现于世，此次出现，却无明王在位且为薪采者所获，非其时也。时无明王而获麟，孔子伤周道之不兴感嘉瑞之无应，故孔子说："丘犹麟也！麟之出，因不遇明王而遭害；丘生不逢时，不遇明王，故吾道难行于世，而终至于穷矣！"而纵观全文，《公羊传》只是认为麒麟出现乃嘉瑞之兆，而此次出现在周道不兴之时，孔子因此感伤自己未遇明主而道难行于世，故有意绝笔于获麟①。

至西汉初年，公羊学名家董仲舒云：

> 有非力之所能致而自至者，西狩获麟，受命之符是也。然后讬乎《春秋》正不正之间，而明改制之义。一统乎天子，而加忧于天下之忧也，务除天下所患。而欲以上通五帝，下极三王，以通百王之道，而随天之始终，博得失之效，而考命象之为，极理以尽情性之宜，则天容遂矣。②

董子以为"西狩获麟"是孔子的"受命之符"，孔子于受命之后乃作《春秋》，以"明改制之义"。这段话表明董子认

---

① 唐代韩愈在《获麟解》中所说："麟之出，必有圣人在乎位。麟为圣人出也；圣人者，必知麟。麟之果不为不祥也。又曰：麟之所以为麟者，以德不形。若麟之出不待圣人，则谓之不祥也亦宜。"（唐）韩愈撰，阎琦校注：《韩昌黎文集注释》，三秦出版社2004年版，第60页。邹进先于《韩愈诗文释译·马说》一文中对韩文之作因论道："有说作于贞观十一年，韩愈三次上书宰相求仕，然而毫无结果，作此文讽刺宰相。"（唐）韩愈撰，邹进先译释：《韩愈诗文译释》，黑龙江人民出版社1985年版，第202页。

② （汉）董仲舒：《春秋繁露》，第196—197页。

为“西狩获麟”是《春秋》撰作的动机，即《春秋》乃孔子“感麟而作”①，圣人用意便在于“务除天下所患，而欲以上通五帝，下极三王，以通百王之道”。《俞序》篇中又云：“仲尼之作《春秋》也，上探正天端，王公之位，万民之所欲，下明得失，起贤才，以待后圣。”周德既衰，天下无王，故董仲舒以为获麟者乃孔子受命之符；孔子以麟至，制《春秋》以应嘉瑞，正是要显示他禀受天命继承商、周王统而建立的新王之道：“故《春秋》应天作新王之事，时正黑统。王鲁，尚黑，绌夏，亲周，故宋。”② 然则，孔子受命而未王，必待后圣继起以拟鲁之新王，以行《春秋》之道③。孔子作《春秋》有这样神圣的缘起，西汉统治者便不能不加以尊重。孔子有德无位，只能成就素王的功业，历史上真正继承周朝的是汉朝，汉朝统治者为了证明汉代的兴起符合历史的发展，具有统治的正当性，他们就必须虚心接受《春秋》新王之道的理论。

实际上，当西汉之时，董仲舒关于“西狩获麟”的论述，

---

① 徐彦疏引纬书云：“《公羊》以为哀公十四年，获麟之后，得端门之命，乃作《春秋》，至九月而止笔。《春秋说》具有其文。”李学勤主编：《春秋左传正义·春秋公羊传注疏》，第1页。司马迁继承了董仲舒的观点，认为《春秋》乃因“感麟而作”，《史记·儒林列传》记载：“世以混浊莫能用，是以仲尼干七十余君无所遇，曰：‘苟有用我者，期月而已矣。’西狩获麟，曰‘吾道穷矣。’故因史记作《春秋》，以当王法，以辞微而指博，后世学者多录焉。”

② （汉）董仲舒：《春秋繁露》，第236页。

③ 对于“《春秋》新王”或孔子“素王”的涵义，钱穆解释说，依照董仲舒的观点，“即使当时的天子，孔子《春秋》里也要褒贬，所以说《春秋》是‘新王’，又说孔子是‘素王’。‘素’，犹近代语说‘空’。孔子并没有真个当新王，《春秋》褒贬，也不是当时真有一个新王朝，真定了那样的法律来褒贬，于是孔子《春秋》只成为‘素王’了。这犹如说是一个‘无冕的王者’，或是一‘空头王者’了。”钱穆：《孔子与春秋》，《两汉经学今古文平议》，商务印书馆2005年版，第272页。

焦点并非是《春秋》“起笔”与“绝笔”时限，而在于其所点明的“受命”与“改制”含义，且后一点得到了汉儒充分的发挥。董仲舒本人就说：“故文王悼痛而欲安之，是以日昃而不暇食也。孔子作《春秋》，先正王而系万事，见素王之文。”[①] 此处，董仲舒将孔子作《春秋》与“素王”联系起来，而据前所述，《春秋》又是孔子“感麟而作”，因此，获麟—《春秋》—素王便成了一个有机的体系。

但是，董子虽言西狩获麟为孔子受命之符，却并非认为孔子即为新受命之王，而指孔子受命作《春秋》之义，这样，西狩获麟之后受命而王的具体对象便是《春秋》，孔子于《春秋》中加之“王心”使之成为“天子之事”，即董氏所云“故《春秋》应天作新王之事”[②]。以《春秋》当新王，原有的“周”便成了“旧王”，具体而言是：

> 《春秋》上绌夏，下存周，以《春秋》当新王。《春秋》当新王者奈何？曰：“王者之法，必正号，绌王谓之帝，封其后以小国，使奉祀之。下存二王之后以大国，使服其服，行其礼乐，称客其朝。故同时称帝者五，称王者三，所以昭五瑞，通三统也……《春秋》作新王之事，变周之制，当正黑统。而殷、周为王者之后，绌夏改号，禹谓之帝，录其后以小国，故曰绌夏存周，以《春秋》当新王。[③]

这里，董仲舒所指的新王是“上通五帝，下极三王，以

① （汉）班固：《汉书》，第2509页。

② （汉）董仲舒：《春秋繁露》，第244页。

③ 同上。

通百王之道，而随天之始终”的圣王，这绝非人力所能致，而是来自上天的受命；然而“新王”虽获麟受命，董仲舒的说法中却始终在孔子与素王之间留下了空间，即不明言孔子为受命之王，而反复强调“《春秋》当新王”、“见素王之文”①，这是因为孔子即便获麟受天之命，依旧没有成为王者，故其王者之行仅能从《春秋》来展现，即孔子所谓“吾因其行事而加乎王心焉”②。

而东汉何休在继承董仲舒之说的基础上，不但将董仲舒的“黜周王鲁”之说系统化，更赤裸裸地援引谶纬之说来宣称西

---

① “素王”并非董仲舒所独见，孔颖达云：“麟是帝王之瑞，故有素王之说，言孔子自以为素王，故作《春秋》，立素王之法。”李学勤主编：《十三经注疏·春秋左传正义》，第25页。清儒皮锡瑞在《经学通论》中也说：“素王本属《春秋》，不属孔子。”

② 所谓“新周、故宋，以《春秋》当新王”、“黜周王鲁”等说是《公羊》学的基本思想，董仲舒与何休的公羊学基本奠定了上述理论。它指的是公羊家认为孔子作《春秋》，怀抱“新周”、“故宋”、“王鲁”的意识，并且遵循这种观念诠释《春秋》经文。其中，“新周”见于《公羊》宣公十六年成宣榭火灾条，其曰：“何以书？记灾也。外灾不书，此何以书？新周也。”“新周”当读为“亲周”，古“新”、“亲”可通用。《史记》、《春秋繁露》均作“亲周”。“亲”表示周、鲁之间的特殊关系，即周为鲁之共主，周发生的事情，鲁史也当写，据鲁史而成的《春秋》也当记。何休可能是不解“新”、“亲”可通用，也可能是为了发挥自己的思想，“新”仍作本字读，读为新旧之“新”，以致得出“黜周”之结论。赵伯雄先生在《春秋学史》（第451页）中认为《史记》、《春秋繁露》均作“亲周”、何休注作“新周”，殆字形相近致误。蒋庆认为“王鲁”说与“新王”说有联系又有区别，所谓联系，两说都涉及到“当王”的问题，都深寓孔子制之新王法；所谓区别，两者所当王法的主体不同；一是以《春秋》这部经当王，一是以鲁国这个诸侯国当新王，并且两者所要说明的对象也不同；一是要说明孔子作经的目的是以《春秋》当新王，一是要说明孔子作经的方法是以鲁国当王（蒋庆：《公羊学引论——儒家的政治智慧与历史信仰》，辽宁教育出版社1995年版，第101页）。应该说，蒋氏这段论述抓住了二者关系的关键，而很多习《公羊》学的人却将二者混淆在一起。

狩获麟乃预言汉室将兴[1]，《春秋》西狩获麟，《公羊传》只言“记异”，仅以为“麟者仁兽，有王者则至，无王者则不至”，而何休《解诂》则附会孔子已知周室既衰，刘氏当兴，而为之“豫位”。何休此说，除了在加强西狩获麟与孔子作《春秋》的意义之间的联系外，并无可取之处。因为，且不论孔子有无彼意，只从汉代灭亡本身便可知讨论《春秋》为汉制法之说已经毫无意义[2]。

至宋代，汉代的《春秋》为素王、《春秋》“新王”说以及“黜周王鲁”说都等遭到严厉批判。《公羊》家创造的“新王”与“王鲁”说，是在周天子尚存的情况下，就设计出一个新的“王”来取而代之，实与《春秋》为王见义之旨相悖，故被视为“非常异义可怪”之论。在宋儒看来，《公羊》家主张“黜周王鲁”之说，实际上未能把握夫子作经之旨。如欧阳修在其著名的《正统论》一文中曾说：“仲尼以为，周平虽

---

① （汉）何休：《春秋公羊传注疏·序》：“夫子素案图录，知庶姓刘季当代周。见薪采者获麟，知为其出，何者？麟者木精，薪采者庶人燃火之意，此赤帝将代周居其位，故麟为薪采者所执。西狩获之者，从东方王于西金象也；言获者，兵戈文也；言汉姓卯金刀，以兵得天下。不地者，天下异也……夫子知其将有六国争强，从横相灭之败，秦项驱逐，积骨流血之虐，然后刘氏乃帝，深闵民之离害甚久，故豫泣也。”此段以阴阳五行配合图谶之学，谓孔子由获麟一事预知即将改朝换代，故《春秋》经文谓“西狩”、“获”、“麟”等字，即是孔子特意安排，以寓含赤帝将起，“汉”之火德将代“周”木德之象。孔子作《春秋》，不仅特为后王制法，且已预知是专为汉帝而作。关于谶纬对“新王”说的发挥，详见陈苏镇《两汉之际的谶纬与〈公羊〉学》，《文史》2006 年第 3 辑。另外，杨权的《“玄圣”孔子“为汉赤制”》［《深圳大学学报》（人文社会科学版）2008 年第 7 期］也对此问题进行了专论。

② 如孔颖达曾在申解左氏义而批驳此说道：“鲁用周正，则鲁事周矣”，又云：“天子称王，诸侯称公，鲁尚称公，则号不改矣。《春秋》之文，安在黜周王鲁乎……孔子之作《春秋》，本欲兴周，非黜周也”。李学勤主编：《十三经注疏·春秋左传正义》，第 29 页。

始衰之王，而正统在周也，乃作《春秋》，自平王以下，常以推尊周室，明正统之所在……刺讥褒贬，一以周法，凡其用意，无不在于尊周。而后之学者不晓其旨，遂曰黜周而王鲁。”[①] 欧阳修以当时的“正统”观念否定“黜周王鲁”的诬枉，虽然有后人勉强前人之处，但亦反映了当时《春秋》学多以“借事明义”阐发见解的趋势。北宋末期的李如篪分析得更为详细，其云：

> 孟子曰：“《春秋》，天子之事。”正谓定天下之事，成天下之业，皆天子之事，非孔子欲身为天子之事也。李厚作《春秋总要·序》，见孟子有此说，遂云孔子以天子之事为己任。殊不知孔子只是思得明王，以行所蕴，既终不可得，于是作《春秋》，见诸行事，以明己志耳，岂可以匹夫欲以天子之事为己任哉！如先儒黜周王鲁之说，孔子素王、丘明素臣之说，皆不明夫子作经之旨。[②]

其意谓先儒不明孔子作经之旨，才会得出黜周王鲁、孔子素王等妄说。孙觉也反驳何休之“黜周王鲁”：

> 何休之说，曰《春秋》将以黜周王鲁。孔子为天下无王乃作《春秋》，何得云黜周王鲁。孔子为天下无王乃作《春秋》，何必得云黜周王鲁？如经书“王正月”者，

---

① 此外，欧阳修在《送黎先生下第还蜀》中还说：“《黍离》不复雅，孔子修《春秋》。扶王贬吴楚，大法加诸侯。妄儒泥于鲁，甚者云黜周。大旨既已矣，安能讨源流。遂令学者迷，异说相交钩。”（宋）欧阳修：《欧阳修全集》，第8页。

② （宋）李如篪：《东园丛说》，中华书局1985年版，第3页。

大一统也；先王人者，卑诸侯也；不书王战者，以见天下莫之敌也；书“王”而加“天”者，别吴、楚之僭伪也。《春秋》尊王如此，安得谓之黜周乎？①

孙觉认为，正是由于周王不振，王室衰微，孔子才作《春秋》以冀恢复王道盛世。且如上述所言，孔子本人也志在兴周，又怎么会黜周而王鲁呢？何休之说实乃谬误。

刘敞虽也不赞成“黜周王鲁”、以“《春秋》当新王”之说②，但他准确把握了二者的区别与联系，在他所处之中央集权空前加强，外患频仍、内忧不断的时代，“黜周王鲁”与“《春秋》当新王”之论更属应予力斥的对象，故刘敞对此进行了毫不留情的批判，他认为“《春秋》当新王”之说与《春秋》“达王义”的性质相悖，有厚诬圣人之嫌：“《公羊》谓《春秋》以隐公当新王也。有王者作，方治内之时而忘恩于其卿佐乎？故事在可以然之域则归之三世，在不可以然之域则致之新王，使其言如循环而不可训，以迷世罔民也，此学者之祸也。故辨者能惑人以言，而不能服人之心，此之谓欤。”③“新王”说是错误的，因为在刘敞看来：

圣人作《春秋》，本欲见褒贬是非，达王义而已。王义苟达，虽不新周，虽不故宋，虽不当新王，犹是《春秋》也。圣人曰：不怨天，不尤人，知我者，其天乎？

---

① （宋）孙觉：《春秋经解·序》。

② 刘敞说：“《公羊》之所以异二传者，大指有三：一曰据百二十国宝书而作；二曰张三世；三曰新周故宋，以《春秋》当新王。吾以此三者皆非也。”（宋）刘敞：《春秋权衡》卷八，文渊阁《四库全书》本。

③ （宋）刘敞：《春秋权衡》卷八。

> 今天不命以王天下之任，而圣人因怼而自立王天下之文，不可训也。且周命未改，何新之说？传既以百二十国宝书为据，又见记成周宣榭火，则谓外灾不书，今忽书者，新周也。既无足以辅经，而厚诬圣人，不亦甚乎！①

显然，刘敞认为孔子作《春秋》，本意是要凸显历史人物与事件的善恶并且加以褒贬、发扬王者的义理教化正道，倘若王者的义理教化能够弘扬，那么即使不“新周、故宋、新王”，也无损于《春秋》的价值。且孔子在自序中称“不怨天，不尤人”、“知我者其天乎”②，由此可知，孔子绝对不可能在上天并未授予“王天下之命”的状况下，自我编造“王天下之文”以示天下之人。圣人撰《春秋》只是借春秋二百四十二年之行事以标示王道，寄寓褒贬是非之法，并非有僭越之心，取周王自代之意③。叶梦得亦不信《春秋》有假托之新王，他认为：

> 《公羊》之学，其妖妄迂怪，莫大于黜周王鲁，以隐公托新王受命之论，其说虽起于何休以元年君之始年推之，学者犹疑此言不明见于传，或出东汉谶纬之徒假《公羊》以附会……今于此复言王者无外，谓祭伯为奔，则加以有外之辞，故讳奔而不言。凡传言王者无外四，其二以周王言之，其一以周公言之，独此无所见。若谓亦本于周，则王子瑕固尝出奔矣，经岂讳之乎？是与前三言不同，盖为鲁辞，非周辞也。由是言之，传虽不正言王鲁，

---

① （宋）刘敞：《春秋权衡》卷八。

② （宋）朱熹：《四书章句集注》，157 页。

③ 如同赵伯雄所说：西汉公羊家“‘以《春秋》当新王’，‘缘鲁亦言王义’，都是把鲁作为一种政治模型”。赵伯雄：《春秋学史》，第 255 页。

> 而其说则实以鲁为王，而鲁为内，非何休之私矣。[①]

《公羊传》此处的“王者”在叶梦得看来实指鲁君，而且黜周王鲁之说也并非自何休始，在举祭伯为奔等例后，叶氏提出了自己的观点：“《春秋》本以周室微弱，诸侯僭乱，正天下之名分，以立一王之法。若周未灭而黜之，鲁诸侯而推以为王，则启天下乱臣贼子乃自《春秋》始，孰谓其诬经敢至是乎？将正《公羊》之失，莫大于此，学者不可以不察。”[②] 可见，“黜周王鲁”关乎孔子作经本旨，因此“不可以不察”。他还举例论道：

> 诸侯之臣前此以二名书者甚多，叔孙侨如、季孙意如之类皆著于经，而曼多、何忌亦自先见正，使非礼，何以独讥二名？又至是而后始发也？《公羊》虽不尽其说，而何休以为：“定哀之间，文致太平，欲见王者治定，无所复为讥，惟有二名。”其妖妄至于此极。然推公羊之意，无自而然，必有以启之者，新周之谓，信有证也，是真无所容于孔氏之门矣。[③]

《春秋》以二名为小恶，故《公羊》谓之为“讥”，以其非礼之故也。周礼不以二名为非礼，独《春秋》以二名为非礼，故此议非以周礼而讥，殆以《春秋》新王礼为讥也。另外，公羊家以《春秋》“内鲁”为“黜周王鲁”一大证据，

---

① （宋）叶梦得：《春秋考》卷五。

② （宋）叶梦得：《春秋公羊传谳》卷一。

③ （宋）叶梦得：《春秋考》卷十六本。

程公说对此辩道：

> 《春秋》所以托鲁者，约鲁史以明王法，以尊天王，正列国，训大夫，非独为鲁也，而必因鲁以见也。始隐终哀，十二公书元年正始，著受终易代。而学《公羊》者谓《春秋》托新王，受命于鲁，因录即位，其妄如此。虽然，《春秋》本诸鲁史，则鲁十二公行事可考见也。用次之周曰内鲁。凡正月无事必书，谨鲁史之始。而盟会征伐于鲁详焉，鲁史故也。自是以下，则各自著录云。①

《春秋》本为鲁国史书，其记载史事以鲁为主亦是理所应当，因此，公羊学者以《春秋》多记鲁事而推论《春秋》“当新王”的确无法令人信服。

由上可知，宋儒皆谓孔子必无黜周之意，斥《公羊》学派“王鲁”等说皆何休所妄造。平心而论，宋儒之论亦有众多漏洞。如其言三科九旨为何休妄作，而西汉董仲舒的《春秋繁露》中亦屡见新王、王鲁等说，徐彦《疏》引《春秋说》本即有“《春秋》设三科九旨”之语，因此，专罪何休似嫌过当。宋儒断论三科九旨《公羊》本无明文，然而《公羊传》揭示的三世异辞与异内外之论，以及新周、为天下记异之例更是明显②。即使《公羊传》中无王鲁之明文，但传文亦多次假鲁以言王义。当然，细校之下也可发现，宋儒所着眼之处并非新周、王鲁等说的真实性，而是汉儒本就误解了孔子本意，他

① （宋）程公说：《春秋分纪》卷四七，文渊阁《四库全书》本。

② 如三世异辞之论见于《公羊传·隐公元年》：“所见异辞，所闻异辞，所传闻异辞。”

们强谓夫子为周臣，不当假天命改制立法。

先讨论“获麟”与“黜周王鲁”、“《春秋》当新王”之说。西汉公羊学者刻意标举“西狩获麟”，其真实用意在于证明孔子之受命。因为自西周开始盛行的天命观主张“以德受命”，而后的大儒孔、孟、荀都继承了这样的思想，主张“以德取位”[①]，若西狩获麟乃孔子受命之征，则孔子作《春秋》亦成为“天子之事”，这就使孔子在身份上没有了僭越嫌疑，此如王光松所论，儒家人物对孔子“有德无位”的伤感，是建立在一种对“位”的特定理解与期待之上的。孔子为“不遇”（即“无位”）而“泣”，为“道不行”而“哀”，孔子的哀伤源自“无位”所带来的“道不行”的结果[②]。孔子受命之后便可以“为汉制法”，圣人在“祖述尧舜，宪章文武”的基础上，还顺应时代地“提出”了“改制”的主张。孔子见麟而叹“吾道穷矣”，既如此，则是寄厚望于所作之《春秋》，欲使后人可以从中寻求新的理想社会，这一理想社会的实践就是孔子之“志”，也因此才有了“吾志在《春秋》”之说，太史公正是因为理解孔子之“志”，所以阐述道：“周室既衰，诸侯恣行。仲尼悼礼废乐崩，追修经术，以达王道，匡乱世反之于正，见其文辞，为天下制仪法，垂六艺之统纪于后世。”[③] 太史公亦一再引用董仲舒之言，阐述孔子撰述《春秋》

---

① 参见王光松《在“德”、“位”之间》，华东师范大学出版社 2010 年版，第 2—3 页。另见萧公权《中国政治思想史》，新星出版社 2005 年版。

② 依本节前述，董仲舒不但较早论述了孔子受命而作《春秋》，并且他还道出了孔子之所以如此的缘由：“孔子曰：‘凤鸟不至，河不出图，吾已矣夫！’自悲可致此物，而身卑贱不得致也。”（汉）班固：《汉书》，第 2503 页。董氏仍然是在强调孔子“有德无位”而“道”难施行的苦闷。

③ （汉）司马迁：《史记》，第 3310 页。

的苦心，虽然他们还没有将《春秋》作新王专指为汉制法①，但却开启了这样的论述。

因此，在汉儒的理解中，孔子生当乱世，适当周道徒文而无质之际，故以“《春秋》当新王”，欲以殷质救周文之弊，欲拨乱世反诸正。如上文所述，宋儒多批评汉儒未能领悟圣人意旨，但宋儒自身所作的批判就合乎圣人之意吗？以反驳“黜周王鲁”等说最为激烈的刘敞为例，他曾斥何休质文改制之义道：

> 夫《春秋》，褒贬之本也，文质末也，车服、器械、封建、制度皆《春秋》所后言也。居周之世，食周之粟，擅易其时，岂仲尼所谓“非天子不制度，不议礼，不考文”者乎？此不可通之尤者，而儒者世世守之，意乃欲尊显仲尼，而不知陷于非义也。②

刘敞的观点在宋代具有普遍性，但细思之下亦可发现两点阙漏：首先，刘敞谓《春秋》以褒贬为本，文质为末，自议论之始就抛弃了孟子所揭示的《春秋》文、事、义的内涵而仅存褒贬之效，他忽略了《春秋》褒贬的活水源头就是以礼为核心的“文质”，本末倒置而不自知。其次，对于以尊王为首要观点的宋代《春秋》学者而言，在周天子仍然存在的前提下，又怎能以“《春秋》当新王”呢？这正是因为他们未能领悟汉代公羊学者苦心孤诣。子曰：“非天子制度，不议礼，不考文。”正因为如此，汉儒假借“西狩获麟”予夫子以受命

① 皮锡瑞云：“而史公、董子书，未有《春秋》为汉制法之说。”（清）皮锡瑞：《经学通论》卷四。

② （宋）刘敞：《春秋权衡》卷八。

之兆，自此之后，夫子为“素王”，《春秋》中寓有“王心”，《春秋》乃是“王心”的具体体现。由此可见，汉儒如此“委曲求全”，将“西狩获麟”至“《春秋》当新王”之间搭建了合理的路径，正是因为孔子为人臣不能行天子之权，但受天命之后便具有了代天行赏罚之权了。因此，无论是“西狩获麟”还是“《春秋》当新王”，对汉儒而言，其“使用价值”无非是一假托而已，是“道德的、义理的标榜”①，并非以孔子为王而夺时王之位，宋儒多不明此理，故作无谓之争。

二　感麟而作与文成致麟

董仲舒首次论述《春秋》乃孔子感麟而作，只是未对其具体原因作出分析，而是重点论述获麟乃天命符瑞，孔子应天而作《春秋》，遂被继起之儒尤其是东汉何休所利用，发展成为孔子素王、黜周王鲁、为汉制法诸说。

对此，晋代《左传》学家杜预予以了批判。这是因为，汉儒所倡论的“素王”说衍生的为汉制法说虽然随着汉朝的灭亡而消亡，但是“孔子素王”说在《春秋》学领域却延续下去②，直至杜预之时，贾、服之注尚存于世③，且贾、服之注中也多有素王之说，故杜预不得不辨明之。

---

① 邓国光：《圣王之道：先秦诸子的经世智慧》，中华书局 2010 年版，第 204 页。

② 如晋挚虞《孔子赞》中便言：“仲尼大圣，遭时昏荒，河图沉翳，凤鸟幽藏。爰整礼乐，以综三纲。因史立法，是谓素王。”故可知素王背后的意义虽已经消失，但是素王之论却深植人心。（清）孔继汾：《阙里文献考》（续修四库全书据北京大学图书馆藏清乾隆二十七年刻本影印，上海古籍出版社 1995 年版），卷三十八，《艺文第十二之七·赞·挚虞孔子赞》，第 231 页。

③ 《隋书·经籍志》载注《左氏传》者有近十种，其中贾逵、服虔等注俱存。参见（唐）魏征《隋书》，中华书局 2003 年版，第 314 页。

杜预以为，不论是“素王”或是“黜周王鲁”，皆为先儒妄说[①]，其解云：“仲尼曰：‘文王既没，文不在兹乎？’此制作之本意也。叹曰：‘吾已矣夫！’此言盖伤时王之政。”[②] 所谓“伤时王之政”，杜预在注《左传》时有明文[③]，其言曰：

> 麟者仁兽，圣王之嘉瑞也，时无明王，出而遇获，仲尼伤周道之不兴，感嘉瑞之无应，故因《鲁春秋》而修中兴之教，绝笔于获麟之一句，所感而作，固所以为终也。[④]

杜预认为麟本圣王之嘉瑞，当时既无明王却出而遇获，故孔子伤周道之不兴，感嘉瑞之无应乃作《春秋》以正王道，并以哀公十四年西狩获麟为终。杜氏此说已经抛弃了汉儒纠缠于“西狩获麟”“假借”之义，而专注于《春秋》成于孔子感获麟而作。接着杜预又言：“麟凤五灵，王者之嘉瑞也。今麟出非其时，虚其应而失其归，此圣人所以为感也。绝笔于获麟之一句者，所感而起，故所以为终也。”[⑤] 这种感麟而作的说法实际就是指圣人以麟出非其时“自况”[⑥]。

至宋代，杜预所谓“麟出非其时”，《春秋》乃孔子感麟而作之说得到了不少学者的呼应，如孙复说：

---

① 杜预云：“先儒以为，制作三年，文成致麟，既已妖妄；又引《经》以至仲尼卒，亦又近诬。”李学勤主编：《十三经注疏·春秋左传正义》，第 30 页。

② 李学勤主编：《十三经注疏·春秋左传正义》，第 27 页。

③ 《左传》：“十四年春，西狩于大野，叔孙氏之车子鉏商获麟，以为不祥，以赐虞人。”仲尼观之曰：“麟也”。然后取之。

④ 李学勤主编：《十三经注疏·春秋左传正义》，第 1673—1674 页。

⑤ 同上书，第 25 页。

⑥ 曾国藩曰：“麟，韩文公自况也。圣人必知麟，犹云：惟汤知伊尹也；出不以时，犹云：处昏上、乱相之间也。”（清）曾国藩：《经史百家杂钞》，岳麓书社 1987 年版，第 79 页。

> 狩未有言其所获者，此言西狩获麟何也？伤之也。孔子伤麟之见获欤？孔子伤圣王不作，圣道遂绝，非伤麟之见获也。然则曷为绝笔于此？前此犹可言也，后此不可言也。天子失政，自东迁始；诸侯失政，自会溴梁始。故自隐公至于溴梁之会，天下之政，中国之事，皆诸侯分裂之。自溴梁之会至于申之会，天下之政，中国之事，皆大夫专执之。自申之会至于获麟，天下之政，会盟征伐，皆吴、楚迭制之。圣王宪度，礼乐衣冠，遗风旧政，盖扫地矣。周道沦胥，逮此而尽。前此犹可言者，黄池之会，晋、鲁在焉；后此不可言者，诸侯泯泯，制命在吴，无复天子会盟征伐之事也。是故《春秋》尊天子，褒齐、晋，褒齐、晋所以贬吴、楚也，尊天子所以黜诸侯也，尊天子黜诸侯始于隐公是也，褒齐、晋贬吴、楚终于获麟是也。呜呼！其旨微哉！其旨微哉！①

孙复将整个春秋时代分为两个时段，自周王东迁开始王政大乱，先是“诸侯分裂之”至“大夫专执之”，最后沦为“吴、楚迭制之”。黄池之会，天下虽乱而晋、鲁等中原大国犹在，而至吴、楚迭兴，天下再也没有天子会盟征伐之事了，且“圣王宪度，礼乐衣冠，遗风旧政，盖扫地矣。周道沦胥，逮此而尽”。孔子实乃因“获麟”而感叹“中国”之事，因此可以说，《春秋》正是在这种时势下才有“感”而作。

如果说孙复论《春秋》感麟而作之义稍显隐讳，崔子方、高闶等则明言之。崔子方云：

---

① （宋）孙复：《春秋尊王发微》卷十二。

> 麟之为王者瑞，其亦久矣，此“西狩获麟”所以见书于《春秋》，而圣人所以自伤也。夫麟之不为瑞而见获于野人，犹圣人之不见用而穷老于鲁国。若夫著褒贬作《春秋》寄大法于鲁史，特圣人之不得已者，故绝笔于获麟以见夫志焉。向使圣人在上，则《春秋》之褒贬皆见于行事而著法，亦无所事于《春秋》矣。故曰：“吾自卫反鲁，然后乐正雅颂，各得其所。”此盖圣人无所试用，其道不行，然后退而著书以自见焉。①

崔子方认为麟为王者之瑞，圣人以麟自况，感伤穷老于鲁国而终不见用，故于《春秋》中寄寓褒贬之法以代行事。高闶也认为“麟者，和气之所致，治世之应也。曰见曰来，乃为瑞尔”，只是“因狩而猎得之，则混于禽兽之中，同为虞人之所驱，斯麟之出不遇时矣。曰获云者，悼之辞也。孔子卒于获麟之后二岁，则是时孔子已老，故感以作《春秋》而绝笔于此一句也，以因感而作，故因以此终焉。然而麟使不获，圣人岂遂无意于天下后世乎？《春秋》之法……圣人为是作《春秋》，深有望于天下后世，苟有王者作，能举吾《春秋》之法以拯天下之民，此《春秋》之所终，而孟子深得仲尼作经之旨，故以王道游于诸侯，而终不入于秦、楚、吴、越也”。②高闶之意，麟本治世之应，今混于禽兽之中而为虞人所逐所获，此言麟之出非其时。孔子伤麟之出而不时，故有感而作《春秋》，亦于获麟绝笔。此是圣人寄“王法”于《春秋》，

---

① （宋）崔子方：《春秋经解》卷十二。

② （宋）高闶：《春秋集注》卷四十。

期望后世之王者以“王法”拯天下之民。

主《左传》以解经的苏辙更是以史实来说明孔子《春秋》乃感麟而作，他在注哀公十四年“西狩获麟”时说：

> 名分立，礼义明，使斯民皆直道而行，则圣人之褒贬未始作也。名分不立，礼义不明，然导以名分而或知戒，谕以礼义而或知畏，犹有先王之泽在，则圣人之褒贬因是而作也。名分不足以导之使戒，礼义不足以谕之使畏，而先王之遗意已不复见，则圣人虽欲褒贬，亦未如之何矣。愚于仲尼作《春秋》见之。周之盛时，赏罚一于主断，好恶公于人心，赏其所可赏，皆天下之同好也；罚其所可罚，皆天下之同恶也。虽鄙夫贱隶，犹知名分礼义之所在而不敢犯者。不幸虽幽、厉失道，天下板荡，然天子之权未尝倒持，而名分礼义在天下者，亦不敢逾也。当是时，王迹不熄而《雅》道存；《雅》道存而《春秋》不作。则褒贬安所著哉？奈何东迁之后，势已陵僭，赏罚之柄不足令天下而《雅》道息，《雅》道息则名分逾而礼义丧矣。然尚有可救者，五霸起而合诸侯、尊天子。葵丘之会，伐原之信，大蒐之礼，有足多者。至如鲁未可动，亦以能秉周礼，使先王纲纪之遗意绵绵有存者。又幸而一时卿士大夫事君行已，忠义之节，间有三代人才之遗风。圣人于此，知夫导以名分或使知戒，谕以礼义或使知畏，故与之善善、恶恶、贤贤、贱不肖，而责备致严。则《春秋》之作，亦其人可得而褒贬欤！逮五霸既没之后，春秋之末，陵迟愈甚。吴越始入中国，干戈纵横，则中国几于沦胥矣。当时诸侯皆五霸罪人，而先王纪纲遗意与夫人才遗风，扫地荡尽。终于田常簒齐，六卿分晋，圣人于

> 此，知夫名分不足以导之使戒，礼义不足以谕之使畏，虽欲褒贬，亦未如之何矣。故绝笔获麟，止于二百四十二年。获麟之后，书陈恒弑其君之事，已非圣人所笔。噫！《春秋》不复作，其人不足与褒贬欤？然自《诗》亡而《春秋》作，孟轲以为“王者之迹熄”；至于《春秋》不复作，则又先王之泽竭焉，可胜叹哉！①

苏辙认为周之盛时权归于上，赏罚一于主断，此时虽“鄙夫贱隶”亦遵守名分礼义的约束而不敢冒犯；即使至周幽王和厉王时，王道衰颓，但当时天子之权仍在，诸侯犹知礼义名分而不敢逾越。因此，在这两个阶段，“王迹不熄而《雅》道存；《雅》道存而《春秋》不作”。平王东迁之后，赏罚之柄不足令天下，幸有五霸起而合诸侯、尊天子。又幸有一批卿士大夫持忠义之节以事君，间有三代遗风。因此，圣人于此而作《春秋》，善善、恶恶、贤贤、贱不肖，以名分礼义使人知戒、知畏。五霸迭兴之后，春秋之末，先王遗风流泽扫地荡尽。圣人于此，知道再也没有什么可以挽回衰世的办法了，故绝笔获麟。此即孟轲所谓“王者之迹熄而《诗》亡，诗亡而后《春秋》作”之意也。

---

① （宋）苏辙：《春秋说》，《颍滨文钞》卷二〇，文渊阁《四库全书》本。苏辙于《春秋集解》卷十二中注哀公十四年“西狩获麟”时，也表达了类似的观点，他说：“平王东迁，而周室不竞。诸侯自为政，周道陵迟，夷于列国。迨隐之世，习以成俗，不可改矣，然而文、武、成、康之德犹在，民未忘周也，故齐桓、晋文相继而起，莫不秉大义而尊周室，会盟征伐以王命为首。诸侯顺之者存，逆之者亡，虽齐、晋、秦、楚之强，义之所在，天下予之，义之所去，天下叛之，世虽无王而法犹在也。及其终也，定、哀以来，齐、晋既衰，政出于大夫，继之以吴、越、夷狄之众横行于中国，以势力相吞灭，礼义无所复施，刑政无所复加。虽欲举王法以绳之，而诸侯习于凶乱，不可告语，风俗靡然，日入战国，是以《春秋》终焉。”

南宋家铉翁虽然也认为“诸儒之说有谓《春秋》感麟而作者，有谓《春秋》成而麟应至者”，“二义皆通”，但他还是偏向于“《春秋》感麟而作”、“以麟而终”。家氏说：“宇宙间惟理与气而已，理行气从固当有自然之应，而况圣心之妙贯乎！三极中和而天地可位、万物可育，此作彼应，固其理也。”这依然认为麟与凤、龟、龙一样皆为帝王之瑞，不会轻易出现。可贵的是，家氏一方面认为“夫子抱帝王之道将以大拯于斯世也，辙环天下而无所遇。自卫反鲁，删《诗》定《书》系《易》，正将载其道以垂之后世而麟应适至，获而伤焉。夫子知道之终不行，夫然后修《春秋》以明一王之法。《春秋》，天子事也。《春秋》成而圣人不复有用世意矣。故《春秋》之修独后于五经，盖感麟而作，以麟而终也”。另一方面，家氏将获麟与“当时之事”结合起来，说明孔子获麟绝笔的意义所在。其曰：“然则《春秋》书之绝以麟……固系于当时事也。《春秋》诛乱贼、明王法之书也，始于隐，鲁大乱，君以弑死者三世，终于哀十四年齐大乱，君以弑死者亦三世。”鲁桓公弑隐公而立，开春秋乱世之始；哀公十四年，齐悼公被弑，夷狄更加猖獗。“是岁，陈恒弑简公，孔子沐浴而朝，告于哀公请讨之，圣人为世道虑也深矣，而公不能用。”即便此时孔子依然有振奋救世之意，而鲁公终不能用，因此，家氏叹道：“吁使陈恒即正天讨，则鲁之三家、晋之六卿皆有所惮而不敢肆。齐不亡，晋不乱，鲁不削，世道未至日趋于下。哀公未必不知此，而制于强臣弗展，而《春秋》于是终矣。盖以讨乱贼而始，亦以讨乱贼而终，此《春秋》所以作亦《春秋》所以止，孟子知之，故曰《春秋》作而乱臣贼子惧。”①

① （宋）家铉翁：《春秋集传详说》卷三十。

在宋代，对于《春秋》成书与“西狩获麟”的关系，仍然存在着截然对立的说法。例如，对于上述自三传以来诸家所谓“感麟而作”，程颐进行了反驳，并反对汉儒以“西狩获麟”为孔子受命之符的说法：“‘孔子感麟而作《春秋》，或谓不然，如何？’曰：‘《春秋》不害感麟而作，然麟不出，《春秋》岂不作？孔子之意，盖亦有素，因此一事乃作，故其书之成，复以此终。大抵须有发端处，如画八卦，因见河图、洛书。果无河图、洛书，八卦亦须作。”① 在程颐看来，西狩获麟与河图、洛书之出一样，具有偶然性，对《春秋》与八卦之作并无关键影响。孙觉观点近于二程之论，他认为：“麟者，有知之兽而出于有道之世者也，奈何哀公之十四年而获焉？为麟则不当出于哀公之时，有灵则不当见获，为麟有灵而不免于获，此孔子所以为异，而绝笔于《春秋》也。”很明显，孙觉认为孔子见获麟乃以为“异”，故绝笔于此。因此，他认为《公羊传》所言“记异最为得之”。在此基础上，孙觉反驳杜预，难道无获麟之事则孔子将不作《春秋》？其云：

> 天下有道，则凤鸟来仪，河出图也。孔子自伤，不得见昔者有道之世，而终没于离乱抚攘之邦……盖昔者舜道之成，而韶乐之和充塞于天地之间，则凤鸟来而为仪。凤者……乘和气而来仪，非以应人道之治而君德之修也。世无我害则来仪矣……知人道之至而和气之交也，人道乖而物理失，则或求之而不来，或致之而不至，人之见之，有以知治道之谬而戾气之积也。春秋之时可谓大乱矣……如此则天地之气戾，而日食、星陨、地震、山崩、水旱不

① （宋）程颢、程颐：《二程遗书》，第206页。

> 时、霜雹为害，物理反常而变异……人道之乱如彼，而物理反常如此，孔子区区《春秋》又何为哉？于是而止尔。盖《春秋》十二公二百四十二年，王道备、人事浃，世益久而乱不止，孔子老矣，书之无穷，昭、定之间孔子之意亦以已矣，而未有可绝之事，于是西狩获麟，物理之异而人事有所不可知者，孔子书之绝笔焉。盖慨叹当世至于无言，而深有意于后世也。①

孙觉认为祥瑞之象并非与“君德之修”相应，至春秋之时已经世势“大乱”，即使《春秋》“王道备、人事浃”，亦已无力挽救颓世，因此，正值西狩获麟之“异事”，孔子以此绝笔。孙觉反驳之论虽然也充满了天人感应的色彩，但透露出一个迹象，即宋儒并非一概认定孔子之《春秋》乃“感麟而作”，而是主张与其相反的“文成致麟”说。其中，最有代表意义的是胡安国与赵鹏飞。

胡安国与前人一样，也是不厌其烦地论证麟之出应天时而至，其云：

> 河出图，洛出书，而八卦书；箫韶作，《春秋》成，而凤麟至。事应虽殊，其理一也……有见乎此者，则曰文成而麟至；无见乎此者，以为妖妄而近诬。《周南》、《关雎》之化，王者之风，而麟之趾，《关雎》之应也；《召南》、《鹊巢》之德，先公之教，而驺虞，《鹊巢》之应也。②

---

① （宋）孙觉：《春秋经解》卷十三

② （宋）胡安国：《胡氏春秋传》，第502页。

显然，胡安国论证麟之出，与“感麟而作”说相反，他说：

> 世衰道微，暴行交作，臣弑其君者有之，子弑其父者有之，夫子为是作《春秋》，明王道，正人伦，气志天人，交相感胜之际深矣，制作文成而麟至，宜矣……至于勇夫志士，精诚所格，上致日星之应，召物产之祥，盖有之矣。况圣人之心，感物而动，见于行事，以遗天下与来世哉！①

上引“《周南》、《关雎》之化，王者之风，而麟之趾，《关雎》之应也；《召南》《鹊巢》之德，先公之教，而驺虞，《鹊巢》之应也”是采范宁之注②，胡氏认为《关雎》之化与麟兽之来，皆由于王者之德所感。杨士勋《穀梁传正义》曰：“其诗，《周南》则始于《关雎》篇，终于《麟趾》，故《春秋》之文，亦义始于隐公之道，终于获麟。”也是以《诗经》比《春秋》，以《周南》始于《关雎》，终于《麟趾》，比《春秋》始于隐公，终于获麟。胡安国还从天人交感的角度分析了孔子获麟的心理动机：“《易》曰：大人者，先天而天弗违，后天而奉天时。舜、孔子，先天者也。先天而天弗违，志一之动气也。”③ 胡安国之意，是《春秋》先成，麒麟乃现，

---

① （宋）胡安国：《胡氏春秋传》，第 502 页。

② 对于“西狩获麟”，《穀梁传》曰：“引取之也，狩地，不地不狩也，非狩，而曰狩，大获麟，故大其适也，其不言来，不外麟于中国也，其不言有，不使麟不恒于中国也。”范宁注曰：“夫《关雎》之化，王者之风。《麟之趾》，《关雎》之应也。然则斯麟之来，归于王德者矣。《春秋》之文，广大悉备，义始于隐公，道终于获麟。”李学勤主编：《十三经注疏 · 春秋穀梁传注疏》，第 351 页。

③ （宋）胡安国：《胡氏春秋传》，第 501 页。

这既是孔子的心理感应，也是经成道备、嘉瑞乃应之事，与贾逵、服虔、颖容等人所说相近，胡安国特别强调“箫韶九奏，凤仪于庭，鲁史成经，麟出于野，亦常理尔”，拈出“何以绝笔于获麟，其以天道终乎”。

赵鹏飞在胡安国的基础上，不但指出“《麟趾》，《关雎》之应也。《关雎》之化行，则王道成；《春秋》之教立，则王道备”，而且认为《春秋》之教重于《关雎》之化，因为“化行于国而教立于书，行于国者利一时，立于书者利万世”，当是时，“吾夫子抱二帝三王之道，志不获伸，私寓乎《春秋》，《春秋》之教行，是亦二帝三王之治也，故书成而麟应之”。《春秋》中寓有二帝三王之道，《春秋》之教行则如同二帝三王之治，是以《春秋》成而麟瑞应之。因此才可以说“麟为圣人而出，非为鲁而出也，鲁哀何德以将之。圣人为王道而作《春秋》，所以正天下之大分，君臣也，父子也，兄弟也，夫妇也，朋友之交也”①。鲁哀公有其位而无其德，孔子无其位而致力于王道盛世，故麟瑞应时而至。且孔子所欲正之者春秋之世皆反之，“故经书天王下聘、公如京师之类，凡以正君臣也；书申生、蒯聩之类，凡以正父子也；书郑伯克段、天王杀佞夫之类，凡以正兄弟也；书文姜孟子之事，凡以正夫妇也；书公子友葬原仲之事，凡以正朋友也。五者正，则王道成，此所以致麟之应也”。但是，“麟出于鲁之囿”且不幸见获于薪采者而伤焉，如何得知一定是为圣人而出呢？赵氏答道：麟本为王者之嘉瑞，不出于其他地方而出于鲁国，非为圣人而出又是为何呢？《春秋》中，凡狩皆书地，志非其地。今书“西狩”，意指狩于鲁囿尔。鲁囿曰

---

① （宋）赵鹏飞：《春秋经筌》卷十六。

大野，在鲁之西，举西狩则知其在大野矣。《春秋》书法中，自得曰得，以力曰获。可惜的是，圣人之瑞凡人不识反以力相加，“此圣人所以伤之而书获，圣人不行而厄于世，麟不幸而获于狩，圣人以麟自况，此所以出涕沾襟欤。圣人虽睹其获不能无伤，然亦足以彰吾作《春秋》之志，非虚文也，于是落笔”①。

小结　蜕变与新生：获麟之义的因革损益

前已述及，《左传》学者杜预在“西狩获麟”这一点上采用《公羊》“感麟”之论，不同的是，《公羊》学者重在阐述麟为孔子受命之符，进而发展出素王、黜周王鲁、为汉制法诸说。而杜预否定这些说法，认为麟本嘉瑞，出而不时，孔子伤周道不兴，故而因史记以作《春秋》。至宋代，学者则于《春秋》之作与“获麟”关系进行了重新论述，对汉、晋学者的说法进行了损益。

孔子无明文论及《春秋》撰作与西狩获麟的关系②，检视宋儒两种对立的观点，似乎都合乎《春秋》“义理”。现简单分析汉、宋两代儒者在这一问题上的同与异。麟为嘉瑞，是圣王之兆，这一点是汉、宋学者共同的体认，他们共同关注的焦点在于，获麟一事在孔子思想世界中的重要意义。无论是“感麟而作”抑或“文成致麟”，均出于学者对孔子思想世界

---

① （宋）赵鹏飞：《春秋经筌》卷十六。

② 其实，董仲舒对“西狩获麟”的理解也是有其牵强的，麟为仁兽，而孔子见时麟已死掉，孔子作出“反袂拭面涕沾袍”的举动以及发出“吾道穷矣”的感叹，正是因为麟死为不祥之兆，所以“这里决没有仲舒所说的孔子自以为是‘受命之符也’的意思。由孔子‘吾道穷矣’之叹，则以孔子作《春秋》，因获麟而绝笔，较之谓孔子作《春秋》，因获麟而起笔，远为合理。”参见徐复观《两汉思想史》第二卷，第214页。

中对获麟一事意义的追寻。孔子所感伤与震惊的，正是以麟为代表的“仁”这一根源性的价值观沦丧殆尽，周室复兴无望。汉、宋学者积极关注此一问题，也正是立足于当世，以避免孔子所绝望的乱世再次出现于本朝。

那么，为何汉、宋学者在面对《春秋》西狩获麟所引申出的“《春秋》当新王”、“黜周王鲁”之义又有如此大的差异呢？本节第一部分已经有所陈述，但仅限于两朝学者的观点在学理层面的差异，此处还要进一步说明的是造成这种差异的深层原因。在西汉公羊家眼中，春秋之乱、七国争雄、暴秦覆灭都表明了政治已背离了以礼制为核心的王道王法，君臣肆其欲而无所顾忌，百姓才会揭竿而起。要应对这种滔滔乱世，唯有重新审视治国之方与礼法制度的变革存废，以制定新的行为规范，使政治进入一种“天下为公”① 的礼法秩序之中。于是西汉公羊家着力于从天人合一的角度赋予《春秋》这部先王经世之大法、礼义之大宗赋予一个更为崇高神圣的寓意，并主要凭借《公羊传》来阐明这部经典所蕴之奥义，从中关注政治秩序的合法性问题与礼法制度的变革存废问题。这才出现如西汉武帝时期，董仲舒提出新王统虽需改正朔、易服色，改乱制、创新制，但仍能采纳保存旧统之善的“通三统”理论，以及揭示出《春秋》中改世卿制为选贤制、改不亲迎制为亲迎制的“孔子改制”学说等等。即是希望以孔子礼乐精神为依归，并体现儒家仁德、王道的政治礼法制度，藉此来规范人

---

① “天下为公”本为《礼记·礼运》中之语，至宋代胡安国，其《春秋传》中亦多次拈出此义。

的言行举止以达成公共政策的实行，实现王道①。可见，西汉公羊学作为一种政治儒学，其重心落在政治社会的治国方法与制度上。他们对政策及制度抱着批判与反省的态度，认为政策及制度并非具有永恒性，它只是历史演进的阶段性产物，随着历史的向前发展，旧的政策及制度会被新的政策及制度所更替、改革，合于当时所用。当然，汉代公羊学也不是一种维护君主专制权力，无原则地接受和支持一切政策及制度的理论学说，而是具有“批判性”、“革命性”特性的儒学理论学说②，它

---

① 何休等人援引谶纬之说，将孔子获麟与受天命而制作相附会，预言刘氏将兴，欲以《春秋》的“王法”说与现实政治相结合，为汉室政权的存在找到依据，更抬高了汉王朝的“正统”地位，如此，公羊学本身由于在占有了论述王朝正统性的绝对话语权之后，也会获得相应的“优待”。对此，蒋庆曾说：“《公羊》家有一强烈的信念，坚信孔子所改之制一定要在现实的政治生活中实现，故极力提倡孔子为汉制法之说……《公羊》家以孔子为汉帝改制立法，其目的是要把后世改制立法之权归属孔子，用孔子所定的理想政制与王道大法去转化严酷的政治现实，使汉代的政治儒家化，王道化。所以《公羊》家持孔子为汉改制立法之说决不如后世陋儒所言是‘媚汉’之说，恰恰相反，而是‘改汉’、‘转汉’、‘儒汉’之说，是要把汉变为孔子理想王国之说。”（《公羊学引论》，第180页）另一方面，公羊学虽重视治国政策及礼法制度的问题，但这并不意味着公羊学无生命价值的终极关怀，不关心存在意义、道德完善等人生课题。蒋庆谈到：“公羊家在旧政权及制度崩溃、新政权及制度尚未建成之时，生命一无所依，心中也强烈的存在着实存性的焦虑，只不过公羊家认为实存性的焦虑不是孤立存在的现象，而是旧制崩溃、新制未立带来的必然结果，所以公羊家认为只有解决了制度性的焦虑，才能解决实存性的焦虑，或者说减轻实存性的焦虑。正是因为这一原因，公羊学才把关注的重点放在政治制度上，而不是放在生命心性上。”《公羊学引论》，第3页。

② 关于公羊学的“革命性”、“批判性”，杨雅婷的《春秋公羊家之革命改制思想》（硕士学位论文，台湾东吴大学，2002年）作了比较详细的分析。蒙文通曾说：“《齐诗》讲‘革命’，《公羊》讲‘素王’。但两者是不能分割的……如果没有‘革命’来‘易姓改代’，圣人如何能受命而王。故只讲‘素王’而不讲‘革命’，称王便失掉根据。反过来，如果没有‘素王’的‘一王大法’，‘革命’便将无所归宿，故只讲‘革命’而不讲‘素王’，‘革命’便失掉行动目标。”《孔子与今文学》，《经史抉原》，第173—174页。

是希望藉由批判来促进社会进步，以实现王道、太平的政治理想。

而在宋儒看来，理想世界是上古“三代”[①]，“道德仁义之风”[②] 是三代盛世的唯一以及最高标准。因此，对这种“道德仁义之风”进行传承的朝代，才是值得期待与尊重的，而汉、唐则不值得期许。即使汉代遵从公羊学家实行“改正朔、易服色，改乱制创新制”等诸多措制，在宋儒看来只是“汉革秦，不能尽循周之道，王道于斯驳焉”[③]。而宋儒努力的方向是恢复三代“道德性命之理”，而且这种努力也不需要再像汉儒那样走受命于天的曲折途径[④]，而是主要依靠个人的“诚心正意”、“格物致知”、存天理而灭人欲等方式。

---

① 具体参阅余英时《朱熹的历史世界：宋代士大夫政治文化研究》第一章“回向‘三代’——宋代政治文化的开端”。

② （元）脱脱等：《宋史》，第 51 页。对“道德仁义之风”的强调也是宋儒鄙薄汉唐的重要原因之一，即便后世强盛如唐帝国，在宋儒眼中也不值得称许：“唐有天下几三百年，由汉以来，享国最为长久。然三纲不立，无父子、君臣之义，见利而动，不顾其亲，是以上无教化，下无廉耻。”（宋）范祖禹：《唐鉴》，上海古籍出版社 1984 年版，第 149 页。

③ （宋）石介：《徂徕石先生文集》，第 111 页。另外，也正如李零所说，汉儒与宋儒捧孔子的捧法不同，前者着眼于治统，后者着眼于道统。李零：《去圣乃得真孔子——〈论语〉纵横谈》，三联书店 2008 年版，第 12 页。

④ 刘浦江认为宋代儒学复兴后，经学与纬学才彻底分家。刘浦江：《“五德终始”说之终结——兼论宋代以降传统政治文化的嬗变》，《中国社会科学》2006 年第 2 期。另外，王光松认为：“汉儒对孔子‘无位’的关注是一种焦虑性的、伤感性的关注，在他们对孔子‘无位’事件的创造性解释（即‘孔子素王论’）中，孔子受命作《春秋》而为素王，孔子的王者身份源自上天任命，非关人力，此种孔子形象神圣、权威，但不可学。为汉儒所关注的孔子‘无位’的方面在道学家的视域中处于边缘位置，为汉儒所不重视的孔子‘有德’的方面则成为道学家们的关注中心。在道学家们的描述中，孔子勤奋修德而至于‘与天同德’的圣人境地，此种圣人形象非关天命、与‘位’无涉，而仅与修为有关，该形象可亲可学，是道学家们的学习楷模”。王光松：《在“德”、“位”之间》，华东师范大学出版社 2010 年版，第 104—105 页。对于产生这种现象的原因，可参阅前书相关章节的论述。

可见，宋儒关注个体生命的明心见性、成德成圣，企图对生命的价值、存在的意义、人格的增进及道德的完善等问题，找到答案。

心性儒学重在使人们修养心性、正心诚意，通过个体生命领域之道德自觉涵养，来完善人性、关怀生命，实现存在价值，造出理想国度，异于重视王道王法之政治礼法制度的政治儒学。公羊学的实践方式不像心性儒学的实践功夫，重视个人的道德实践，其借西狩获麟逐渐推衍出的“受命改制”之义的“最终落脚点是制度创新（继周损益）”[①]，因此，他们重视社会的政治实践，期望藉由提出理想的政治来改变现实中的种种弊端，力图通过建立及推行制度，使理想的政治秩序与礼法制度落实于现实社会中，达到所谓的“通经致用”的理想[②]。这种差异，是导致汉、宋儒者对“《春秋》当新王”、“黜周王鲁”等说产生歧义的重要原因之一。

再从宋代《春秋》学的角度来观察可以发现，在对《春秋》经文的诠释中，宋儒基于《公羊传》在“大一统”思想的前提之下，对于历史文化进程的基本描述，呈现出两条相互矛盾且相互补充的历史发展路径。一条是春秋的乱象：王权失坠而导致的诸侯专封、大夫专权，伦理败坏而出现的臣弑君、子弑父，中国不振而引发的夷狄入侵，这是一条真实的历史路径。而另一条则是其所阐发的《春秋》中所蕴含的尊天子退

① 刘小枫：《儒教与民族国家》，第141页。

② 蒙文通所说：“微言的内容是‘经世之志’，是‘天子之事’，是‘一王大法’，是新的一套理论，是继周损益的一套创造性的革新的制度，这和宋儒所谓性命之道才是微言的意思全然不同。这套制度要见于礼家如两戴记之类，而《春秋》家和《公羊》只空言其义，见不出什么具体制度，所以大家就以为是非常可怪之论。”《经史抉原》，第162页。

诸侯、贤贤贱不肖、尊中国贱夷狄的“大义”，这是一条虚拟的历史路径。前一条路径，是宋儒对历史进程清醒睿智的洞察，是一种“现世主义”的忧患与悲观；而后一条路径则是作者为思想的活力与生活的热情所激发的历史乐观精神，两者均以哀公十四年的“西狩获麟”为象征。前一条路径的终结是孔子见麟而伤：“孰为来哉！孰为来哉！反袂拭面，涕沾袍。”这是对历史现实的忧虑与哀伤。而后一条路径的终结乃是“为获麟而大之”，“麟者，仁兽也，有王者则至，无王者则不至”。这既是对孔子之道的延续性与永恒性的肯定，也是对新的文明阶段的期盼与展望。很显然，这两条路径交织补充所产生的新的思想，便是蜕变与新生，即在旧的躯壳之中蜕变出新的生命。在《公羊传》则是于旧的“一统”逐渐崩毁的过程中，新的“一统”渐次诞生。这是《公羊传》为其他二传所不可比拟的胜义所在。这是纯粹的历史哲学，同时也是在对历史反思之后的历史结论。

第二节　拨乱反正与百王大法：始隐与撰作之旨

“既言止麟之意，须说始隐之由。”[①] 众所周知，周室作为天下共主的威信，自平王东迁即已一落千丈，《春秋》何以不从当平王之初的鲁惠公开始，却从当平王之末的隐公开始呢？另外，考察孔子作《春秋》的动机往往又与《春秋》何以始于鲁隐公相联系。孔子周游列国未能伸展其志，《论语·述而》曾载其言曰：“德之不修，学之不讲，闻义不能徙，不善不能改，是吾忧也。”孔子在返鲁后删定六经，对此，《史

① 李学勤主编：《十三经注疏·春秋左传正义》，第26页。

记·孔子世家》记道："孔子之时，周室微而《礼》、《乐》废，《诗》、《书》缺。追踪三代之礼，序《书传》，上纪唐虞之际，下至秦穆，编次其事。"可见，周室微弱，"礼乐"困顿的现状迫使孔子"追踪三代之礼"，以编次"唐虞之际"、"下至秦穆"的事迹。《史记·太史公自序》也说："幽厉之后，王道缺，礼乐衰，孔子修旧起废，论《诗》、《书》，作《春秋》，则学者至今则之。"是知因"王道缺、礼乐衰"，孔子才"修旧起废"，编修了《诗》、《书》与《春秋》。

孔子之后的孟子曾如是说道："世衰道微，邪说暴行有作，臣弑其君者有之，子弑其父者有之，孔子惧，作《春秋》，《春秋》，天子之事也，是故孔子曰，知我者其惟《春秋》乎！罪我者其惟《春秋》乎！"[①]《孟子·离娄下》篇又云："王者之迹熄而《诗》亡，《诗》亡而后《春秋》作。"孟子认为，天下淆乱，王者之道不彰，造成圣王道衰、教化湮微的现象，所以孔子以鲁国国史《春秋》为据，撰著了蕴含微言大义的《春秋》经。显然，在孟子的认识中，孔子之所以"作《春秋》"，是希望藉由对于历史事件与人物的褒贬评断，以弥缝修补因为周王室衰微孱弱所造成的圣王道消、教化不兴的现实，并遏止世道人心因为王化不彰所呈现的伦理错乱、上下失序等现象。扼要而言，孟子以为孔子作《春秋》，是基于"尊王"、"正名分"、"拨乱反正"等理由。

孟子之后讨论这项议题的经师不在少数，如西汉董仲舒曾云："孔子明得失，差贵贱，反王道之本，讥天王以致太平，刺恶讥微，不遗小大，善无细而不去，进善诛恶，绝诸而已

① （宋）朱熹：《四书章句集注》，第272页。

矣。”[①] 董子认为孔子作《春秋》，其间虽多载衰世之事，但孔子是相信通过现实历史事件的分析和解说，“反王道之本”，使得“致太平，刺恶讥微”、“进善诛恶”之义更加“博深切明”。司马迁亦藉由董仲舒之语阐述孔子作《春秋》的目的，他说：“（孔子）西观周室，论史记旧闻，兴于鲁，而次《春秋》。上记隐，下至哀之获麟；约其文辞，去其繁重，以制义法，王道备，人事浃。”在回答壶遂的问题时，司马迁又作了进一步解释，“孔子之时，上无明君，下不得任用，故作《春秋》”。而《春秋》之作用，则是“垂空文以断礼义，当一王之法”[②]。司马迁还引用董仲舒之语，对孔子作《春秋》的原因，以及《春秋》在经典中的重要地位进行了全面评价：

> 周道衰废，孔子为鲁司寇，诸侯害之，大夫雍之。孔子知言之不用，道之不行也，是非二百四十二年之中，以为天下仪表，贬天子，退诸侯，讨大夫，以达王事而已矣。子曰：我欲载之空言，不如行事之深切著名也。夫《春秋》，上明三王之道，下辨人事之纪，别嫌疑、明是非、定犹豫、善善恶恶、贤贤贱不肖，存亡国、继绝世、补敝起废，王道之大者也。[③]

可以说，董仲舒与司马迁对孔子作《春秋》的动机、《春秋》特点与功用的分析是十分详备的，也基本奠定了后世对

---

① （汉）董仲舒：《春秋繁露》，第127页。

② （汉）司马迁：《史记》，第3299页。

③ 同上书，第3297页。司马迁认为《春秋》的主要内容即在于“义”，所以他说：“《春秋》以道‘义’。”

《春秋》功用的共识[①]。

西汉以后，对孔子撰述《春秋》的动机进行归纳和揭示的代有其人，其中，最引人注目的当属影响深远的三传"名家"——何休、杜预和范宁[②]。当中唐"新《春秋》学"兴起之后，啖助曾对三传名家之论进行了总结：

> 夫子所以修《春秋》之意，三传无文。说《左氏》者以为，《春秋》者，周公之志也。暨乎周德衰，典礼丧，诸所记注多违旧章。宣父因鲁史成文，考其行事而正其典礼。上以遵周公之遗制，下以明将来之法。言《公羊》者则曰："夫子之作《春秋》，将以黜周王鲁，变周之文，从先代之质。"解《穀梁》者则曰："平王东迁，周室微弱，天下板荡，王道尽矣。夫子伤之，乃作《春秋》。所以明黜陟、著劝诫，成天下之事业，定天下之邪正，使夫善人劝焉，淫人惧焉。"吾观三家之说，诚未达乎《春秋》大宗，安可议其深旨？可谓宏纲既失，万目从而大去者也。[③]

这段引文概括了《春秋》三传研究者对这一问题的看法，但在啖助看来，这些意见并没有切中孔子的原意，因此他才说"诚未达乎《春秋》大宗，安可议其深旨？"《春秋》大宗即

---

① 当然，承认《春秋》功用是以承认《春秋》有"义"为前提的，如王安石一般贬《春秋》为"断烂朝报"当不在此列。

② 本书第二章曾引述杜预之说，他认为孔子作《春秋》乃"周公之垂法"，宋儒对杜预此说皆持异议，具体可参阅宋鼎宗《春秋宋学发微》，台湾文史哲出版社1983年版，第229—232页。

③ （唐）陆淳：《春秋集传纂例·春秋宗指议第一》。

孔子何为而作《春秋》之旨，这个问题既是《春秋》经解的出发点，也是经解的总纲领。

啖助之后，《春秋》经解新说屡出，在对《春秋》撰述之旨的认识上，也与三传名家大不相同。啖助就说："予以为《春秋》者，救时之弊，革礼之薄。"① 具体表现就是：

> 《春秋》以权辅正，以诚断礼，正以忠道，原情为本，不拘浮名，不尚狷介，从宜救乱，因时黜陟，或贵非礼勿动，或贵贞而不谅，进退抑扬，去华居实。②

啖助力图说明孔子修《春秋》的宗旨是维护正直忠纯，但又能留意权变；希望恢复礼治，但又不太背违人情，转移周代之文，回到夏代之朴。啖助所谓的"革礼之薄"的"礼"，自然是周公"制礼作乐"的"礼"，他得出的结论是："是知《春秋》参用二帝三王之法，以夏为本，不全守周典礼，必然矣。"③ 所以，杜预以周礼为根据来定褒贬是错误的，因为二帝三王的"法"是"参用"的，而其旨归则是以夏的尚"忠"为本，来达到唐虞的"淳化"。情为本，礼为末，因此，啖助认为真正的教化应建立在"本"上面，也就是尚"忠"，周公不得已而相反，这种做法在后世则"不胜其弊"。所以孔子作《春秋》乃"以权辅正，以诚断礼，正以忠道，原情为本"。所谓"正以忠道"，即要树立"忠道"以行教化；所谓

① （唐）陆淳：《春秋集传纂例·春秋宗指议第一》。

② （唐）陆淳：《春秋集传纂例》卷一。

③ 这样，杜预全以周礼为据来定褒贬是完全错误的，因为二帝（尧、舜）三王（夏、商、周）的"法"是必须参用的，而其旨归，则是以夏的尚"忠"为本，来达到唐虞（尧舜）的"淳化"。

“原情为本”，是说“忠道”本于人的情性，要从根本上做起。所以啖助阐述《春秋》大义时，提出“立忠为教”的宗旨。

赵匡对啖助“变文为质”的说法有所修正，指出“《春秋》因史制经，以明王道，其指大要二端而已：兴常典也，著权制也”。他认为孔子著《春秋》的宗旨不外二端，一是维护常典常礼，一是把握权宜权变。赵匡又特别强调孔子修《春秋》是救世的“针药”，而其救世的宗旨是“尊王室，正陵僭，举三纲，提五常，彰善瘅恶，不失纤芥，如斯而已”①。所谓《春秋》“因史制经，以明王道”，就是说要通过历史来“举三纲，提五常”，以此为“彰善瘅恶”的准则实现“尊王室，正陵僭”的目的。针对安史之乱后皇室衰微、藩镇强大的局面，赵匡更是多所发挥。《春秋》中齐桓、晋文之霸，盟会侵伐，三传皆无异说，赵匡则多所损益，如书中《盟会例》篇，赵匡说：“王纲坏，则诸侯恣而仇党行，故干戈以敌仇，盟誓以固党，天下行之，遂为常行。若王政举，则诸侯莫敢相害，盟何为焉？”

啖助等讨论孔子修《春秋》的宗旨，或言“从宜救乱，因时黜陟”，或言“以史制经，以明王道”，或言“立忠为教，原情为本”，这些都体现一个最根本的精神，即突出《春秋》的救世功能，特别赋予了“圣人”“裁之圣心”、“当机决断”的权力。他们说的虽是经学问题，是学术问题，但都贯穿着对现实的思考，是从安史之乱后，藩镇割据、皇权衰微、三纲废绝、人伦大坏的背景下，寻找救时、救国之弊的药方。冯晓庭对此概括道：

① （唐）陆淳：《春秋集传纂例》卷一。

> 啖助学派之所以极力强调“尊王”观念，主要是受到唐中叶以来政治情势的影响；当时皇权衰微、王化不兴，藩镇割据、破碎体制，恶劣的社会环境刺激了知识份子的思想，就在新思潮急遽涌现的鼓励下，为了贬抑地方割据势力、推崇李唐皇室，啖赵学派于是建立以“尊王”为中心的《春秋》学研究新体系。①

西汉公羊学认为孔子损益三代而修《春秋》为“一王之法”，是为汉朝作制，当然也就承认革周的“命”；而啖助所处的肃宗、代宗两朝，为中唐时期，自然不会谈“革命”，而只好重复孔子的“损益”说法，以“原情”和“革礼”之论来襄助中央政权。

一 《春秋》为“尊王”与“拨乱反正”而作

周初大封宗亲以屏王室，最终诸侯上陵而王室衰微。故榖梁子曰：“天子微，诸侯不享觐，天子之在位者，唯祭与名号耳。”② 三传解经发明斯义尤多，且至何休、杜预、范宁再到唐代的三传义疏，尊王思想呈现逐步增强的趋势，但始终不鲜明。“这表现在传统《春秋》学中，尊王思想还未上升到解经者自觉加以发挥的程度和被立为经说之主旨的高度。”③ 至中唐时期，在藩镇尾大不掉的形势下，啖助学派更高扬这一旗帜，他们认为孔子之所以著《春秋》，最重要的目的是“尊王

---

① 冯晓庭：《宋初经学发展述论》，台湾万卷楼图书有限公司2001年版，第65页。

② 《榖梁传》昭公三十二年。

③ 葛焕礼：《八世纪中叶至十二世纪初的“新〈春秋〉学”》，博士学位论文，山东大学，2003年，第138页。

室”，所谓“称天王以表无二尊”“唯王为大，邈矣崇高”，“拨乱反正，归诸王道”[①]，“正陵僭、举三纲、提五常，彰善瘅恶”[②] 都是尊王意识的强烈体现。赵宋政权建立后，中央政府除了要摆脱五代时期君臣义理不彰、政权更迭频繁的困境之外，还必须面对边境虎视眈眈的异族政权，为了解决这些问题，皇权的巩固与尊崇绝对是必要的。在上述历史认知与现实氛围当中，“尊王”的意识随着赵宋中央集权的扩展而弥漫于社会各处，其情状可想而知。因此可以说，宋儒要避免《春秋》时期的“无王”乱世，确实需要在制度建设方面有所作为，处于意识形态地位的经学思想自然也印上了时代的烙印。宋代《春秋》学者虽然从各个角度来阐发经典大义，但其落脚点仍然在于“尊王”。即便在论述《春秋》撰述意旨时，也依然围绕此一主题。其中，孙复、程颐、胡安国可称代表。

孙复是开宋学先声的人物之一，他直言《春秋》一书乃“以天下无王而作”。“孔子之作《春秋》也，以天下无王而作也，非为隐公而作也。然则《春秋》之始乎隐公者非他，以平王之所终也。何者？昔幽王遇祸，平王东迁，平既不王，周道绝矣。”[③] 并指出天下无王而造成政治失序、时代动荡，其云：

> 观夫东迁之后，周室微弱，诸侯强大，朝觐之礼不修，贡赋之职不奉，号令之所束，赏罚之无所加，坏法易纪者有之，变礼乱乐者有之，弑君戕父者有之，攘国窃号者有之，征伐四出，荡然莫禁。天下之政，中国之事，皆

---

① （唐）陆淳：《春秋集传纂例》卷一。

② 同上。

③ （宋）孙复：《春秋尊王发微》卷一。

> 诸侯分裂之。平王庸暗，历孝逾惠，莫能中兴，播荡凌迟，逮隐而死。夫生犹有可待也，死则何所为哉？故《诗》自《黍离》而降，《书》自《文侯之命》而绝，《春秋》自隐公始也……《春秋》自隐公而始者，天下无复有王也。[①]

按旧说，《黍离》是周大夫行役过宗周故地，见宗庙宫室为墟，伤而有作，郑玄以为平王东迁后政遂微弱，“于是王室之尊与诸侯无异，其诗不能复雅，故贬之，谓之王国之变风”[②]。而《尚书》中的《文侯之命》据说也作于平王东迁以后，排在了《周书》诰命类文献的末尾，标志着西周王政的衰落。孙复于此开宗明义，认为自平王以后天子庸暗无力，出现了“朝觐之礼不修，贡赋之职不奉，号令之所束，赏罚之无所加，坏法易纪者有之，变礼乱乐者有之，弑君戕父者有之，攘国窃号者有之”的衰世之象，这种每况愈下的形势更能体现“尊王”的迫切。所以孔子作《春秋》始于隐公，就是由于“天下无王”。这一认识近于公羊、穀梁两家所持《春秋》“本据乱而作”[③] 的观点，但与两家不同的是，孙复在解经时更加注重申言周室衰陵、王纲不振[④]。

关于《春秋》为何而作，孙觉也认可孙复所言“《春秋》之作，以天下无王而王政不行”[⑤]，只不过阐述得更为详细，

---

① （宋）孙复：《春秋尊王发微》卷一。

② 李学勤主编：《十三经注疏·毛诗正义》，第251页。

③ 李学勤主编：《十三经注疏·春秋公羊传注疏》，第4页。

④ 孙复之《春秋》则颇受朱子推重，朱子说：“如二程未出时，便有胡安定孙泰山石徂徕，他们说经虽是甚有疏略处，观其推明治道，直是凛凛然可畏！”（宋）黎靖德编：《朱子语类》，第2174页。

⑤ （宋）孙觉：《春秋经解》卷十一。

他认为孔子在去世前不久才作《春秋》，是因为“孔子尚壮，犹冀当时之君有能感悟而用之者矣，奈何周旋天下至于穷老，而一丘之地不可得，一旅之民不可有，孔子之年益老，而天下之乱不止”。孔子晚年面对“臣弑君，子弑父”、“三纲五常扫地俱尽”的局面，才转而采取著书的方式：

> 孔子于是因鲁之史以载天子之事，二帝三王之法于是乎在。《春秋》之所善，王法之所褒也；《春秋》之所恶，王法之所弃也。至于修身、正家、理国、治天下之道，君臣、父子、兄弟、夫妇之法，莫不大备。①

“至于修身、正家、理国、治天下之道，君臣、父子、兄弟、夫妇之法”等，才是孙觉所坚持的《春秋》“大义”，而三传的注者却妄以己意作解，曲说乱经，故自孔子殁后，能深知《春秋》之所以存者，唯孟子尔。且孟子最核心的思想就是“《春秋》，天子之事也”，而孙觉对这句话的理解，就是在天下“大乱而王道板荡，号令不行，天子名存而已”的情况下，“孔子作《春秋》以代其赏罚也”。可以说孙觉的全部著作，都是从这一点出发的。

《春秋》大义在尊王攘夷，希望国家统一团结，反对诸侯互相征伐，以共同抵御外寇侵略。苏辙在《春秋》经文即将终结时作总结评价：

> 平王东迁，而周室不竞。诸侯自为政，周道陵迟，夷于列国。迨隐之世，习以成俗，不可改矣，然而文、武、

---

① （宋）孙觉：《春秋经解·自序》。

成、康之德犹在，民未忘周也，故齐桓、晋文相继而起，莫不秉大义而尊周室，会盟侵伐以王命为首。诸侯顺之者存，逆之者亡，虽齐、晋、秦、楚之强，义之所在，天下予之，义之所去，天下叛之，世虽无王而法犹在也。故孔子作《春秋》，推王法以绳不义，知其犹可以此治也。①

苏辙认为孔子作《春秋》且始于隐公而终于哀公，是因二百年间，虽周王室衰微，然先王之德犹在，民未忘周。齐桓公、晋文公等相继而为霸主尚能秉持大义，尊崇周王，虽流露扩权之野心，却有尊王攘夷之功，故孔子认为周之礼法尚存，天下仍有恢复有序的希望，遂作《春秋》以推王法、绳不义，作为乱世之典，可见“尊王攘夷”才是《春秋》所以作的主要原因。苏辙于具体的《春秋》经解过程中也贯穿了“尊王”之义，如鲁庄公十四年“夏，单伯会伐宋”，其解云：

齐将伐宋，请师于周，假王命而行，故单伯会之。书曰：“单伯会伐宋”，后也。凡天子之大夫出会诸侯，不系之王，尊与诸侯比也。王人后而系之王，微，以王为重也。凡诸侯有四夷之功，则献于王，王以警于夷。②

苏辙对齐桓公伐宋前先请示周天子，然后以天子之命出师表示肯定。他还认为，即便是周天子之大夫，地位也与诸侯比肩，若诸侯攻伐夷狄，战后要献俘给周天子，天子在以此警示四夷，这些解经之语都是从周天子具有至尊地位出发的。

---

① （宋）苏辙：《春秋集解》卷十二。

② （宋）苏辙：《春秋集解》卷三。

胡安国在《春秋》学中坚守"《春秋》抑强臣，扶弱主，拨乱世反之正"之旨①，他以《春秋》"始隐"为例来证明《春秋》"尊王"以及"拨乱反正"的观点，他说道：

> 《春秋》作于隐公……不作于孝公、惠公者，东迁之始，流风遗俗，犹有存者：郑武公入为司徒，善于其职，则犹用贤也；晋侯捍王子艰，锡之秬鬯，则犹有诰命也；王曰"其归视尔师"，则诸侯犹来朝也；义和之薨，谥为文侯，则列国犹有请也。及平王在位日久，不能自强于政治……至其晚年，失道滋甚，乃以天王之尊下赗诸侯之妾。于是三纲沦，九法斁，人望绝矣。《春秋》于此，盖有不得已焉耳。托始乎隐，不亦深切著明也哉！②

鲁隐公之前的诸公主政时期，国家虽间有祸乱，但王室尚能维持尊严，此时诸侯各安其职，出师皆衔王命，列国婚丧诸事皆上告天子。至平王时期周道日衰，隐公元年，平王竟"使宰喧来归惠公仲子之赗"，人伦纲常彻底遭到破坏。因此，在胡安国看来，《春秋》始于隐公，正是以此凸显王纲不振。

所谓"尊王"，还有振兴王室之意，此一含义杜预即已点明，杜氏强调的是"中兴之教"，其曰：

> 答曰：周平王，东周之始王也。隐公，让国之贤君也。考乎其时则相接，言乎其位则列国，本乎其始则周公之祚胤也。若平王能祈天永命，绍开中兴；隐公能弘宣祖

① （宋）胡安国：《胡氏春秋传》，第154页。

② 同上书，第1页。

业，光启王室，则西周之美可寻，文、武之迹不坠。故因其历数，采周之旧，以会成王义，垂法将来。①

《公羊传》于鲁哀公十四年对“春秋何以始乎隐”，曾道：“拨乱世反诸正，莫近诸《春秋》”，与杜预之说法完全相同，《公羊传》虽未明言“中兴”，但“拨乱反正”当与“中兴”义近。同时，《公羊传》所谓的“拨乱反正”，对于何休等公羊学家来说并非是复周之正，而是后王之正。但是杜预所强调的始乎隐公，是认为始乎隐公的意义在于期望周平王、鲁隐公能够复兴周室，这种“中兴之教”的说法，就某方面来说是承袭自汉代荀悦以来，儒者“中兴”汉室之呼声，但是从两汉《春秋》学以至于杜预《左传》学的发展来看，则更宏观地来看源自《春秋》本身的“拨乱反正”之说，以《左传》名家的杜预仍然在“《春秋》始隐”以及“君子曷为为《春秋》”的问题上，与公羊学家默识心通②。

处于中唐时期的啖助学派，经历过盛唐的繁荣，安史之乱之后，企盼国家振兴的愿望是十分迫切和真诚的。“新《春

① 李学勤主编：《十三经注疏·春秋左传正义》，第 251 页。

② 杜预与公羊学家对上述问题的相近之处亦止于此，因为在“拨乱反正”的看法上就分道扬镳了。如何休以为“反正”是反汉之正，故孔子作《春秋》为汉制法，自然必须“黜周王鲁”以及“微辞保身”。而杜预身处晋代自然不会认同何休之说，所以他说：“所书之王，即平王也；所用之历，即周正也；所称之公，即鲁隐也。安在其黜周而王鲁乎？子曰：‘如有用我者，吾为其东周乎！’此其义也。若夫制作之文，所以章往考来，情见乎辞，言高则旨远，辞约则义微，此理之常，非隐之也。圣人包周身之防，既作之后，方复隐讳以辟患，非所闻也。子路欲使门人为臣，孔子以为齐欺天，而云仲尼素王，丘明素臣，又非通论也。”李学勤主编：《十三经注疏·春秋左传正义》，第 27—28 页。在此段中，杜预回应了先前的自我提问，强调孔子作《春秋》并非“黜周王鲁”，而是祈望能绍开中兴。

秋》学”亦以此为经学研究的指导思想，如啖助曾说：

> 夫子伤主威不行，下同列国，首王正以大一统，先王人以黜诸侯，不书战以示莫敌，称天王以表无二尊。唯王为大，邈矣崇高……《春秋》之作……虽因旧史，拨乱反正，归诸王道。①

将《春秋》之作的目的归诸发明王道，既而拨乱反正，这是期望经典可以重新发挥凝聚人心，恢复社会秩序的功能。宋儒虽然大多没有中唐学者的历史沧桑感，但却多有傲视汉唐、直追“三代”的心态，他们有比中唐学者更加宏伟的目标设计，希望达到超越汉唐的规模与气度。故宋代《春秋》学者亦喜阐发“拨乱反正”之旨。如孔子曾言“吾志在《春秋》”，黄震于其《读春秋》中解此“志”为“拨乱世反之正……此其为天子之事”。因为“方是时，王纲解纽，篡夺相寻，孔子不得其位以行其权，于是约史记而修《春秋》，随事直书，乱臣贼子无所逃其罪，而一王之法以明”②。萧楚则举例云：“《春秋》所书事仅百数，而盟会侵伐居其多，何也？天下之大政也……《春秋》书诸侯盟会侵伐，见天下大政自诸侯出，此《春秋》所以自隐公而始也。”③ 又云：

> 春秋初，书诸国用兵，见征伐不自天子出也；书诸侯僭谥，见礼不自天子出也；书初献六羽，见乐不自天子出

① （唐）陆淳：《春秋集传纂例》卷一。

② 钟肇鹏选编：《读书记四种·黄氏日抄》，第413—414页。

③ （宋）萧楚：《春秋辨疑·盟会侵伐统辨》。

> 也，此春秋所以始于隐也……获麟而后，诸夏遂微，周室终于沦丧，由四者之柄移于下也。用知天下之治，则道出于一。《春秋》首王月系诸侯行事，讥其非礼违正者，示治道出于一也。故曰：拨乱返之正，莫近乎《春秋》。①

萧楚认为鲁隐公之时，诸侯征伐会盟之权自出，僭礼越分之举频现，至于获麟而周室沦丧。孔子作《春秋》而始于隐公，于正月必书王，乃以讥当时诸侯无王之举，更欲有王法以正此乱象，圣人拨乱反正之旨深切。

赵鹏飞于其《春秋经筌》中指出，孔子志在兴周，只是因“兴西周之志不得行于时而寓于《春秋》”，因此，《春秋》是中兴周室之书。中兴周室又何以始于隐公呢？“盖《春秋》之作，为周也，非为鲁也。当孝公之世，平王之初也，庸讵知平王不能兴衰拨乱而为西周之宣王乎，初则怠矣。讫惠公之世，平王之中也，庸讵知平王不能励精改图、振制群弊，卓为贤主，如商之太甲乎？中亦懈矣。初怠中懈，则中兴西周之业尚何望哉？至隐公之世则平王之末年也，平王之末政愈不纲，而天下之乱由加于前，而中兴无其人矣。夫子于是悯悼衰世而作《春秋》，《春秋》修中兴之教也。故始于隐非始乎平王之末也，谓周室至是不可不中兴矣。诸儒不探夫子之志，妄指一事以为《春秋》之始，是待圣人以不广也，学者无取焉。”② 孔子作《春秋》志在兴周，非为鲁而作。当周平王之初，鲁为孝公；周平王之中，鲁为惠公。此时，虽然周平王初则怠，后乃懈，但时人尚且不知平王能否励精图治、振制群弊。至隐公之世，“平王之末，政

① （宋）萧楚：《春秋辨疑·葬称我君辨》。

② （宋）赵鹏飞：《春秋经筌》卷一。

愈不纲，而天下之乱由加于前”，天下之人彻底丧失希望，孔子作《春秋》始于此时，为中兴之教。

二　《春秋》为天下后世而作

《春秋》一书为后世立法的观念源于《公羊传》，《公羊传》论“君子曷为为《春秋》”时，于末尾提出“制《春秋》之义，以俟后圣”。据此，《公羊传》的作者已经认定，《春秋》拨乱反正的政治主张实则为后王提出治国的指导性原则。孟子指出《春秋》乃“天子之事”，实际上也隐含了《春秋》乃王者之事，有褒贬之权的意思。董仲舒极大地推进了这一观点，提出孔子以《春秋》立一王之义为后王制法。《春秋繁露》俞序篇论曰：“仲尼之作《春秋》也，上探天端王公之位，万民之所欲，下明得失，起贤才，以待后圣。”只不过“以待后圣”的观点经过汉儒的阐发，便局限于《春秋》为汉制法。

汉代无论是经今、古文家，著经皆强调微言大义，刘歆在《让太常博士书》中就曾说：“夫子没而微言绝，七十子终而大义乖。”盖知微言大义曾为当时各家所用。《公羊》学家紧密结合汉代政治形势，著经特别重视挖掘《春秋》的经世意蕴，司马迁即继承董仲舒之言道：“周道衰废，孔子知言之不用，道之不行也，是非两百四十二年之中，以为天下仪表，贬天子，退诸侯，讨大夫，以达王事而已矣。”[①] 壶遂论曰：“孔子之时，上无明君，下不得任用，故作《春秋》，垂空文以断礼义，当一王之法”[②]《公羊》学者认为《春秋》为后王制法

---

① （汉）司马迁：《史记·太史公自序》，第 297 页。

② 同上。

以及为汉立法[1]，他们认为汉朝从秦末大乱中建立起来，孔子早有预见，故制定了一部拨乱反正之法留给汉人。

汉儒主张《春秋》为汉制法，此说随着汉代的灭亡而崩溃。故宋人程颐、朱熹等学者虽然肯定《春秋》中具有经世之用、治世之法的部分，却不认同《公羊》学者的为汉制法之说。开宋学风气的重要人物石介曾对此论道：

> 昔者孔子修《春秋》，明帝王之道，取三代之政，述而为经，则谓之书。其文要而简，其道正而一，所以扶万世而佑民，示万世常行不易之道也，后世人有悖之者，则其书或息。[2]

石介已经认识到《春秋》中包含了圣人对三代之政的损益，因此，足以为万世遵循之道，这种认识奠定了《春秋》在整个宋代的“经世大法”的地位，客观上否定了汉儒之说。石介之后，一代文宗欧阳修亦对此进行过批评：“甚矣，汉儒之狭陋也！孔子作《春秋》，岂区区为汉而已哉！”[3] 王皙曰：“仲尼岂知数百年后刘氏定天下、兴汉室乎？”王皙既斥汉之陋儒，又发明新义道：

> 且圣人大典，将垂之万世以为法，又岂止一汉朝乎？若以衰世论之，则可以拨乱而归正；若以治世言之，则可

① 冯友兰指出：“在汉朝，《春秋》仿佛是一部宪法。凡有政治上和法律上的重大问题，都引《春秋》解决。”冯友兰：《中国哲学史新编》第三册，人民出版社 1985 年版，第 51 页。

② （宋）石介：《徂徕石先生文集》，第 81 页。

③ （宋）欧阳修：《欧阳文忠全集》，中国书店 1986 年版，第 1108 页。

以润色乎王道，无施不可也。①

王皙此说非常雄辩，因为孔子即使是圣人，亦仅因其在学术上的崇高地位，并非是先知先觉的神，他不可能为数百年之后的汉代制定法典，即使制定法典，孔子又岂会只为汉代一朝而立法。且《春秋》为万世之法，用于治世可润色王道，用于衰世可拨乱反正。王皙之论，大大拓展了《春秋》一经的"使用"范围，这对确立并巩固经典的权威地位是有利的。

宋儒在否定《春秋》为汉制法、新周王鲁之说后，对公羊家的提法作了变通，以"为后世制法"代替了"为汉制法"，使得孔子制作之《春秋》成为"百王不易之大法"②。宋代理学开山人物周敦颐就曾如此论述《春秋》的意义："《春秋》，正王道，明大法也，孔子为后世王者而修也。乱臣贼子诛死于前，所以惧生者于后也。宜乎万世无穷，王祀夫子，报德报功之无尽也。"③ 周子已经说明《春秋》是为"后世王者而修"，且惩前毖后之功"万世无穷"。理学家张九成也指出，《诗》、《尚书》、《春秋》、《孟子》、《大学》等不但是经书，而且是寓褒贬于其中以垂法后世的王道之书。何以见得？就《春秋》而言，其开篇即讲"春王正月"，张九成指出"圣心于《春秋》首笔'王'之一字，则知二百四十年之笔削皆王道之所寓也"④。具体到《春秋》学领域中，王皙论孔子修《春秋》之旨说："昔者仲尼以圣人之才识……总皇极之彝训，阐君臣父子之义，原治

① （宋）王皙：《春秋皇纲论》卷一。

② 皮锡瑞认为："《春秋》为后王立法即云为汉制法亦无不可"，汉儒"在汉言汉，推崇当代，不得不然。"《经学通论》，第11页。

③ （宋）周敦颐：《周敦颐集》，中华书局2009年版，第42页。

④ （宋）张九成：《横浦集》卷一四，文渊阁《四库全书》本。

乱兴衰之道，足以垂为世教，传之无穷。”① 曰万世、曰无穷，显然是《春秋》为万世垂法之意。崔子方说：

> 孔子伤周道之不复，愍圣王之不作，于是修鲁史，以明是非、正褒贬而代赏罚。上以承三圣之绪，下以著万世之宪。使乱臣贼子有所畏忌而不敢窃发，此《春秋》所为作而始隐之义也。②

可见，《春秋》上承三代余绪，下著来世之惩劝，崔子方此论将孔子作《春秋》之意旨与“始隐”之论相结合起来。程颐认为：“夫子之道既不行于天下，于是因《鲁春秋》立百王不易之大法。平王东迁，在位五十一年，卒不能复兴先王之业，王道绝矣。孟子曰：‘王者之迹熄而《诗》亡，《诗》亡而后《春秋》作。’适当隐公之初，故始于隐公。”③“《春秋》之书，百王不易之法。三王之后，相因既备，周道衰，而圣人虑后世圣人不作，大道遂坠，故作此一书。”④ 在程颐看来，孔子作《春秋》有周纲毁坠，圣人要为后世立法两方面原因。他具体解释说：

> 夫子当周之末，以圣人不复作也，顺天应时之治，不复有也，于是作《春秋》，为百王不易之大法，所谓考诸三王而不谬，建诸天地而不悖，质诸鬼神而无疑，百世以

① （宋）王晳：《春秋皇纲论》卷一。
② （宋）崔子方：《春秋经解》卷一。
③ （宋）程颢、程颐：《二程集》，第1086页。
④ 同上书，第132页。

俟圣人而不惑者也。[①]

当周之末，“圣人不复作”，三代之治遂不复有，孔子作《春秋》为“百王不易之大法”，《春秋》所体现的是自“三王”以来即“相因”的一贯精神，所以，程颐认为孔子之所以作《春秋》，就是要将这种一以贯之的精神延续并固定下来，以使“百世”而不惑。

当刘绚问程颐道：“孔子何谓作《春秋》?”程颐曰：“由尧舜至于周，文质损益，其变极矣，其法详矣。仲尼参酌其宜，以为万世王制之所折中焉，此作《春秋》之本意也。观其告颜子为邦之道，可见矣。”[②] 程子认为“三王之道”是尧舜至周的治国之道，孔子作《春秋》就是对这三代之法参酌损益，以形成可以被“万世”遵行的“王制”、“大法”。且孔子之志“不欲为一王之法，欲为百王之通法”，而“其法度又一寓之《春秋》”[③]。程氏由此得出结论：《春秋》之作，旨在“立百王不易之大法”。私淑程颐的胡安国也认为《春秋》为万世之法，这主要体现在胡氏的经解之中。例如隐公十一年，当鲁隐公被弑之后，经书“薨”而不书“弑”，《公羊》、《穀梁》二传解为“不忍言”，胡安国认为此处出现了鲁史旧文与夫子笔削之间的差异，因为“古者史官以直为直，而不讳国恶”。但由于弑君者是鲁桓公，孔子身为鲁大夫，“不书弑，示臣子于君父有隐避其恶之礼”。因此，胡安国认为：“仲尼笔削旧史，

① （宋）程颢、程颐：《二程集》第30页。

② 同上书，第1200页。按这里的“告颜子为邦之道”，是指《论语·卫灵公》：“颜渊问为邦。子曰：‘行夏之时，乘殷之辂，服周之冕，乐则韶舞。’”这话的本意，是说治国要行用三代的礼乐车服制度。

③ （宋）程颢、程颐：《二程集》，第62页。

断自圣心，于鲁君见弑，削而不书者，盖国史一官之守，《春秋》万世之法，其用固不同矣。”①

朱熹不但赞同胡安国所谓“孔子作《春秋》以寓王法”的观点，而且认为“孔子作《春秋》以讨乱贼，则致治之法垂于万世，是亦一治也”②。他还十分赞成程子之说，也认为“圣人作《春秋》，正欲褒善贬恶，示万世不易之法。”③ 他认为在诸家经解中，此说最得圣人之旨，朱熹说：

> 问：“《春秋传序》引夫子答颜子为邦之语，为颜子尝闻《春秋》大法，何也?”曰：“此不是孔子将《春秋》大法向颜子说。盖三代制作极备矣，孔子更不可复作，故告以四代礼乐，只是集百王不易之大法。其作《春秋》，善者则取之，恶者则诛之，意亦只是如此，故伊川引以为据耳。”④
>
> 或问伊川《春秋序》后条。曰：“四代之礼乐，此是经世之大法也。《春秋》之书，亦经世之大法也。然四代之礼乐是以善者为法，《春秋》是以不善者为戒。”⑤

朱熹之论，实际是将程子未尽之意表达出来，即三代之制与《春秋》之法并非等同。三代之制虽备极，但非孔子自创，其答颜子为邦之语，是损益四代礼乐，取其虽百世可知的大原

---

① （宋）胡安国：《胡氏春秋传》，第 36 页。

② （宋）朱熹：《四书章句集注》，第 272 页。

③ （宋）黎靖德编：《朱子语类》，第 998 页。

④ 同上书，第 2153 页。

⑤ 同上书，第 2154 页。

则而已。而《春秋》更是在“四代礼乐”的基础上损益而成。[①]“四代礼乐以善者为法”，《春秋》则取其中可以为后世镜鉴的部分[②]，所以朱子才肯定地说道：“愚谓孔子作《春秋》以讨乱贼，则致治之法垂于万世，是亦一治也。”[③]朱熹编《资治通鉴纲目》、《名臣言行录》、《伊洛渊源录》等史书，就是抱着“有补于世教”这一目的。

前已言之，叶梦得曾对西汉公羊学家所言孔子作《春秋》的目的在于“据鲁、新周、故宋”、“以《春秋》当新王”等作了批驳，他还以自问自答的方式提出了他对孔子作《春秋》的原因：

> 《春秋》为鲁而作乎？为周而作乎？为当时诸侯而作乎？为天下与后世而作乎？曰：“为鲁作”，《春秋》非鲁之史也。曰：“为周作”，《春秋》非周之史也。曰：“为当时诸侯作”，《春秋》非当时诸侯之史也。夫以一天下之大，必有与立者矣。可施之一时，不可施之万世。天下终不可立也。然则为天下作欤？为后世作欤？故即鲁史而为之经。[④]

叶梦得自行设问：孔子《春秋》“为鲁而作”、“为周而作”、“为当时诸侯而作”、“为天下后世而作”，最后将前三者

---

① 这看法其实乃朱子用自己的理解诠释了程氏之说，和程氏本意不同。程颐原文为：“作《春秋》，为百王不易之大法……斯道也，惟颜子尝闻之矣：‘行夏之时，乘殷之辂，服周之冕，乐则韶舞’，此其准的也。后世以史视《春秋》，谓善恶褒贬而已，至于经世之大法，则不知也。”（宋）程颢、程颐：《二程集》，第1124页。

② 对于朱熹这一认识，弟子张洽也有相近看法，其云：“窃以为《春秋》一书，圣笔所削，皆因时君之行事，断以是非之公，示之万世，而圣人之大伦、致治之法，所赖以不泯者也。”（清）朱彝尊：《经义考》，第971页。

③ （宋）朱熹：《四书章句集注》，第272页。

④ （宋）叶梦得：《叶氏春秋传·序》。

一一否定，即《春秋》非鲁史、非周史、非当时诸侯之史，《春秋》“即鲁史而为之经”，目的在于“为天下后世而作”。叶氏之所以如此说，是因为《春秋》是孔子“以一王之法，笔削于其间”，欲“立天下之常道以垂万世者也”[①]，故“求之天理，则君臣也、父子也、兄弟也、朋友也、夫妇也，无不在也。求之人事，则治也、教也、礼也、政也、刑也、事也，无不备也”[②]。正是因为《春秋》对于人伦政教无所不备，它完全具备了为万世立制、为万世立法的功能。

三　《春秋》为是非善恶、存理灭欲而作

《春秋》为何而作，除了上述一再讨论的《春秋》为尊王、为天下后世而作之外，宋代的学者们还添入了时代的新内涵，即《春秋》不但可以赏罚善恶，判是定非，更可以扶天理而灭人欲。其实，《春秋》具有是非善恶的功能，早在西汉时期就已经被点明了。董仲舒说：

> 《春秋》记天下之得失，而见所以然之故。甚幽而明，无传而著，不可不察也。夫泰山之为大，弗察弗见，而况微眇者乎？故案《春秋》而适往事，穷其端而视其故，得志之君子，有喜之人，不可不慎也。[③]

司马迁曾转述董子之言道：“（《春秋》）‘是非二百四十二年之中，以为天下仪表，贬天子，退诸侯，讨大夫，以达王

① （宋）叶梦得：《叶氏春秋传》卷一。

② （宋）叶梦得：《叶氏春秋传·序》。

③ （汉）董仲舒：《春秋繁露》，第58页。

室而已矣。’……夫《春秋》上明三王之道，下辨人事之纪，别嫌疑，定犹豫，善善恶恶，贤贤贱不肖，存亡国，继绝世，补敝起废，王道之大者也。”太史公引董仲舒之语，论述了《春秋》成书缘由，认为在周道衰废的时势下，孔子自知其所提倡的“忠恕”之“仁”道难以施行于天下，故编修鲁史以“是非二百四十二年之中，以为天下仪表”，所谓“为天下仪表”，就是将是非、善恶昭明天下，既以此济“周道衰废”之弊，又以戒后世来者，以期王道渐化。晋代杜预认为《春秋》“为例之情有五”：“微而显”、“志而晦”、“婉而成章”、“尽而不污”、“惩恶而劝善”。[①]“由‘微而婉’到‘尽而不污’，说的是书法。‘惩恶而劝善’，说的是目的。”[②]

至宋代，《春秋》乃是非善恶之书更是得到普遍的认可，宋代“最早具有崇高道德理想”的学者范仲淹还对《春秋》一书的性质进行了确定，认为《春秋》不但存有“是非之辨”，而且还是“名教之书”：“孔子作《春秋》即名教之书也。善者褒之，不善者贬之，使后世君臣爱令名而劝，畏恶名而慎矣。”[③]他认为，圣人之所以作《春秋》，是“因东鲁之文，追西周之制，褒贬大举，赏罚尽在。谨圣帝明皇之法，峻乱臣贼子之防，其间华衮贻荣，萧斧示辱，一字之下，百王不刊。游夏既无补于前，《公》《榖》盖有失于后”[④]。这在指责三传之失的同时，重点是要说明《春秋》具有褒善贬恶的功能，而且，这种功能是通过《春秋》书法义例体现出来的。北宋理学家邵雍则视《春秋》为“刑书”，他说：“《春秋》

---

① 李学勤主编：《十三经注疏·春秋左传正义》，第18—19年。

② 徐复观：《两汉思想史》，第151页。

③ （宋）范仲淹：《范仲淹全集》，凤凰出版社2004年版，第208页。

④ 同上书，第163页。

者，孔子之刑书也，功过不相掩。圣人先褒其功，后贬其罪，故罪人有功者，亦必录之，不可不恕也。”[①] 孔子就是一位至公的审判者，使功过皆不相掩。此外，《春秋》彰显善恶的途径是实录其事，使善恶“浑然无迹”，邵雍说：“圣人之经，浑然无迹，如天道焉。故《春秋》录实事而善恶形于中矣。”[②] 苏辙治《春秋》的目的也是使君臣明白是非善恶之别，通权达变之道，知晓治国之理，所以他认为无论君臣皆应熟读《春秋》。他发挥董仲舒之论道：

> 为国者，不可以不知《春秋》。前有谗而不见，后有贼而不知，守经事而不知其宜，遭变事而不知其权，为人君父而不通《春秋》之义者，必蒙首恶之名。为人臣子而不通《春秋》之义者，必蹈篡弑之诛。其意皆以善为之，而不知其义，是以被之空言而不敢辞……宋之君臣诚略通《春秋》，则文帝必无惠公之祸，徐、傅、谢三人必不受里克之诛。悲夫！[③]

苏辙以宋文帝君臣为例，反复强调国之君臣应通晓《春秋》之义，以善为法，以恶为戒，如此方能于施政时举措得宜，避免乱象，国家也才能得以大治。欧阳修则清晰地指出：“《春秋》之法，使为恶者不得幸免，疑似者有所辨明，所谓是非之公也。”[④] 另外，欧阳修亲自修撰与主持《新五代史》、《新唐书》等史书，强烈的历史盛衰意识使得他十分推崇《春

① （宋）邵雍：《皇极经世书》，第 407 页。

② 同上书，第 406 页。

③ （宋）苏辙：《栾城集》，第 1257 页。

④ （宋）欧阳修：《欧阳修全集》，第 132 页。

秋》，并将这种意识寓于史书编撰过程中，“师法《春秋》”也是欧著史书得到后世褒奖的原因之一。欧阳修曰：“于是非善恶难明之际，圣人所尽心也。”① 所以，他在史书撰述过程中，极力倡导《春秋》“是非善恶”的观念。他以自己撰述《五代史·梁本纪》的实例作过说明：

> 予次论五代，独不伪梁，而议者或讥予大失《春秋》之旨，以谓：“梁负大恶，当加诛绝，而反进之，是奖篡也，非《春秋》之志也。”予应之曰：“是《春秋》之志尔。鲁桓公弑隐公而自立者，宣公弑子赤而自立者，圣人之于《春秋》，皆不绝其为君。此予所以不伪梁者，用《春秋》之法也……惟不绝四者之为君，于此见《春秋》之意也。圣人之于《春秋》，用意深，故能劝戒切，为言信，然后善恶明。夫欲著其罪于后世，在乎不没其实。其实尝为君矣，书其为君。其实篡也，书其篡。各传其实，而使后世信之，则四君之罪，不可得而掩尔。使为君者不得掩其恶，然后人知恶名不可逃，则为恶者庶乎其息矣。是谓用意深而劝戒切，为言信而善恶明也。②

欧阳修所要表明的虽然是一种写作态度，即史书劝善惩恶的写法，须植根于据事直书的历史真相上，但从侧面也揭示出，这种据事直书以使“言信而善恶明”的撰述观念是《春秋》开始揭櫫的，孔子于春秋时期的桓公、宣公、郑厉公等弑君自立的行为，在书法上都“不绝其为君”，就是要不没其实，使其罪恶昭著后

① （宋）欧阳修：《欧阳修全集》，第132页。

② （宋）欧阳修：《新五代史》，第21页。

世。可见，欧阳修作史时注入了《春秋》善善恶恶之心[①]，而五代时期的混乱政局，为其褒贬善恶提供了良好素材。

理学家也认为《春秋》具有是非善恶的功能。朱熹虽无《春秋》学专著，但他十分推崇《春秋》的经世功能，尝言："四代之礼乐，此是经世之大法也。《春秋》之书，亦经世之大法也。然四代之礼乐是以善者为法，《春秋》是以不善者为戒。"[②] 这就是说，《春秋》主要以"反面教材"示善恶于后人。吕祖谦长于在叙事中抒发己见，他联系春秋时期史事，说得更为详备：

> 《春秋》之作，当时权臣强族在上，可以杀人，可以刑人。圣人欲使是非善恶明白，故其辞所以"微而显，婉而辨"。若只为一匹夫而作，则定不如此。婉晦既如此，则能使上之人善恶昭明。且如齐桓、晋文，当时不知其为假仁义也，惟《春秋》书之，则知其所以谲。季氏之强，当时不敢言其非也，惟《春秋》书之，则知其所以僭。此之谓"上之人能使昭明"，不是上之人能使《春秋》之法昭明，何故？《春秋》之作，其法便自昭明，不待上之人使之昭明也。故孔子曰："我欲载之空言，不如见诸行事深切著明也。"《春秋》便是行事。[③]

春秋时期权臣、强族掌握生杀大权，孔子为了彰显善恶是非，

---

① 欧阳发等曾述："先公奉敕撰《唐书》纪、志、表，又自撰《五代史》七十四卷，其作本纪，用《春秋》之法，虽司马迁、班固皆不及也……其于《五代史》有所留心，褒贬善恶，为法精密，发论必以'呜呼'，曰：'此乱世之书也。'其论曰：'昔孔子作《春秋》，因乱世而立治法；余述本纪，以治法而正乱君。'此其志也。"《欧阳修全集》，第1371页。

② （宋）黎靖德编：《朱子语类》，第2154页。

③ （宋）吕祖谦：《吕祖谦全集》第七册，第317—318页。

使善人有所劝，淫人有所惧，故使用较为婉晦的文辞，在意义上则微而显，婉而辨。这就说明《春秋》非孔子一己私作，而是为了昭明善恶，使在上之人明善恶是非。例如，齐桓、晋文之霸，非《春秋》书之，后人不知其假仁义而实以谲的面目；季氏强大，非《春秋》载之，后人不知其僭越之心。孔子所谓的我欲载之空言，不如见诸行事，意即于其所载之事中彰显微言大义，使得善人劝焉，淫人惧焉，此即孔子作《春秋》之寓意。

吕大圭则首先论述了世人私欲膨胀而无法遏止的原因，他说：“世之所谓乱臣贼子，恣睢跌荡，纵人欲而灭天理者，岂其悉无是非之心哉？故虽肆意所为，莫之或制，而其心实未尝不知其非，而恶夫人之议己，此其一发未忘之天理，不足以胜其浸淫日滋之人欲，是以迷而不复，为而不厌，而其所谓自知其非者，终自若也，则其心未尝不欲紊乱天下之是非，以讬己于莫我议之地，既上幸无明君为之正王法以定其罪，而又幸世教不明，人心不正，习熟见闻，以为当然，曾莫有议其非者，则为乱臣贼子者，又何其幸之又幸邪！”① 利禄富贵使人滋生私欲，且日益增长，这使得人们心中仅存的一线天理也荡然无存。于是这些人更加肆意妄为，并淆乱是非善恶观念，以此逃避世人谴责而免于受惩处。吕氏从世人的心理上分析是非善恶观念渐渐淡薄的原因，也点明了拯救人心是非观念的重要意义。这就为他继续论述孔子作《春秋》的担当精神作了合理的铺垫：

> 是故唐虞三代之上，天理素明，人心素正，“是非”善恶之论素定，则人之为不善者，有不待刑罚加之，刀锯临之，而自然若无所托足于天地间者。世衰道微，天理不明，人心

① （宋）吕大圭：《春秋五论·论一》。

> 不正，是非善恶之论几于倒置，然后乱臣贼子始得以自容于天地之间，而不特在于礼乐征伐之无所出而已也。孔子之作《春秋》也，要亦明是非之理以诏天下与来世而已。“是非者，人心之公理”，而圣人因以明之，则固自有棃然当乎人心者。彼乱臣贼子闻之，固将不惧于身，而惧于心；不惧于明，而惧于暗；不惧于刀锯斧钺之临，而惧于倏然自省之顷；不惧人欲浸淫日滋之际，而惧于天理一发未亡之时。此其扶天理遏人欲之后功，顾不大矣乎！①

根据吕大圭的分析，在唐虞三代时期政治清明，则是非善恶、天理人心自然素明素正。此时，即使没有刑法刀锯之鉴，乱臣贼子心中亦有所顾忌。但到了后世，道德伦常衰微，“天理不明，人心不正”，“是非善恶”的判断标准几乎倒置，这样一来那些乱臣贼子即使肆行奸邪，心中亦丝毫无愧疚之意。可见，是非善恶的价值标准关乎国家存亡，十分重要。而孔子之作《春秋》主要就是在“明是非之理”，而期盼“以诏天下与来世而已”。吕大圭特别提出“是非者，人心之公理”，而这个“公理”是经过“礼乐熏陶”，“法则规范”出来的社会共同认知，圣人正是希望以这一“公理”来教化人心。乱臣贼子虽一时隐身于“公理”之后，侥幸于刀锯斧钺的刑责之外，但始终难逃于内心的谴责，这正是孔子编《春秋》以“扶天理遏人欲之后功”，因此孔子编《春秋》以“别嫌疑，明是非，定犹豫”，教民厘清“善善恶恶，贤贤贱不肖”，是为世世代代“存亡国，继绝世，补敝起废”的最佳典籍，所以吕氏认为《春秋》之教的功绩非常伟大。

---

① （宋）吕大圭：《春秋五论·论一》。

这里还有一个问题需要说明，就是自孟子开始便倡导孔子作《春秋》乃“天子之事”，后世常有人认为《春秋》就是本赏善罚恶之书。在这种观念驱使下，后世对《春秋》中的各种“笔法”都予以了多种解释，认为这些“笔法”中包含了圣人特旨所在。但是，孔子作《春秋》本就为了诛讨僭越礼义的乱臣贼子，自己以匹夫之身又怎可行“天子之事”而行褒贬之权呢？这正如南宋朱熹所说：“知孔子者，谓此书之作，遏人欲于横流，存天理于既灭，为后世虑，至深远也。罪孔子者，以谓无其位而讬二百四十二年南面之权，使乱臣贼子禁其欲而不得肆，则戚矣。”[①] 对此，北宋邵雍、苏洵开始为孔子作《春秋》并非僭越而辩护[②]。如邵雍认为孔子作《春秋》乃以天下至公之心因事而行褒贬：“《春秋》皆因事褒贬，岂圣人特立私意哉！”人知《春秋》，圣人之笔削，“为天下之至公。不知圣人之所以为公也”[③]。苏洵认为孔子之所以没有僭越，关键在于《春秋》是“鲁之书也，鲁之作也”。孔子述《春秋》虽寓褒贬于其中，然而却非私作，当时周室衰微，夫子有“道”而无位，由于“《春秋》赏人之功，赦人之罪，去人之族，绝人之国，贬人之爵，诸侯而或书其名，大夫而或书其字，不惟其法，惟其意”[④]，苏洵还旁证道：

夫子系《易》谓之《系辞》，言孝谓之《孝经》，皆

---

① （宋）朱熹：《四书章句集注》，第272页。

② 这正如本章第一节所论，汉儒将“西狩获麟”与“《春秋》当新王”曲折地联系到一起，便是为了避免宋儒这种“空洞”的辩护，从而使得自己的理论阐述更为“合理”化。当然宋儒此处的辩解也体现了时代思潮的特征，即在理学思维的影响下，大多难题的解决在宋儒看来无非在于“心”之“公”、“私”。

③ （宋）邵雍：《皇极经世书》，第407页。

④ （宋）苏洵：《苏洵集》，第51页。

自名之，则夫子之私也。而《春秋》者，鲁之所以名史，而夫子托焉，则夫子公之也。①

何以说孔子公之？苏洵认为，孔子撰述之书以《春秋》名之，而《春秋》本为鲁史之名，“公之以鲁史之名，则赏罚之权固在鲁矣”。胡安国认为孔子之所以没有僭越之嫌，主要是因为《春秋》之作与帝王南面之功是等同的，“夫奉天讨、举王法以黜诸侯之灭天理、废人伦者，此名实所由定也”②。孔子有德而无位，虽不能像黄帝伐蚩尤、虞舜诛四凶、夏禹戮防风、周公杀管蔡一样直接行法，但“假鲁史、用五刑、奉天讨、诛乱贼，垂天子之法于后世。其事虽殊，其理一耳，何疑于不敢专进退诸侯以为乱名实哉”③。胡安国运用理学中的“理一分殊”的理论，证明了孔子借《春秋》进退诸侯与黄帝、尧、舜、禹等上古圣王行天子之法的行为，“其事虽殊，其理一耳”，这才是胡安国所谓《春秋》“天子之事”的真正内涵。吕大圭更是强调《春秋》虽然具有是非善恶的功能，但《春秋》绝非赏善罚恶之书，他说：

自世儒不明乎孟子之说，遂以《春秋》之作，乃圣

---

① （宋）苏洵：《苏洵集》，第 51 页。

② （宋）胡安国：《胡氏春秋传》，第 46 页。

③ （宋）胡安国：《胡氏春秋传》，第 46 页。包弼德分析胡安国之意说：“胡安国认为《春秋》显示了孔子的权威如何凌驾于政治权威之上；孔子实际已经具备了‘天子’对是非进行褒贬的资格。孔子之所以有这个权威，是因为他（而不是当时的周天子）已经成为道德的典范。胡安国这么说是在挑战唐代的官方注疏。唐代注疏试图避开孔子是在行天子之事这样的结论，转而强调孔子只不过是把周天子的先例运用到自己的时代。”［美］包弼德著，［新加坡］王昌伟译：《历史上的理学》，浙江大学出版社 2010 年版，第 55 页。这种分析可以说代表了揭示了宋代学者对《春秋》“天子之事”的潜在认识。

> 人赏善罚恶之书，而所谓“天子之事”者，谓其能制赏罚之权而已。夫谓“天子之事”，止于制赏罚之权，而绥猷修道之责，乃不暇问，则是刘汉以后之天子，而非唐虞三代之天子矣，为是说者，不惟不知《春秋》，抑亦不知所谓“天子之事”也。彼徒见夫《春秋》一书，或书名、或书字、或书人、或书爵、或不书氏、或书氏，于是为之说曰，其书字书爵书氏者，褒之也；其书名书人不书氏者，贬之也。褒之故予之，贬之故夺之；予之所以代天子之赏，夺之所以代天子之罚。赏罚之权，天王不能自执，而圣人执之，所谓章有德，讨有罪者，圣人固以自任也。《春秋》，鲁史也，夫子匹夫，以鲁国而欲以僭天王之权，以匹夫而欲以操天王之柄，借曰道之所在，独不曰位之所不可得乎？夫子本恶天下诸侯之僭天子，大夫之僭诸侯，下之僭上，卑之僭尊，为是作《春秋》，以正名分，而己自蹈之，将何以律天下，圣人宜不如是也。[①]

吕大圭指出，赏善罚恶的权力只有天子才有，孔子乃一“匹夫”，只是修订鲁史，并于其中谴责诸侯、大夫的各种僭越行为，他自己不可能去重蹈僭越天子行为的覆辙[②]。因此，吕氏认为《春秋》只是树立了赏善罚恶的标准，而非行此权

① （宋）吕大圭：《春秋五论·论一》。

② 邓国光对于“素王”是否僭越之说有较为精辟的概括，他说：“汉人‘素王’之义，从孔子为政的用世角度说，《春秋》成为经学文本的中心，两汉四百年的经学，是围绕‘素王’之义法的《春秋》学起伏发展的。《春秋》绾合‘素王’而重组的‘王道’义，取代匹夫成帝业的公天下观念，‘王道’已不再是匹夫布衣的淑世意念，而一切尽摄于‘素王’孔子的《春秋》名义下，‘儒术’独尊的规范作用可见一斑。”邓国光：《圣王之道：先秦诸子的经世智慧》，中华书局2010年版，第230页。

以行褒贬。此种说法虽与上述邵雍、苏洵相异，但他们证明圣人无私心、公赏罚之用意却是相同的。

再如本书第一章所论，宋代理学大兴，《春秋》学亦有理学化的倾向。因此，宋儒在讨论《春秋》撰述之旨时，亦以天理、人欲论之，探讨《春秋》何以作时，自然又会与天理、人欲相联系。宋代学者一般认为，春秋时周道衰微，纲纪崩解，孔子著书就是要拯救这天理湮没的乱世，胡安国亦视孔子为天理的化身，而《春秋》自然是孔子彰显天道之正的著作。因此，在胡安国看来，《春秋》为“遏人欲，存天理”而作：

> 周道衰微，乾纲解纽，乱臣贼子接迹当世，人欲肆而天理灭矣。仲尼，天理之所在，不以己任而谁可。五典弗惇，已所当叙；五礼弗庸，己所当秩；五服弗章，已所当命；五刑弗用，已所当讨。故曰：文王既没，文不在兹乎？天之将丧斯文也，后死者不得与于斯文也，天之未丧斯文也，匡人其如予何？圣人不以天自处，斯文之兴丧，在己而由人乎哉？故曰：我欲载之空言，不如见诸行事之深切著名也。空言独能载其理，行事然后见其用。故假鲁史以寓王法……此书遏人欲于横流，存天理于既灭，为后世虑至深远也。①

周代封建解体，乱臣贼子接连不断，胡安国为这个时代的特征作总结就是“人欲肆而天理灭”，在这个时代，孔子因为认识到“欲载之空言，不如见诸行事之深切著明”，故“假鲁史以寓王法，拨乱世反之正。叙先后之伦，而典自此可惇；秩上下之分，而礼自此可庸；有德者必褒，而善自此可劝；有罪

① （宋）胡安国：《胡氏春秋传》，第1页。

者必贬，而恶自此可惩。其志存乎经世，其功配乎抑洪水、膺戎狄、放龙蛇、驱虎豹，其大要则皆天子之事也”。总的来说，《春秋》“遏人欲于横流，存天理于既灭”之功值得称赞。

吕大圭认为，周室东迁后，“王政息，政教失，风俗坏，修道之教不立，而天命之性，率性之道，几若与之俱泯泯昧昧而不存者，君臣之道不明也，上下之分不辨也，夷夏之辨未明也，长幼之序未正也，义利之无别也，真伪之溷淆也，诸侯僭天子，大夫僭诸侯，而世莫知其非也，臣弑君，子弑父，强并弱，下篡上，而世莫知其乱也。其所施为，尽反王制，而失人道之正，而世莫知其不然也”[①]。这种乱世使得传统的纲常伦理失序，义利真伪难分，而《春秋》乃“扶天理而遏人欲之书也。《春秋》，鲁史尔，圣人从而修之，则其所谓扶天理而遏人欲者，何在？曰，惟皇上帝，降衷于下民，若有恒性，而绥猷之责，则后实任之，尧、舜、禹、汤、文、武，达而在上，所以植立人极，维持世道，使太极之体，常运而不息，天地生生之理，常发达而不少壅者，为其能明天理以正人心也”[②]。吕氏此文主要以为，在私欲萌生、民性丕变的乱世，圣君贤王树立人伦规范来维持世道，这套人伦规范便是《春秋》所要发明的主旨。吕氏曰：

> 孔子虽圣，不得位，则绥猷修道之责，谁实尸之。然而不忍绝也，于是以其明天理正人心之责而自任焉。《六经》之书，皆所以垂世教也，而《春秋》一书，尤为深切，故曰：我欲托之空言，不如载之行事之深切著名也。

---

① （宋）吕大圭：《春秋五论·论一》。

② 同上。

> 鲁史之所书，圣人亦书之，其事未尝与鲁史异也，而其义则异也。鲁史所书，其于君臣之义，或未辨也，而吾圣人则一正之以上下之分。夷夏之辨，有未明者，吾明之。长幼之序，有未正者，吾正之。义利之无别也，吾别之。真伪之溷淆也，吾明之。其大要则主于扶天理于将萌，遏人欲于方炽而已，此正人心之道也。故曰：禹抑洪水而天下平，周公兼夷狄、驱猛兽而百姓宁，孔子成《春秋》而乱臣贼子惧。孔子成《春秋》，不过空言尔，而其功配于抑洪水、膺夷狄，岂非以其正人心之功，尤大于放龙蛇驱虎豹之功乎！故曰：《春秋》，天子之事也。①

吕大圭认为孔子不忍见社会混乱，生民困苦，于是担当“明天理正人心”之重任，因鲁史书，以行笔削之职，赋予《春秋》“正人心之功”。笔削之后的《春秋》，君臣有别、夷夏分明、长幼有序、义利明晰，概括而言则是“扶天理于将萌，遏人欲于方炽”，这些功劳堪比禹平洪水、周公兼夷狄而驱猛兽了。要之，孔子之作《春秋》，吕氏以为主要的目的，在于扶植人心中禀赋之善良天理，而阻遏人心中贪婪之私欲，以求为人群社会树立道德价值之极则标准。

小结　沉潜与执着：“始隐”的经世诉求

承唐末五代乱世之余绪而建立的宋代，汉唐大一统与唐末五代时期军阀割据两种政治局面构成了一种全新的社会历史经验，儒家经典所蕴含的“百王大法”的永恒意义与“时异事迁”的历史现实之间也就必然会产生一种紧张关系，这是宋

① （宋）吕大圭：《春秋五论·论一》。

儒的解经必须面对并应积极作出建设性回应的一个至关重要的问题。由此，经典解释指向的便不仅仅是抉发并试图复兴过去时代的文化传统或社会政治理想，而是现实政治的当下兴趣更为积极和直接地介入经典解释和理解的活动当中。特别是宋儒"通经"以"致用"的解经学，致力于将关于经义或经典的理解与解释在联系现实的具体情境中得到应用。

从一贯的政治文化心态上说，儒家可以说代表了一种理想的、极力维持过去时代的政治文化传统的视界，而现实政治则代表了一种以"成功"为目标、肯定自我的当今视界，两种视界的融合构造了一种新的政治文化精神：不是走复古之路，而是要在尊重传统以保证现实政治的成功即力求政治系统的稳定的同时，又不失"制宜于今"的建设性活力。宋鼎宗在比较汉、宋儒者治《春秋》之别时说：

> 汉儒以孔子之作《春秋》，但为汉家立法；而宋儒则以孔子之作《春秋》，为万世立法。二者之所主，若就《春秋》经世之言志，其相去固不可以道里计。然若相考二者之目的，实无不同。盖汉宋儒者之治《春秋》，非徒为训诂，以取利禄；要在假《春秋》之教，以觅时代之出路，所谓"古为今用"是也，然刘帝去孔氏未远，且暴秦为祚甚短，汉儒既不欲以汉承秦统，但言孔子为汉制作，《春秋》已为汉帝致用之书矣。若赵宋则不然，孔氏之后，已历战国、秦、汉、魏、晋、隋、唐诸朝，为时久远。若承汉儒为汉制作之说，以弥其缺。于是孔子之《春秋》，亦得为赵帝之政论矣。①

---

① 宋鼎宗：《春秋宋学发微》，第235页。

这是点明宋儒之治《春秋》与汉儒一样具有“古为今用”的政治实用目的，而宋儒不仅要为时代找寻出路，更欲为万世立法。这一政治文化精神，用历史学家的话说就是：“居今之世，志古之道，所以自镜也，未必尽同。帝王者，各殊礼而异务，要以成功为统纪”①，而经学家则由探求孔子作《春秋》的意图先行为赵宋一朝指明政治文化路向。

两宋讨论《春秋》的著作很多，这些著作所呈现的时代性很强，而且有许多抒发个人议论的部分。宋代学者认为，孔子处于王纲解纽的衰乱时代，欲拨乱反正，故就鲁史而修《春秋》，目的是使人明是非，定犹豫，以存亡国。继绝世，使学者从《春秋》中明了世间兴亡盛衰的原由，以制订理想的完美社会所必须遵守的规则。无论他们为孔子作《春秋》的动因赋予多少种“意义”，都是为了肯定生当乱世的孔子积极用世的进取有为精神，即使“道不行”于世，亦退而著作，立言以获不朽。因此，宋代学者于自身的《春秋》学著述的开端不厌其烦地一再申述孔子作《春秋》之用意，亦在表明自身著述于当世的意义。虽然作者所处之时代已迥异于孔子身处之乱世，但他们仍然期望本朝能渐近“三代”至治。石介曾评价孙复说：“周、孔之道，非独善一身，而兼利天下者也……若先生者，有尼父之志，遭尧舜之盛，未得尽用，始盘桓山谷以待时世，非隐者也。”② 这虽然是对孙复的评价，但也可以说是对两宋文人学者整体状态的集体写照，也正是范仲淹“先天下之忧而忧，后天下之乐而乐”这一千古绝唱的前奏。在这一精神关照下，宋代学者对孔子所作《春秋》的再

① （汉）司马迁：《史记》，第877页。

② （宋）石介：《徂徕石先生文集》，第95—96页。

"理解"，便是渴慕能与先圣一样对建立新的社会秩序有所贡献，所以宋代论治道者则喜治《春秋》，借通经以求经世；而经世者，即是治学要有用于现实社会，着眼于国计民生；面对外夷环伺、国弱民贫的状态，试图要求主政者进行改革，以实现驱逐夷狄、民富国强的政治理想。例如，孙复认为《春秋》是"尊王"之书，邵雍认为《春秋》乃道"名分"、求"尽性"之书，程颐则认为《春秋》宗旨在于"为百王不易之大法"；南宋处于外夷的压迫之下，胡安国在解《春秋》时，十分强调"尊君父、讨乱贼、辟邪说、正人心、用夏变夷"，"经世之志"极为明显①。在尊王、拨乱反正、惩恶劝善、存理灭欲等先入为主的观念驱使下，对于前人《春秋》学中相对"淡化"此类意识的做法，宋儒或讥其未能领略圣人本旨，或讥其简陋。而事实上，这种过分强调或夸大经典本身的经世功能或借助经典以经世的做法，反而使相当一部分学者远离庙堂而独善其身，从事著书立说或授徒讲学，使得苦思冥想而得出的治国"宏图"一代代的只停留于竹帛简策之中。这种现象从"观其治道，凛凛然可畏"（朱熹论孙复之语）的"宋初三先生"延及整个宋代②，几乎都未明显改变，如被后世不断传诵的宋代理学名家周敦颐、张载、二程、邵雍、朱熹乃至陆九渊等人，这些学者在治国之策与学术见解上鲜有可匹者，但于为国从政的实践中却罕有建树。再延伸一点也可

① （宋）胡安国：《胡氏春秋传》，第 2 页。

② 余英时据此分析道："推明治道"是"三先生"儒学最精道之所在，也是其最主要的特征；如果道学或理学的"发源之自"是"三先生"，那么"推明治道"必然仍是道学的中心关怀；否则"三先生"便不可能是道学或理学的"发源之自"了。余英时：《朱熹的历史世界：宋代士大夫政治文化的研究》，第 117—118 页。

以说，宋代王安石变法失败的原因有很多，但宋代学者心中保持的“经典意识”，使得他们在现实生活中动辄以“经典”为依据来臧否时政、毁誉变法，这也应该是王安石变法在宋代很难成功的重要原因之一[①]。正是宋儒秉持着《春秋》为天下后世而作的“执着”精神，所以才于现实生活中过滤了经典产生的特殊环境及其特定所指，牵强地附会于时异境迁的宋代社会，这在为经典“续命”的同时，也遮蔽了放眼当下、从宜从变的宽广视线。

---

① 如本书第三章讨论以“义利辨王霸”，当时学者便认为王安石变法以求“利”，这与传统儒学的贵义贱利相悖，自然受到众多指责。

结论　居今与志古：宋代《春秋》学的整体评价

儒学在汉代取得独尊地位之后，其文化理想和现实的政治需要之间虽然出现了既统一又矛盾的复杂关系①，但毕竟从此之后儒家经典具有了官方意识形态的功能，并成为社会、政治、法律秩序的基础。自此以降，对经典的解释就成为一项十分重要的政治活动，加之相当长一段时间内，经典解释的内容渐渐被固定化并被作为科举考试的依据，更使得经学研究中"学"的意义不断减弱。稍有差异的是，在不同的时代，经学研究过程中由于时代和政治的变迁，对于经典的选择性强调有所不同而已，而造成这种差异的主要原因，在于解释者有不同的"问题意识"。虽然历代经学研究中"术"的意味更为明显，但不可否认的是，儒家学术思想确实是在这种掺杂了自觉或不自觉的经"术"活动中得以不断传承和更新的，无论是汉代的经今、古文之争以及继起的王肃对郑玄经学的反动，还是魏晋玄学对经学的浸润以至唐代初期的经学定于一尊等，经

---

① 这一矛盾正如何平所指出的："一方面，经学和政治权力（如设立五经博士和博士弟子）的结合使得儒家的理想得到了前所未有的传播，但另一方面经典的解释也因此越来越难以摆脱权力的制约。"何平：《儒脉兴衰：从孔夫子到新儒学》，河南人民出版社 1998 年版，第 28 页。

学思想都占据了各个时代学术思想的主流。如果说先秦时期孟子等人奠定的基础，使得《春秋》学像一只潜伏在大地却向往苍穹的幼虫，那么汉唐《春秋》学就是沉睡在大一统迷梦中的蝶蛹，宋代《春秋》学则是破茧后凌空飘舞的彩蝶，它最终突破了众多形质的限制，消除了学理发展的种种桎梏，进入儒学精蕴的深处，这只凌空飘舞的彩蝶也由此获得了更为广阔的展翅空间。因此可以说，《春秋》学在宋代的大发展，正是依赖于前人播撒的种子在长期蛰伏后开始萌芽、开花而最终结出了硕果。

一 “明体达用”观念下的治经典范

与前代相比，宋代《春秋》学显然有着更为强烈的“明体达用”意识。这种意识源自汉儒，在汉人眼中，孔子身处王纲解纽的衰乱时代，为拨乱世反诸正，故就鲁史而修《春秋》，目的是使人明是非，定犹豫，以存亡国，继绝世，这是在将孔子塑造成以学术经世的先师①。至宋代，学者积极入世的观念更为强烈。因为除了异族入侵的军事压力之外，自魏晋以来，佛学渐兴，至唐代而大盛，体大思精的佛学体系，对于很多普通百姓及知识份子产生了极大的精神寄托作用，“俘虏”了他们当中的相当一部分人。相对地，儒学内在思想发展渐衰，玄学又玄妙高远，不切实际；《五经正义》则只能统一众口纷纭的经学注疏，在理论上缺乏有力的哲学

---

① 董仲舒对《春秋》的经世功能描述道：“《春秋》义之大者也，得一端而博达之，观其是非，可以得其正法……用则天下平，不用则安其身，《春秋》之道也。”（《春秋繁露》，第 14 页）班固说：“《六艺》者，王教之典籍，先圣所以明天道，正人伦，致至治之成法也。”（《汉书》，第 3589 页）经典经过经学家的发挥，成为现实生活中的重要内容之一。

建树，仅能勉强维持纲常伦理的传统优势，却未能开创回应时代之文化挑战的新兴理论资源。宋儒继唐代韩愈等人从理论上排佛之后，更积极变更学术体系与治学方法以自觉抵制佛学的挑战。他们在强烈的民族意识与忠君情节下，以极其亢奋的心态和积淀在心灵深处的匡君济民的社会责任，继承了“为天地立心，为生民立命，为往圣继绝学，为万世开太平”的无畏精神，吹响了“先天下之忧而忧，后天下之乐而乐”的时代号角，使得宋代学术研究始终被一种昂扬的经世精神所融贯，宋儒本身也因此而具有了舍我而其谁的时代担当精神，这种精神本身就是对佛学避世无为的强劲冲击。

宋儒强烈的经世意识还表现为以经义济世的努力，黄俊杰对此概括说：“北宋立国以来儒者都一致认为：学术及道德必于政事觅其落实之处所，而政事亦必藉学问及道德为其基础，两者绝不可分为两橛。”① 例如胡瑗在苏州与湖州任教，便曾立“经义”与“治事”二斋，大抵经义重通才，在使人明体；治事重专家，在使人达用；目的乃在于将经义与实务融合为一②。胡瑗弟子刘彝曾对神宗皇帝奏道：

臣闻圣人之道，有体、有用、有文。君臣父子，仁

---

① 黄俊杰：《内圣外王——儒家传统中道德政治观念的形成与发展》，载黄俊杰主编《天道与人道》，台湾联经出版事业有限公司1982年版，第264页。

② 钱穆以胡瑗为例，就宋代经世之学论道：“此与政事治平之学相表里。宋儒经学与汉儒经学不同，汉儒多尚专经讲习，专辑训诂，著意所重只在书本文字上。所谓通经致用，亦是因于政事，而牵引经义，初未能于大经大法有建树。宋儒经学，则多能于每一经之大义上发挥尤著者，如胡瑗苏湖设教，分立经义治事两斋，经义所以治事，治事必本于经义，此亦汉儒通经致用之意，而较之汉儒，意义更明确，气魄更宏大。”钱穆：《朱子新学案》，第11页。

义礼乐，历世不可变者，其体也；诗书史传子集，垂法后世者，其文也。举而措之天下，能润泽斯民，归于皇极者，其用也。①

这一回答最能体现胡瑗一生讲学的精神及其致力所在，也是中国古代从理论上将学术与现实政治相结合的最完整的概括，更是宋代学者在天下安危、文化兴亡匹夫有责的担当精神之下，高度重视“文化”在道统传续与国家秩序建设方面重要作用的集中体现。可见，经学的作用不能停留于学者个人的“成学”、“成德”层面，最终目的是要“措之天下，

① （清）黄宗羲等：《宋元学案》，第25页。对于“体”、“用”、“文”，黄俊杰解释说：“在儒学传统的大经大脉之中，知识、道德与政治三者之间的关系，是历代儒者思考问题的一个通贯性主题。从传统儒家的立场来看，道德是人之所以为人的内在根本，知识则是他的外在凭藉，政治则是他由内通向外，用道德和知识来美化人间的途径……用宋儒的话来说，‘道德’就是‘体’，‘知识’就是‘文’，‘政治’就是‘用’。”黄俊杰：《内圣外王——儒家传统中道德政治观念的形成与发展》，载黄俊杰主编《天道与人道》，台湾联经出版事业有限公司1982年版，第248页。余英时解释的更为具体，他认为“体”“象君臣、父子、仁义礼乐，历史不变的体”；“用”指“怎样拿儒家学问来建立政治社会秩序，即所谓经世济民”；“文”指“经、史、子、集，各种文献。”余英时：《中国思想传统的现代诠释》，江苏人民出版社1989年版，第213页。同时，宋儒的经世精神也与他们自身的政治主动性和文化自觉性息息相关，余英时对此概括道：“宋代士阶层不但是文化主体，而且也是一定程度的政治主体，至少他们在政治上所表现的主动性超过了以前的汉、唐和后来的元、明、清。这是宋代在中国史上的一个非常显著的特色”；“无论就思维方式或行动风格说，宋代士大夫作为一个社会集体都展现了独特的新面貌，相形之下，不但前面的汉、唐为之逊色，后来的元、明、清也望尘莫及”：以政治思维论，宋代士大夫从一开始便要求重建一个理想的人间秩序（当时称为“三代之治”），他们时时表现出彻底的改造世界的冲动；以行动风格论，“以天下为己任”的名言恰好可以用来概括宋代士大夫的基本特征。同前书，第1、5—6页。

润泽斯民"[①]。因此，他们重视儒家典籍甚至有意藉着对五经的注解阐释以立新说，藉此为新的情势提供可资鉴戒的方法。范仲淹曾论道："圣人法度之言存乎《书》，安危之几存乎《易》，得失之鉴存乎《诗》，是非之辨存乎《春秋》，天下之制存乎《礼》，万物之情存乎《乐》。故俊哲之人，入乎六经，则能服法度之言，察安危之几，陈得失之鉴，析是非之辨，明天下之制，尽万物之情。使斯人之徒辅成王道，复何求哉？"[②] 六经既为圣人经世之书，那么通经的目的自然是应用于国家政事之中。当南宋偏安一隅之时，胡安国作《春秋传》以为经世之法的用心相当明显，其于序文中说：

> 是故《春秋》见诸行事，非空言比也！……百王之法度，万世之准绳，皆在此书。故君子以谓五经之有《春秋》，犹法律之有断例也。学是经者，信穷理之要矣；不学是经，而处大事、决大疑能不惑者，鲜矣。[③]

胡安国认为《春秋》体现了五经的中心内涵，清楚地揭

---

① 按照徐洪兴的说法便是："引入'体用'范畴，标志着儒学真正开始向哲学本体论方向的发展，即儒学不再仅限于人伦道德的实践及宇宙始源生化和'天人相副'目的论的解释，而是首先努力确立起人伦道德之所以存在的最终依据，然后再从中引申出各种'修己'的道德践履工夫，以及'安人'的经世致用、治国平天下的政治方略。"徐洪兴：《中国学术思潮史·道学思潮》，上海社会科学院出版社 2006 年版，第 25—26 页。

② （宋）范仲淹：《范仲淹全集》，第 208 页。

③ （宋）胡安国：《胡氏春秋传·序》，第 2 页。

示了义理法度，故可作为万世之准则，供帝王经世之用[①]。当外族侵陵日迫，朝中主和的呼声也渐盛，胡氏更是借助《春秋》以明夷夏之辨：

> 中国而不能令，则夷狄进矣。经之大法在诛乱臣讨贼子，有乱臣则无君，有贼子则无父，无父无君，即中国变为夷狄，人类殄为禽兽，虽得天下，不能一朝居也。[②]

华夏与夷狄之根本分别便在于“礼”，圣人作《春秋》乃警戒后人不可“失礼”以沦于禽兽之类。由此可见，胡安国斥责向外族屈服者，这些观点既是对时局的反映，也是其经学以经世的重要环节。

还有，“以经义济世”自然催生了宋代经学义理的蓬勃发展，基本奠定了“宋学”的时代特征。义理之学的杰出代表们，拆除了西汉公羊学者为儒学搭建的由象征和隐喻构成的

---

① 胡安国《春秋传》序言中便明确阐述了这一点：“百王之法度，万世之准绳，皆在此书。故君子以谓五经之有《春秋》，犹法律之有断例也。学是经者，信穷理之要矣；不学是经而处大事、决大疑，能不惑者鲜矣。”因此，现代学者对胡氏《春秋》学评论道：“胡安国于《春秋传》中，大讲‘本无二王’‘尊无二上’的所谓‘《春秋》大一统’之义，正是为宋朝加强中央集权的现实政治服务的；他宣讲‘华夷之辨’，主张‘尊王攘夷’，也是由于金兵南侵，国家沦亡，而以‘攘夷’之说鼓励朝廷坚持抗金、收复失地的；至于胡安国借《春秋》大力提倡君臣、父子、夫妇的封建纲常，更是由于在佛老之学的冲击和唐末五代战乱的波及之下，人心涣散，纲纪不振，想以复兴儒学为旗帜达到‘治国平天下’的目的。总之，他所阐发的《春秋》之义，无不由于现实的需要。”此论虽专指胡安国，其实也基本描述了宋代《春秋》学者的整体学术取向。朱汉民：《湖湘学派史论》，湖南大学出版社 2004 年版，第 81 页。

② （宋）胡安国：《胡氏春秋传》，第 275 页。

笨重房顶，而换上了由“性”、“理”等铸成的合金框架，并在解释方法上净化和提纯了目的论的宇宙体系。自此，天人相感、相副的伦常对应法则不再是悬浮在人们头顶的神明们施舍的崇高德行恩惠，而是像筋脉一样嵌入人类生存世界的肌体之中，天人合一的渺渺之感最终落实为感同身受的内外兼修，《春秋》学在这样一个过程中与其他经典一起，成为了完善儒学理论框架的有力支柱①。还有，这种重义理的取向不但表现为“不取其语辞，直以根本乎圣人之道”② 治经方法，更突出的表现便是宋儒大多倾向于绾合经、史歧见。古代史学本已具备经世义理，如司马迁的《史记》倡明“究天人之际，通古今之变”。宋儒仍然在前人的基础上，着重于强调《春秋》是“经”，这就是推崇只有“经”才具有足以载“道”的特殊作用，而“史”的功能则多停留于“鉴戒”层面，至此，宋代学者关于《春秋》经、史性质的反复争论才能得到恰当的理解。同时，这种观念在宋代史学领域的明显表现便是“荣经陋史”③，相应地，宋代的史书编纂也以“拟经”为尚，“综观宋代史学，几乎所有有影响

① 葛兆光对这种“性”、“理”的作用概括道：“尽管‘理’被特别凸显并提升到终极的层面，但是，它并没有使传统知识、思想与信仰世界崩溃，因为原先那个思想世界的宇宙秩序与社会秩序并没有被彻底瓦解，只是在它的下面添加了一个更内在的‘性’，在上面添加了一个更超越的‘理’，知识的各个领域也没有撕破共同的理路和外壳成为自主、自足和自立的领域，知识在‘性’与‘理’的约束下拥有了更同一的关于意义与价值的解释，思想史并没有改变它的延续性。”葛兆光：《中国思想史》第二卷，第210—211页。

② （宋）石介：《徂徕石先生文集》，第241页。

③ 参见向燕南《从“荣经陋史”到“六经皆史”——宋明经史关系说的演化及意义之探讨》，《史学理论研究》2001年第4期。

的史家史著，都与《春秋》经学有着内在的联系”[①]。《春秋》作者的忧患意识，《春秋》经文的书法、体例等，都作为一种深刻的史学观念而为宋代史家所消化，进而形成了义理史学的独特风貌。

通过这些论述可以发现，宋代《春秋》学虽然是一种“明体达用”之学，但仍是中国经学学术史上的一朵奇葩。因为，它不但将义理之学的治经典范发挥得淋漓尽致，更是宋儒在与前人追求现世的完美“王道”政治观上具有精神同构性。这表现在：政治理想中的尊君卑臣与朴素的民本观念、以道德仁义贯通政治制度的统治方式（崇王黜霸）以及在“夷狄”交侵的处境中对维持华夏理想政治传统的文化民族主义的承担（虽然这种“承担”对宋儒而言更多意义上是“自卫”）[②]。

---

① 王东：《宋代史学与〈春秋〉经学——兼谈宋代史学的理学化趋势》，《河北学刊》1988 年第 6 期。

② 宋代学者在这种强烈的社会责任感下进行自觉的思想学术探索，即“道学”的建构，被余英时概括为“整个宋代儒学中最具创新的部分”。余英时：《朱熹的历史世界：宋代士大夫政治文化的研究》，第 8 页。当然，宋儒进行的思想学术探索还基于一种文化信念，即“孔子之后，‘道统’传承的责任转移到儒家学者的身上，因此，通过思想学术的探索而为现实社会及历史的未来发展，提供真实而有效的理性产品，就成为儒者的根本任务。”“在宋儒的精神世界中，他们深信由‘上古圣神’开创的儒家‘道统’是历史选择的结果，因此它作为一种文化理念就必须成为经邦济世的根本原则。”王健：《在现实真实与价值真实之间——朱熹思想研究》，华东师范大学出版社 2007 年版，第 9、10 页。笔者以为，清儒虽多不屑宋儒治经空谈义理，但其忽略的要点在于，宋儒强调的是“明体达用”，而无论清儒眼中之“用”为何，他们对“体”的把握与宋儒并无太大差异，这种对“体”的执着即使至近代国门洞开之后，相当一部分学者在很长一段时间内也是“初衷”未改。

二　“回归原典”运动中的反省意识

宋代还是一个在学术思想领域具有强烈反省意识的时代①。宋儒在确定积极用世的治学取向时，不是简单地将佛、道等异质文化剥离出去便罢，而是同时将反思的利刃指向自身的文化传统，重新检讨儒家的经典文献。在《春秋》学领域，自西汉公羊学没落以后，经学领域内古文经学长期占据优势，导致经典注疏空前发达，三传名家何休、杜预与范宁对三传的注疏与阐发，使得“《春秋》学”在相当时期内实际上成为“三传学”，即对三传的研治在某种程度上代替了对《春秋》本身的研究，《五经正义》于《春秋》经专主杜预之注，更是使得《左传》学的地位达至巅峰。在这种三传各自为“家”的影响下，解经者对经典意义的把握亦始终趋尘于三传名家之后，经典意义的阐发在相当长一段时间内都处于停滞不前的境地。及至宋代，以经学的发展而言，在历经了汉、晋、唐时期经学各擅胜场的争鸣时代之后，至此进入一个反省的阶段，在反思如何凸显圣人本意的经学研究中，也出现了一次影响深刻

---

① 当下众多对宋代思想学术史研究中，在论述宋代学者的反省意识时往往强调了他们对韩愈所谓“道统”观念的继承，这一点当然毋庸讳言，但同时忽略的是，宋儒在倡导继承“绝学”的同时，最先注重的是如何认识“绝学”，日本学者土田健次郎则明确指出：“把继承绝学当作道学独有的特征，虽然以前一直被视为常识，却并不妥当。对当时人来说，不单要以继承绝学自鸣，他们关心的更重要的事是：在多大的幅度上认识绝学。”《道学之形成》，上海古籍出版社2010年版，第37页。另外，这种反省就经学研究层面而言只是相对而言的，宋儒叶梦得自己就有过非常精辟的论断，其云：“古之君子，不难于攻人之失，而难于正己之失是非。盖得、失相与为偶者也，是、非相与为反者也。必有得也，乃可知其失。必有是也，乃可斥其非。而世之言经者，或未有得而遽言其失，莫知是而遽诋其非。好恶予夺，惟己之私。终无以相胜，徒纷然多门，以乱学者之听，而经愈不明。”（《叶氏春秋考·原序》）此说可谓概括了历代学者“是己而非人”的得失所在，但学术思想也在这种“是己非人”的反省活动中得以活跃和发展。

的“回归原典”运动[①]。回顾本书第一章所论诸条，这场“回归原典”运动的发生是以对经典的辨疑开始的。宋代学者在充分强调《春秋》权威的同时，对三传及其注疏的质疑与驳难几乎未曾稍歇，这其中既涉及三传对经文大义的曲解、穿凿，也涉及三传解经的义例、书法，还旁及注疏者的学识与立场。这种处处以“圣贤思想”为标尺来裁量前代《春秋》学典籍的行为，不但彻底冲破了长期以来经学内部势同水火的师法家法藩篱，引领了会通经传、直寻经义的解经方式，更是促成了一代新学风的涵育——接续中唐“新《春秋》学”开创的经学“精神”，荡涤汉唐，直接孔孟，继承“绝学”，回归《春秋》大义的宏大气魄，这种学风开启了中国经学史上超汉唐、变古训、开新风、创宋学的大变革、大转换时期，这一开创之功是值得称赞的。而且，他们重新诠释经典，从整体上抛弃了旧有的以注疏为取道之津筏，而远承孟子的心性之学，并在理学的影响下，在阐释经典的过程中注重由“圣贤之心”而立“自得之意”，并将“现在”的时事与春秋时期的历史融合为一，在此基础上为“现在”谋求出路[②]，这样的诠释联系

---

① 林庆彰在《中国经学史上的回归原典运动》（《中国文化》2009 年第 2 期）中认为，中国经学史发展过程中，每隔数百年就会发生一次回归原始经典的运动，这种情况在唐中叶至宋初、明末清初、清末明初最为明显。依照林先生的研究，中唐至宋初实为中国经学研究回归原典运动的第一阶段。按照林庆彰的归纳，“回归”一般包含两层含义：其一，以原典作为尊崇和效仿的对象；其二，详细考辨原典是否与圣人有关，如果无关，这些典籍最原始的面貌是什么？可以说，中唐至宋代的“新《春秋》学”基本具备这两项要素。

② 这亦如黄俊杰先生所指出，儒家常将他们所主张的“现在”以及“未来”的“应然”与过去历史上的“实然”（to be）结合为一，并且常常在“应然”基础上论述“实然”。所以，儒家历史思维常常表现出：“历史”与“历史解释者”由于互相融合、互相渗透而达到所谓“互为主体性”的状态。黄俊杰：《中国古代儒家历史思维的方法及其运用》，《中国文哲集刊》第 3 期，台湾中研院中国文哲究所筹备处，1993 年，第 372 页。

在诉诸一种往返于历史进程的差异的同时，也谱下了相当明确的贯通之迹。换言之，宋儒立志开启的经学志业，不但可以应对所处时代的课题，从过往圣贤经典阐发，建立起另一种经典诠释范式，更表现出一种强烈的实践应用精神，即在经典研究过程中，除了可以申述己见，也可以获得自身精神遥契圣贤的体验，进而远承圣贤的传统，使自己成为圣贤、王道的传承者与担当者，最终实现个人与往圣先贤在精神世界的合而为一。可以说，这种“成圣成贤”的精神体验，不但可以有力地据斥“异端”之说对个体“思想世界”的入侵，更是知识阶层所普遍渴慕的理想状态①，包括宋代《春秋》学在内的诸多经典研究，也在这个层面上，进入了一个新的阶段，并最终完成了经典诠释的新使命②。

还有，这种“回归原典”背景下的反省意识与辨疑活动，也是宋儒治学“求真”态度的反映。诚如杨新勋所言，疑经活动以较为自由灵活的方式直接怀疑十三经的某些文字，黜去了经籍文本内部和文本之间矛盾的地方，统一了经书文本；强

① 这种“普遍希冀的理想的理想状态”也是宋代知识阶层内心所共同潜伏的“冲动”：“宋代士大夫的‘创造少数’从一开始变要求重建一个理想的人间秩序，当时称之为‘三代之治’。无论他们是真心相信尧、舜、三代曾经出现过的完美的秩序，还是借远古为乌托邦，总之，由于对现状的极端不满，他们时时表现出彻底的改造世界的冲动。”余英时：《朱熹的历史世界：宋代士大夫政治文化的研究》，第5页。

② 宋儒普遍将由经典抽绎而出的“义理”视为天下治道的价值依据，把思想学术作为拯救世道人心的根本途径，宋代知识分子所关心的“体用”问题，也因此才有了历史的实际内涵，如沈玉成、刘宁曾论道：“清朝人批评宋人凿空议论，指的是宋人不务考据、训诂之学，然而就议论本身来说，则大都是有感而发，有为而发，主务实而不主务虚，哪怕在纯思辨性的哲学问题上，它的背后也有相当自觉的修己治人的政治意味。如果说宋儒把《易》、《礼》之学哲学化，无妨认为《春秋》学却更多地趋向于政治化。”这里对宋代《春秋》学的积极层面的评价应该是相当公允的。沈玉成、刘宁：《春秋左传学史稿》，第20页。

化了孔孟至高无上的思想权威地位；重新审视了《春秋》经传关系并抛弃了《春秋》三传的一些义理解释①。仅就《春秋》学而言，宋儒于《春秋》辨疑活动中对上述诸多问题进行了一次总体的回应与驳难，使得《春秋》的性质、起止与断限、经权关系、王霸异同等具体问题得到新颖的解释；《左传》的作者、《公羊传》关于新周、王鲁的观点、《縠梁传》的日月时例等得到了更加细致的剖析，汉代经学中的谶纬符命、五德终始等目的论解释遭到了抛弃，清理了经书中的众多“不合理”之处。同时，疑经派仍然时刻以名分、道德因素相联系，高倡恢复圣人撰述经典之本意，这些都可以视为经解过程中的“求真”活动②。通过宋儒不懈的“求真”努力，经典的权威得以重新树立，晋唐时期重“传”而轻“经”的现象得到彻底扭转。

与此同时，正如宋代经学研究活动中儒家经典只是被利用为阐发“道理”的工具一样③，这种“回归原典”运动，无非是当时的思想家缺乏向前寻觅治国途径的尴尬时，照例“回头看”的被迫之举④。他们希望儒家经典可以提供再振时

---

① 杨新勋：《宋代疑经研究》，第 312—313 页。

② 后儒批评宋儒臆断解经，穿凿义理，若依该段所论，宋儒所循者乃义理之“真”，所略者乃事实之“真。

③ 牟润孙对此指出：“两宋解说《春秋》之书虽众，笃守汉唐矩镬，专言一传，而不影射时事者，几可谓无之。”牟润孙：《注史斋丛稿》，中华书局 2009 年版，第 70 页。

④ 宋代学者既欲以《春秋》“大义”为当代政治纲本，所秉持之理念仍未脱离儒家教化，尤其经典中的普世价值与其所处时代特性无大差异，遂弱化了彼此间拉扯的解释张力，他们可以轻松的承袭经典中的普世价值，并作出符合时代特色的经典诠释，而对儒家政治文化的认同，更汇聚了这股力量。这正如余英时所指出的：宋儒的“真正意图不是复古，而是依照儒家的传统理念来彻底改造晚唐以来政治、社会、文化各方面的失序状态。”余英时：《朱熹的历史世界：宋代士大夫政治文化的研究》，第 924 页。

势的蓝图，而现有的汉唐注疏旧义又无法满足这一需要，不能引领宋代开创一个强盛的时代。因此，瞩意于“回归原典”，实际是求溯先王的“祖宗之法”，从中探寻应对现实的“新意”①。人们“对传统的疑问、兴趣、责难、争执，都是由对现在和未来的迷惘困惑与期望中导引出来。传统实际上是‘现在’的传统，而不是已逝的过去。每一时代都有它对未来的期望，凡是历史中有能力进入这种期望内的一切，便是这个时代所拥有的传统”②。可以说，宋儒将理学思潮融入《春秋》经解、辨明《春秋》的经、史性质、探讨《春秋》学中的王霸之辨以及追问《春秋》的起止与断限，其根本目的仍然是通过对原典资源的重新审视和诠释，使儒家的价值理念获得进入历史的鲜活生命力，并转化为自身时代“所拥有的传统”。只有如此，才能找到儒学新的历史存在方式，从而实现自身的

---

① 虽然学界有一种代表性的意见如张灏所指出的：“近世中西学者从康南海、梁启超到钱穆、墨子刻，常常认为宋明儒学受佛老的影响，是以内圣或修身为其中心目标，因此经世精神衰退，外王志趣不张。”张灏：《宋明以来儒家经世思想试释》，载《近世中国经世思想研讨会论文集》，台湾中研院近代史研究所，1984年，第6—7页。）但笔者既然已经承认宋代《春秋》学包含着的强烈政治关怀，也就不能否认一点，所谓“《春秋》大义”，从倡始到运用，都与现实的政治生活密切相关，当士大夫的政治主张溶解于经文诠释过程之际，其心中与口中的“《春秋》大义”，必定带有诠释者的主观认识色彩，它不一定是自孟子以来便揭示的《春秋》意义的“不折不扣”的反映，而可能只是寄寓着他们自己欲阐述、发挥、选择与权衡的“大义”（实际上，自孟子揭示《春秋》有“义”以来，其具体含义，本身也没有严格的规定）。余英时也说：“宋初儒学的特色是‘说经’，而重点则在‘推明治道’。但胡瑗、孙复、石介、欧阳修等发挥新经义以重振儒家修、齐、治、平的理想，其事并非起于少数经师的别出心裁；他们特别重视‘治道’显然与五代以来厌乱望治的社会心理有密切的关系。”余英时：《朱熹的历史世界——宋代士大夫政治文化的研究》，第301页。因此，对于宋代的“《春秋》大义”，应当只能看成是两宋士大夫的基本共识，我们从中只需致力于分析其折射出的政治关怀便可，而无须一一凿实宋代的“《春秋》大义”究竟有哪些。

② 殷鼎：《理解的命运——解释学初论》，三联书店1988年版，第2—3页。

政治关怀。

三 “内”、“外”困境下的惯性缺陷

从宋代《春秋》学阐发的内容来看，无论是以理学思想统摄《春秋》大义，抑或是以心术动机辨析王霸异同等，其最终所描述的国家政治生活中的“正当”或“应当”行为往往在春秋时期是不存在的①。例如“应当”是周王掌礼乐刑政，实际上却是诸侯僭礼越分、政由己出；“应当”由周王统帅或受命后“吊民伐罪”，实际却是霸主自行盟会、征讨；周王“应当”使得普天之下皆为王土，实际上却仅据王畿之地等。可见，宋儒于《春秋》学中众多的描述亦仅仅是理想与期望而已，是西周以来的社会历史实际中都未必存在的。另外，宋代《春秋》学中只是多所阐发“应当”行为，若有违反这些“应当”行为，则君、臣、民又当如何应对和自处则又语焉不详。而相反地，宋儒所生活的时代，却基本具备了《春秋》学中所具有的“应当”行为，并正是这些行为结束了唐末五代以来的乱局，实现了中原大部分区域的统一。这样，作为专制主义政权的赵宋王朝，其统治意识中的礼制规范、符合道义的言行举止、以德服人的非战思想、尊王攘夷的忠君行为等，便通过学者的思维，再现于《春秋》学所论述的国家、天子、诸臣等形象中，而学者所着意阐发的《春秋》经文，实际上又为朝廷的专制统治提供了理论依据，进而，政治统治与学者治经之间发生了强烈的“共振”，这一相得益彰的“共

① 经学研究中呼唤这种“应当”或“正当”的行为，本身是经学经世的表现，表明经学义理内涵虽然随时代损益，然始终朝向“仁义”为本的淑世关怀。张灏强调“经世”绾合“淑世”精神，“蕴含积极进取的人生态度”。参见张灏《思想与时代》，上海文艺出版社 2002 年版，第 48 页。

振”造成了统治集团与学者之间一种集体的默契，这一默契提供了读书人在面临异族环伺的形势下寻求治学立言以经世的发泄渠道，从而消解了具有强烈民族意识的读书人对国家政权可能产生的“非分之想”。可见，虽然前述宋儒解经喜独出新意，即在解经过程中“依经废传”、“己意解经”，以及运用求情责实、原心定罪，别嫌明微、正名定分，反经行权等解经原则与方法，但最终指向的仍然是上述“应当”行为，诠释者的思维无论如何驰骋纵横，始终被牢牢地限定在上述“共振”的场域内做循环往复运动，这是宋代也是历代儒生们永远无法摆脱的政治镣铐和精神枷锁。心忧天下的宋代经学士大夫们，以高尚的道德修养、致君尧舜的政治理念、兼善天下的济世精神以维护国家统治秩序的安定，实践儒家士人向往的乌托邦式的社会理想。他们试图凭借经典中的圣贤经验以修订国家的政策，而国君则可以利用手中的权力“修改”儒生们的政治图谱甚至生命轨迹，两者相辅相成地形成了双赢的合作态势，也一起构筑了宋代的政治生态。

这种“内”、“外”相辅相成的政治生态，是圣人（孔子）的再次加冕仪式，被学者着力宣传的“道”虽然经历了一次盛装游行，但最终还是会因为它的驱动力（道德）不断衰竭而再次陷入泥潭，由此又需要一次新的激发，这种对道德秩序的永恒期待只会重复着失望的旅程。由此可以断定，高度繁荣的宋代《春秋》学依然难以逃脱传统经学研究的惯性缺陷。因为，《春秋》大义被反复高举又难以有所突破，理学兴起后，短时期内为《春秋》学输入了新的元素，但实际上亦只是将原来置换不休的伦理与道德术语统一为“天理”、“人欲”而已；从心术动机的角度探讨王霸，基本沿袭了孟子的发明；求情责实、正名定分、反经行权的解经原则，多是对西汉公羊学中解经思维的复归；高倡“依经废传”、“己意解经”，实际上最终或回归一经，或兼采三传①；还有，学者将经典诠释刻意与现实政治相附会，这种行为在宋代也达到了空前的强化，这就失去了学术研究本身的“求真”意识，如此等等。这些都反映了在经学变古思潮后经学大盛的表象之下，早已隐含了经学肌体健全的腐蚀性因素。宋儒所阐发的《春秋》“大义”虽然充斥着内忧外患的生存忧虑，但这只能促使他们自身学术视界的“低俗化”，即仅仅满足于国家外在礼仪规范的实用性建设（具体而言则是众多学者所指出的“秩序”建设），在制度设计与理论建设上也相应缺少了高瞻远瞩的恢弘气魄②。因为，《春秋》大义亦不过是先宋时期的经师们为保证制度与政策的权威性而阐发的经学思想，当学者自身所处的时代已经是远离先秦时期的宋朝，却依然脉脉含情于早已逝去的古圣先哲，喋喋不休于陈陈相因的大义微言，这显然是时代精英们在既有经学思维的强大惯性作用下思想资源枯竭、难以创新的理论与现实困境之表现。

① 沈玉成、刘宁在《春秋左传学史稿》（第 201 页）中总结说：“从啖、赵到宋儒标榜直寻经义，实际上还是或明或暗地依傍三传，主要是《公》、《穀》二传。不过多数人不专主一传而常常是比较三传的得失，或者从三传的夹缝里搜寻出大义来。”

② 干春松对此有过总结性的评论：“在传统中国的政治制度越来越发达的宋明时期，儒学有一种不断转向内在的过程。他们对于现实政治的批评越来越转化为对于儒家经典的哲学化的探索，特别是当佛教转入中国之后，儒家似乎越来越将重点放在人的内心世界而不是对于制度的描绘。同时，对于王道政治和远古理想的过于拘泥，反过来使儒家在解决现实的问题的时候显得捉襟见肘。”干春松：《制度儒学》，上海人民出版社 2006 年版，第 42 页。

参考文献

（一）古籍

1. 经部

（汉）董仲舒：《春秋繁露》，凌曙注，中华书局1975年版。

（唐）陆淳：《春秋集解纂例》，文渊阁《四库全书》本。

（唐）陆淳：《春秋微旨》，文渊阁《四库全书》本。

（唐）陆淳：《春秋集传辨疑》，文渊阁《四库全书》本。

（唐）皮日休：《春秋决疑》，中华书局1978年版。

（宋）孙复：《春秋尊王发微》，文渊阁《四库全书》本。

（宋）王晳：《春秋皇纲论》，文渊阁《四库全书》本。

（宋）刘敞：《春秋权衡》，文渊阁《四库全书》本。

（宋）刘敞：《春秋意林》，文渊阁《四库全书》本。

（宋）刘敞：《春秋传》，文渊阁《四库全书》本。

（宋）刘敞：《春秋说例》，文渊阁《四库全书》本。

（宋）孙觉：《春秋经解》，文渊阁《四库全书》本。

（宋）苏辙：《春秋集解》，文渊阁《四库全书》本。

（宋）崔子方：《春秋经解》，文渊阁《四库全书》本。

（宋）张大亨：《春秋通训》，文渊阁《四库全书》本。

（宋）萧楚：《春秋辨疑》，文渊阁《四库全书》本。

（宋）叶梦得：《叶氏春秋传》《春秋考》《春秋谳》，文渊阁《四库全书》本。

（宋）胡安国：《胡氏春秋传》，钱伟强注，浙江古籍出版社2010年版。

（宋）高闶：《春秋集注》，文渊阁《四库全书》本。

（宋）陈傅良：《春秋后传》，文渊阁《四库全书》本。

（宋）吕祖谦：《春秋集解》、《左氏博议》、《左氏传说》、《左氏传续说》，收入黄灵庚、吴战垒主编《吕祖谦全集》，浙江古籍出版社2008年版。

（宋）张洽：《春秋集传》，文渊阁《四库全书》本。

（宋）郑樵：《六经奥论》，文渊阁《四库全书》本。

（宋）赵鹏飞：《春秋经筌》，文渊阁《四库全书》本。

（宋）魏了翁：《春秋左氏要义》，文渊阁《四库全书》本。

（宋）戴溪：《春秋讲义》，文渊阁《四库全书》本。

（宋）程公说：《春秋分纪》，文渊阁《四库全书》本。

（宋）黄仲炎：《春秋通说》，文渊阁《四库全书》本。

（宋）吕大圭：《春秋或问》《春秋五论》，文渊阁《四库全书》本。

（宋）家铉翁：《春秋集传详说》，文渊阁《四库全书》本。

（清）皮锡瑞：《经学历史》，周予同注释，中华书局1959年版。

（清）皮锡瑞：《经学通论》，中华书局1954年版。

（清）朱彝尊：《经义考》，中华书局1998年版。

李学勤主编：《十三经注疏》，北京大学出版社1999年版。

2. 史部

（汉）司马迁：《史记》，中华书局1959年版。

（汉）班固：《汉书》，中华书局 1962 年版。

（晋）陈寿：《三国志》，中华书局 1959 年版。

（南朝宋）范晔：《后汉书》，中华书局 1965 年版。

（唐）刘知几：《史通》，上海古籍出版社 2008 年版。

（唐）房玄龄：《晋书》，中华书局 1974 年版。

（唐）刘知几：《史通》，上海古籍出版社 2008 年版。

（宋）欧阳修：《新五代史》，中华书局 1974 年版。

（宋）欧阳修等：《新唐书》，中华书局 1975 年版。

（宋）司马光等：《资治通鉴》，中华书局 1956 年版。

（宋）范祖禹：《唐鉴》，上海古籍出版社 1984 年版。

（宋）李焘：《续资治通鉴长编》，中华书局 1979 年版。

（宋）陈振孙：《直斋书录解题》，徐小蛮、顾美华点校，上海古籍出版社 1987 年版。

（宋）晁公武：《郡斋读书志校证》，孙猛校证，上海古籍出版社 1990 年版。

（元）脱脱等：《宋史》，中华书局 1977 年版。

（清）黄宗羲等：《宋元学案》，陈金生、梁运华点校，中华书局 1986 年版。

（清）纪昀等：《钦定四库全书总目》，中华书局 1997 年版。

（清）章学诚：《文史通义新编新注》，仓修良编注，浙江古籍出版社 2005 年版。

（清）钱大昕：《潜研堂集》，吕友仁点校，上海古籍出版社 2009 年版。

3. 子部

（宋）刘敞：《公是先生弟子记》，黄曙辉点校，华东师范大学出版社 2010 年版。

（宋）王应麟：《困学纪闻》，栾保群、田松青、吕宗力点校，上海古籍出版社 2008 年版。

（宋）黎靖德编：《朱子语类》，王星贵注解，中华书局 1986 年版。

（宋）朱熹、吕祖谦：《近思录》，江苏广陵古籍出版社 1990 年版。

4. 集部

（唐）韩愈：《韩昌黎文集》，中国书店 1991 年版。

（宋）柳开：《河东集》，文渊阁《四库全书》本。

（宋）孙复：《孙明复小集》，文渊阁《四库全书》本。

（宋）范仲淹：《范仲淹全集》，薛正兴点校，凤凰出版社 2004 年版。

（宋）石介：《徂徕石先生文集》，陈植锷点校，中华书局 1984 年版。

（宋）张载：《张载集》，章锡琛点校，中华书局 1978 年版。

（宋）王安石：《王安石全集》，秦克、巩军点校，上海古籍出版社 1999 年版。

（宋）欧阳修：《欧阳修全集》，中国书店出版社 1986 年版。

（宋）苏洵：《嘉祐集笺注》，曾枣庄、金成礼笺注，上海古籍出版社 1993 年版。

（宋）苏辙：《苏辙集》，陈宏天、高秀芳点校，中华书局 1990 年版。

（宋）苏轼：《苏轼文集》，孔凡礼点校，中华书局 1986 年版。

（宋）程颢、程颐：《二程集》，王孝鱼点校，中华书局 1981 年版。

（宋）朱熹：《四书章句集注》，中华书局 1983 年版。

（宋）陈亮：《陈亮集》，邓广铭点校，中华书局 1974 年版。

（宋）朱熹：《朱子全书·晦庵先生朱文公文集》，上海古籍出版社、安徽教育出版社2002年版。

（宋）叶适：《习学记言序目》，中华书局1977年版。

（宋）胡寅：《崇正辩　斐然集》，容肇祖点校，中华书局1993年版。

（宋）陆九渊：《陆九渊集》，钟哲点校，中华书局1980年版。

（清）全祖望：《全祖望集汇校集注》，朱铸禹汇校集注，上海古籍出版社2000年版。

钟肇鹏选编：《读书记四种·黄氏日抄》，北京图书馆出版社1998年版。

（二）近人编著

阮芝生：《从公羊学论春秋的性质》，台湾大学文学院，1969年。

叶国良：《宋人疑经改经考》，台湾大学文学院，1980年。

黄俊杰主编：《天道与人道》，台湾联经出版事业公司1982年版。

李新霖：《春秋公羊要义》，台湾文津出版社1983年版。

傅隶朴：《春秋三传比义》，中国友谊出版公司1984年版。

马宗霍：《中国经学史》，上海书店出版社1984年版。

宋鼎宗：《春秋宋学发微》，台湾文史哲出版社1986年版。

冯友兰：《中国哲学史新编》，人民出版社1988年版。

殷鼎：《理解的命运——解释学初论》，三联书店1988年版。

余英时：《中国思想传统的现代诠释》，江苏人民出版社

1989年版。

汪惠敏:《宋代经学之研究》,师大书苑有限公司 1989年版。

林庆彰:《清初的群经辨伪学》,台湾文津出版社 1990年版。

刘复生:《北宋中期儒学复兴运动》,台湾文津出版社 1991年版。

钟肇鹏:《谶纬论略》,辽宁教育出版社 1991年版。

潘富恩、徐余庆:《吕祖谦评传》,南京大学出版社 1992年版。

陈植锷:《北宋文化史述论》,中国社会科学出版社 1992年版。

沈玉成、刘宁:《左传春秋学史稿》,江苏古籍出版社 1992年版。

马勇:《汉代春秋学研究》,四川人民出版社 1992年版。

张跃:《唐代后期儒学》,上海人民出版社 1994年版。

曾枣庄等主编:《全宋文》,巴蜀书社 1994年版。

刘琳、沈治宏:《现存宋人著述总录》,巴蜀书社 1995年版。

蒙文通:《经史抉原》,巴蜀书社 1995年版。

蒋庆:《公羊学引论》,辽宁教育出版社 1995年版。

钱穆:《国史大纲》,商务印书馆 1996年版。

徐洪兴:《思想的转型——理学发生过程研究》,上海人民出版社 1996年版。

朱维铮编:《周予同经学史论著选集》,上海人民出版社 1996年版。

侯外庐、邱汉生、张岂之主编:《宋明理学史》,人民出版社 1997 年版。

王葆玹：《今古文经学新论》，中国社会科学出版社 1997 年版。

何平：《儒脉兴衰：从孔夫子到新儒学》，河南人民出版社 1998 年版。

韩钟文：《中国儒学史》（宋元卷），广东教育出版社 1998 年版。

许凌云：《中国儒学史》（隋唐卷），广东教育出版社 1998 年版。

章权才：《宋明经学史》，广东人民出版社 1999 年版。

宋鼎宗：《春秋胡氏学》，台湾万卷楼图书有限公司 2000 年版。

汤勤福：《朱熹的史学思想》，齐鲁书社 2000 年版。

徐复观：《两汉思想史》，华东师范大学出版社 2001 年版。

冯晓庭：《宋初经学发展述论》，台湾万卷楼有限公司 2001 年版。

葛兆光：《中国思想史》，复旦大学出版社 2001 年版。

陈苏镇：《汉代政治与〈春秋〉学》，中国广播电视出版社 2001 年版。

范立舟：《理学的产生及其历史命运》，陕西人民出版社 2001 年版。

钱穆：《朱子学提纲》，三联书店 2002 年版。

朱维铮：《中国经学史十讲》，复旦大学出版社 2002 年版。

漆侠：《宋学的发展与演变》，河北人民出版社 2002 年版。

张国刚、乔治忠等：《中国学术史》，东方出版中心 2002

年版。

张灏：《思想与时代》，上海文艺出版社 2002 年版。

吴怀祺：《中国史学思想通史》（宋辽金卷），黄山书社 2002 年版。

姜广辉主编：《中国经学思想史》，中国社会科学出版社 2003 年版。

赵伯雄：《春秋学史》，山东教育出版社 2003 年版。

何俊：《南宋儒学建构》，上海人民出版社 2003 年版。

祁润兴：《中国学术通史》（宋元明卷），人民出版社 2004 年版。

钱茂伟、王东：《民族精神的华章：史学与传统文化》，北京图书馆出版社 2004 年版。

钱穆：《中国学术思想史论丛》，安徽教育出版社 2004 年版。

许凌云：《儒家伦理与中国史学》，齐鲁书社 2004 年版。

余英时：《朱熹的历史世界：宋代士大夫政治文化研究》，三联书店 2004 年版。

徐复观：《中国思想史论集》，上海书店出版社 2004 年版。

朱汉民：《湖湘学派史论》，湖南大学出版社 2004 年版，第 81 页。

钱穆：《两汉经学今古文平议》，商务印书馆 2005 年版。

张高评：《春秋书法与左传学史》，上海古籍出版社 2005 年版。

熊十力：《读经示要》，中国人民大学出版社 2006 年版。

陈谷嘉：《宋代理学伦理思想研究》，湖南大学出版社 2006 年版。

熊十力：《论六经：中国历史讲话》，中国人民大学出版社 2006 年版。

干春松：《制度儒学》，上海人民出版社 2006 年版。

徐洪兴：《中国学术思潮史 · 道学思潮》，上海社会科学院出版社 2006 年版。

刘成国：《荆公新学研究》，上海古籍出版社 2006 年版。

刘师培：《经学教科书》，上海古籍出版社 2006 年版。

李晃生：《儒家的社会理想与道德精神》，百花洲文艺出版社 2006 年版。

逯耀东：《魏晋史学的思想与社会基础》，中华书局 2006 年版。

杨新勋：《宋代疑经研究》，中华书局 2007 年版。

龚鹏程：《唐代思潮》，商务印书馆 2007 年版。

周淑萍：《两宋孟学研究》，人民出版社 2007 年版。

胡楚生：《经学研究续集》，台湾学生书局 2007 年版。

刘小枫：《儒教与民族国家》，华夏出版社 2007 年版。

蒙培元：《理学的演变——从朱熹到王夫之戴震》，方志出版社 2007 年版。

王健：《在现实真实与价值真实之间——朱熹思想研究》，华东师范大学出版社 2007 年版。

张素卿：《叙事与解经——〈左传〉经解研究》，台湾花木兰文化出版社 2008 年版。

刘德明：《孙觉〈春秋经解〉方法探究》，台湾花木兰文化出版社 2008 年版。

杨世文：《走出汉学——宋代经典辨疑思潮研究》，四川大学出版社 2008 年版。

李建军：《宋型文化与宋代〈春秋〉学》，中国社会科学出版社 2008 年版。

姜义泰：《叶梦得〈春秋传〉研究》，台湾花木兰文化出版社2008年版。

龚鹏程：《儒学新思》，北京大学出版社2009年版。

蔡方鹿：《经学与中国哲学》，华东师范大学出版社2009年版。

汪政宽：《皮日休的生平与思想——兼论其在唐宋之际思想变迁中的角色》，台湾花木兰文化出版社2009年版。

［美］包弼德著，［新加坡］王昌伟译：《历史上的理学》，浙江大学出版社2010年版。

姜广辉：《义理与考据：思想史研究中的价值关怀与实证方法》，中华书局2010年版。

［日］土田健次郎著，朱刚译：《道学的形成》，上海古籍出版社2010年版。

［美］本杰明·艾尔曼：《经学·科举·文化史》，中华书局2010年版。

王光松：《在"德"、"位"之间》，华东师范大学出版社2010年版。

邓国光：《圣王之道：先秦诸子的经世智慧》，中华书局2010年版。

杨燕：《〈朱子语类〉经学思想研究》，东方出版社2010年版。

杜维运、黄进兴编：《中国史学史论文选集一》，台湾华世出版社1979年版。

林庆彰：《中国经学史论文选集》上册，台湾文史哲出版社1992年版。

陈弱水主编：《思想与学术》，中国大百科全书出版社2005年。

蒋秋华、冯晓庭主编：《宋代经学国际研讨会论文集》，台湾中研院中国文哲研究所2006年版。

（三）近人论文

刘异：《孟子春秋说微》，《武汉大学文哲季刊》第四卷三号。

黄彰健：《理学的定义、范围及其理论结构》，《大陆杂志》第50卷第1期。

季旭昇：《春秋“赴告”研究》，《孔孟月刊》1982年第2期。

张灏：《宋明以来儒家经世思想试释》，载《近世中国经世思想研讨会论文集》，台湾中研院近代史研究所1984年版。

曹锦清：《宋代疑经思潮与理学的形成》，《复旦学报》1985年第1期。

李晓东：《经学与宋明理学》，《中国史研究》1987年第2期。

王东：《宋代史学与〈春秋〉经学——兼论宋代史学的理学化趋势》，《河北学刊》1988年第6期。

徐洪兴：《经学更新运动的一个转折点——论庆历之际的社会思潮》，《复旦学报》1988年第6期。

张永儁：《春秋微言大义——略论“正始”与“尊王”之道》，载《国际孔学会论文集》，国际孔学会议大会秘书处1988年版。

杨向奎：《宋代理学家的〈春秋〉学》，《史学史研究》1989年第1期。

贾贵荣：《〈春秋〉经与北宋史学》，《中国史研究》1990年第1期。

谢保成：《中唐〈春秋〉学对史学发展的影响》，《社会科学研究》1991 年第 3 期。

张端穗:《〈春秋公羊传〉经权观念的缘起》,《东海中文学报》第 10 期, 1992 年 8 月。

孙晓春:《王霸义利之辨述论》,《吉林大学社会科学学报》1992 年第 3 期。

杨泽波:《从义利之辩到理欲之争——论宋明理学“去欲主义”的产生》,《复旦学报》1993 年第 5 期。

黄俊杰:《中国古代儒家历史思维的方法及其运用》,《中国文哲集刊》1993 年第 3 期。

杨国荣:《从义利之辩到理欲之辨》,《河北学刊》1994 年第 3 期。

林翠芬:《孔子正名思想之探源》(上)、(下),分别载于《孔孟月刊》1994 年第 3、4 期。

刘连开:《理学和两宋史学的趋向》,《史学史研究》1995 年第 1 期。

李禹阶:《理学与经学》,《重庆师范学院学报》(哲学社会科学版)1995 年第 1 期。

吴付来:《试论儒学经权论的逻辑走向》,《安徽师大学报》(哲学社会科学版)1996 年第 1 期。

徐洪兴:《“宋学“的由来及其过程》,《孔孟月刊》1996 年第 6 期。

刘连开:《宋代史学义理化的表现及其实质》,《广西大学学报》(哲学社会科学版)1997 年第 4 期。

曹顺庆:《“〈春秋〉笔法”与“微言大义”——儒家经典的解读模式及话语言说方式》,《北京大学学报》(哲学社会科学版)1997 年 3 期。

江雪莲:《宋明道学义利理欲之辨的实质》,《华南师范大学学报》（社会科学版）1998 年第 4 期。

曹家齐：《欧阳修私撰〈新五代史〉新论》，《漳州师院学报》（哲学社会科学版）1998 年第 4 期。

黄朴民：《公羊‘三统’说与何休〈春秋〉王鲁论》，《管子学刊》1999 年第 4 期。

罗家祥：《北宋新学的兴衰及其理论价值》，《河北学刊》2001 年第 2 期。

向燕南：《从“荣经陋史”到“六经皆史”——宋明经史关系说的演化及意义之探讨》，《史学理论研究》2001 年第 4 期。

杨世文：《论宋初的文化忧患意识——兼论经学变古的历史必然性》，《四川大学学报》（哲学社会科学版）2001 年第 5 期。

姚瀛艇：《论北宋朝廷的七经疏义的整理》，《河南大学学报》（哲学社会科学版）2002 年第 1 期。

杨雅婷：《春秋公羊家之革命改制思想》，硕士学位论文，台湾东吴大学，2002 年。

晁天义：《〈春秋〉为史学著作说质疑——兼论杜预的“经承旧史”说及其影响》，《人文杂志》2002 年第 6 期。

杨新勋：《北宋〈春秋〉学的主要特点》，《中州学刊》2003 年第 2 期。

葛焕礼著、王育济指导：《八世纪中叶至十二世纪初的“新〈春秋〉学”》，博士学位论文，山东大学，2003 年。

过常宝：《“春秋笔法”与古代史官的话语权力》，《北京师大学报》（社会科学版）2003 年第 4 期。

姜广辉：《论宋明理学与经学的关系》，《湖南大学学报》（社会科学版）2004 年第 5 期。

黄琛杰：《孔子正名思想之反省》，《孔孟月刊》2000年第8期；陈建生：《孔子的“名”与“正名”》，《孔孟月刊》2004年第7、8期。

郭文佳：《宋代的疑经思潮与〈春秋〉学的地位》，《中州学刊》2004年第1期。

徐洪兴：《唐宋间儒学的转型及其提供的思考》，《中国文化论坛》2005年第1期。

曾志伟：《〈春秋公羊传〉三科九旨发微》，硕士学位论文，台湾东华大学，2005年。

陈苏镇：《两汉之际的谶纬与〈公羊〉学》，《文史》2006年第3辑。

刘浦江：《“五德终始”说之终结——兼论宋代以降传统政治文化的嬗变》，《中国社会科学》2006年第2期。

晁天义：《关于〈春秋〉性质的再思考》，《史学理论研究》2006年第3期。

刘巍：《章学诚“六经皆史”说的本源与意蕴》，《历史研究》2007年第4期。

江湄：《北宋诸家〈春秋〉学的“王道”论述及其论辩关系》，《哲学研究》2007年第7期。

王世光：《二程理欲观与王安石变法》，《齐鲁学刊》2007年第6期。

王天顺：《宋代史学的政治功利主义与春秋宋学——蠡测宋代史学成就的另一面》，《学术月刊》2008年第11期。

张晓芒：《孔子“正名”思想的求真精神与求善精神》，《孔孟月刊》，2008年第3、4期。

谭佳：《文本阐释与文化观念的建构——〈春秋〉独特性之探》，《湘潭大学学报》（哲学社会科学版）2008年第6期。

李威熊：《刘知几以史论经之平议》，《逢甲人文社会学报》2008 年第 16 期。

蔡方鹿：《宋明理学家的经学观》，《四川师范大学学报》（社会科学版）2009 年第 1 期。

汤勤福：《义理史学发微》，《史学史研究》2009 年第 1 期。

林庆彰：《中国经学史上的回归原典运动》，《中国文化》2009 年第 2 期。

杨权：《“玄圣”孔子“为汉赤制”》，《深圳大学学报》（人文社会科学版）2008 年第 7 期。

张尚英：《宋人的春秋经、史之辨》，《儒藏论坛》2010 年第 4 辑。

过常宝：《春秋决狱：汉儒话语权力的构成和实践》，《北京师范大学学报》（社会科学版）2010 年第 1 期。

魏衍华：《〈春秋〉“天子之事”发微》，《史学史研究》2010 年第 1 期。